理性思维与母题读写

——思辨性母题读写教学设计与实践研究

孟庆平　编著

上海大学出版社
·上海·

图书在版编目(CIP)数据

理性思维与母题读写：思辨性母题读写教学设计与实践研究 / 孟庆平编著. -- 上海：上海大学出版社，2025.4. -- ISBN 978-7-5671-5214-4

Ⅰ. G633.302

中国国家版本馆 CIP 数据核字第 2025TP4943 号

责任编辑　徐雁华
封面设计　缪炎栩
技术编辑　金　鑫　钱宇坤

理性思维与母题读写

孟庆平　编著

上海大学出版社出版发行
(上海市上大路99号　邮政编码200444)
(https://www.shupress.cn　发行热线 021 - 66135112)

出版人　余　洋

*

南京展望文化发展有限公司排版
上海华业装潢印刷厂有限公司印刷　各地新华书店经销
开本 787mm×1092mm　1/16　印张 21.25　字数 314 千字
2025 年 4 月第 1 版　2025 年 4 月第 1 次印刷
ISBN 978 - 7 - 5671 - 5214 - 4/G·3679　定价　78.00 元

版权所有　侵权必究
如发现本书有印装质量问题请与印刷厂质量科联系
联系电话：021 - 56475919

代序 指向高阶思维培养的思辨性母题读写教学设计与实践研究报告

一、研究缘起

(一) 研究背景

母题是学科中包含若干知识点的话题。教学中的母题研究,是重点研究如何在教学中删繁就简,提高教学效益的实践活动。语文教学中的母题读写教学是一种以主题为线索,将阅读与写作有机结合的教学方式。

1. 实施母题读写教学是时代的需求

随着教育改革的不断推进,教学方式需要注入更多的智慧,需要不断更新,以适应新时代的教育需求。母题读写教学强调学生读写能力的培养,有助于提高学生的语文核心素养,以更好地应对现代社会对语文能力的要求。母题读写教学注重学生的思维训练、情感体验和价值观培养,有助于促进学生综合素质的发展。

2. 思维是语文教学的重要目标

思维贯穿整个读写过程,没有思维活动,就没有读写活动。文本是思维的果,是思维的实录;写作离不开思维,思维是写作之本。读写教学,如果忽视甚至漠视理性思维的培养,导致的直接后果将是学生思想的缺席和未来社会公民理性精神的缺失。而母题读写教学则是助推思维发展,特别是助推理性精神发展的有效策略。

3. 理性精神的缺失,直接原因是缺乏理性思维

理性思维是指有明确的思维方向、充分的思维依据,能对事物或问题进行

分析、比较、概括和综合，并对问题的发展走向进行客观预测的一种思维方式。就高中生的心理特征和认知发展而言，逻辑思维和辩证思维是理性思维的核心构成。新课标设置"思辨性读写"学习任务群的目的，在于引导学生进行思辨性读写，发展实证、推理、批判与发现的能力，增强思维的逻辑性、辩证性，认清事物的本质，辨别是非、善恶、美丑，提高理性思维水平。

4. 重视理性思维能力和品质，意义重大

新课标设置"思辨性读写"这一学习任务群，一是因为我们在长期的语文教育教学实践中，看到了思维品质在核心素养中的重要地位；二是因为学生的理性思维能力还普遍匮乏。把"思辨性读写"学习任务群设置在必修课程中，足见理性思维能力的培养是面向全体学生的基础性课程内容，体现了我们对理性思维能力和品质的重视。而母题读写则是具体落实"思辨性读写"学习任务群的科学实践。

(二)研究现状

母题读写教学已在许多学校和课堂中得到广泛应用，成为语文教学的重要手段之一。

1. 母题读写教学研究取得了一定的成果

近年来，关于母题读写教学的研究成果不断产生，为教师提供了丰富的教学理论和实践支持。在教学实践过程中，学生普遍反映母题读写教学能够激发学习兴趣，提高读写能力，增强综合素质。

2. "发展逻辑思维""提升思维品质"的课程目标尚未得到充分落实

"思辨性读写"学习任务群的落实，仅仅设置在语文必修上下册的三个单元中，所涉及的读写母题仅仅涉及人与学习、人与传统文化、人与社会这三项内容。

3. 教材具有开放性，留有调整和开发的空间

各个读写母题、各个学习任务群彼此之间是渗透融合、衔接延伸的。这就要求我们必须加强课程之间的衔接与统合，根据教学的实际需要，整合相关课程资源，打通语文学科和其他学科的关联，创造性地实施教学，拓宽学生的学习视野，提高教学效率。

4. 删繁就简

梁漱溟先生曾说：人这一辈子必须处理好人与物、人与人、人与自我三种关系，而且顺序错不得。结合新教材内容以及高考作文所涉及的内容，可以发现，几乎都是围绕"立德树人"的总目标，聚焦在"人与物、人与人、人与己"这三大母题上。结合"思辨性读写"学习任务群重视逻辑思维、忽视辩证思维、对课程目标落实不全面不充分的现实，巡视"双新"视域下语文课堂教学实践的现状，我们确定了"理性思维与母题读写——指向高阶思维培养的思辨性读写教学设计与实践研究"课题。

二、研究概述

从2022年1月制定课题研究计划，到2024年8月梳理研究成果，筛选实践经验，整理书稿，我们一路走来，留下了深深浅浅的脚印。

（一）相关研究过程

我们运用问卷调查、跨学科研究、文献研究、实践研究、经验总结等研究方法，沿着逻辑思维与阅读表达、辩证思维与阅读表达两轴，聚焦"人与物、人与人、人与己"三大母题，设计了从思想理念、教学实践、教学研究等方面进行提升的实践方案，逐步开展了与工作室课题"理性思维与母题读写"研究相关的语文教育教学改革实践活动。

我们聚在一起学习、读书、听课、评课、听报告、外出考察、参加研讨会，互相督促、互相启发、互相促进，生成了"不断进取、勇于挑战、自由言说、和谐真诚"的研修文化，更新了语文教学理念，提高了语文教学理论水平、教学实践与研究能力，也有效促进了基地校语文学科的建设。

（二）相关研究活动

2022年的活动：举行"穿越历史的对话——高中语文单元读写结合指导"研究活动；解读课题"理性思维与母题写作"；开展"人与传统文化"母题读写教学专题研究活动；围绕"促进对中华优秀传统文化的理解"母题，展开课堂观察和问题研讨；主持人作"'双新'背景下语文教学过程改进策略探索"和"世本无界，善于跨界——从高考作文立意角度例谈跨学科学习"专题报告；开展"跨学科学习设计与实施"的专题研究活动；邀请特级教师程红兵作"面向未来的语文课堂教学"的专题报告。

2023年的活动：开展"现代诗创作的思维和语言"母题读写教学、"历史人物纵横谈"母题读写同课异构教学、"倾听和表达理性的声音"母题读写教学等专题研究活动；郑桂华教授作专题指导；赴上海金瑞学校学习，聆听总校校长程红兵先生的专题报告"办一所'对话世界，连接未来'的学校"；应"组团式"教育帮扶云南工作组邀请，不远四千多里，走进云南省巧家二中，开展送课送教活动；赴上海市徐汇中学考察交流，聆听语文教育专家曾宪一先生的专题报告"语文统编教材引领的新教学范式"；开展"在跨学科思考中提高思辨表达能力""人与自然"母题读写教学等专题研究活动；特级教师郑朝晖作"提升解读教材的能力"专题指导。

2024年上半年的活动：开展"人与他人"母题读写教学专题研究活动；在基地校举行"理性思维与高考作文母题写作指导"专题研究展示活动，特级教师余党绪点评并作"关于母题写作与母题阅读"专题指导。

三、研究成果与成效

本书是对"双新"背景下语文教学所面临挑战的积极应对，是努力让语文教学适合新时代、新课标、新教材、学校、学生以及教师本人的积极探索。

我们既简化又深化了思辨性母题读写的内容，对逻辑思维与母题读写、辩证思维与母题读写的关系进行了系统研究，还研究了实施思辨性母题读写的核心策略——"主问题"教学设计策略。

(一) 在明理与讲理上提升了高度

在既简化又深化思辨性母题读写内容的探索中，我们在明理与讲理两方面均取得进步，形成了化繁为简的判断：语文读写教学范围与内容始终聚焦在"人与物、人与人、人与己"这三个母题上，离不开对这三种基本关系的思考。在三大母题的思考上，站上了新的高度。

1. 关于"人与物"

懂得了君子不器、小人成"器"的根本差异，明白了在繁杂中追求简单的朴素道理：要努力学会排除种种干扰，尽力克服种种困难，坚持抵抗"物化""异化"；人的生存和发展确实需要许多东西，但这个世界上许多东西我们并不需要；所有的物，哪怕最先进的人工智能，也不过是外物；人主物仆的关系，永远不该也不会被颠倒。

2. 关于"人与人"

明白了世上没有真正的孤岛，人也不是一座孤岛。人世间的每一个人其实都与"我"相关！相信善良是一个人行走于世最好的名片；要坚持"己欲立而立人，己欲达而达人""己所不欲，勿施于人"的基本原则。

3. 关于"人与己"

达成了基本认识：生命是一个奇迹，人来到这世上，原本是万千偶然中的幸运；世上没有相同的两个人，正如世上没有相同的两片树叶，这是每一个人都应该悦纳自己和尊重自己的理由，也是悦纳他人和尊重他人的前提；人生是一个微雕的过程，而刻刀就握在自己手中；人的幸福和成功，其实就是把自己的灵魂安放在恰当的位置；做人要豁达，一个人要喜欢自己，也要允许别人不喜欢自己；要努力把自己找回来，把自己还给自己，也把别人还给别人；要先处理好自己与自己的关系，进而理智地去处理好自己与他人的关系。

（二）在逻辑思维与母题读写的关系上深化了认识

逻辑思维与母题读写之间存在着密切的联系。母题读写是一种化繁为简的教学策略，通过围绕特定主题或母题进行阅读和写作，可以有效提高学生的阅读理解能力、写作能力和批判性思维能力。逻辑思维有助于学生更好地理解和分析阅读母题；有助于学生在母题阅读后，根据母题作文要求，运用逻辑思维来组织和表达自己的观点，更清晰地表达自己的思想，更有条理地组织文章结构，从而提高写作质量。在母题读写中，学生需要对文本进行批判性分析，提出自己的见解和评价。通过运用逻辑思维，学生可以更深入地思考问题，分析文本中的观点和论证过程，从而培养自己的批判性思维能力。

（三）在辩证思维与母题读写的关系上提高了认知

辩证思维与母题读写之间同样存在着密切的联系。辩证思维强调从多个角度全面地看待问题，分析事物之间的内在联系和变化规律；母题读写则追求通过阅读和写作,对文本中的母题进行深入理解和探究。辩证思维有助于深化母题读写,母题读写也可以促进辩证思维的发展,辩证思维与母题读写的结合有助于提高语文核心素养,有利于培养阅读理解能力、批判性思维能力和表达能力。

(四)系统研究了实施思辨性母题读写教学的核心策略并取得成效

在实施思辨性母题读写的核心策略——"主问题"教学设计策略的研究上,取得了良好的理论与实践成果。

1. 界定了思辨性母题读写教学中"主问题"的内涵

参照新课标中语文核心素养目标,告别阻碍学生深入研读文本、干扰整体把握母题、不能激发思维潜能、影响课堂教学效益的成串的"连问",告别简单易答的"碎问"以及对学生随意的"追问",除基础的三大母题、基本的学习任务群和任务群下的单元教学,我们将整本书阅读教学和作文教学也纳入"主问题"研究视野之中,将"主问题"作如下界定:

"主问题"是思辨性母题读写课堂教学过程中能起主导作用和支撑作用,从教的整体预设性或学的整体参与性上引发有一定深度的思考、讨论、理解、品味、创造的重要提问、问题或活动任务。

2. 达成了共识:思辨性母题读写教学中的"主问题"意义重大

它有利于培养学生深入品读、深度学习的能力,有利于课堂开展丰富的语言实践活动,有利于提高教师钻研教材、研读文本的能力,有利于提升教师课堂教学的整体设计能力。

3. 概括了思辨性母题读写教学中好的"主问题"的四个特性

即整体性(设问内容丰厚)、生本性(问题基于学情)、梯度性(设问时机恰切)和有效性(设问效果明显)。

4. 探索出思辨性母题读写教学中"主问题"生成的主要路径

"主问题"的生成要在师生共同潜心研读母题文本的基础上,教师依据母题文本特点和学生积极主动参与学习后提出的问题来进行整合,最终确定下来。

5. 总结了思辨性母题读写教学中主问题设计的主要策略

不论是教师依据母题文本特点的问题设计,还是学生自己研读母题文本的问题生成,都必须有切入点,这些切入点必须既考量母题文本特点,又考量学习任务群的学习要求或单元的整体特点。确定了"主问题"或活动任务之后,还要用架桥铺路、开门见山、引入辨析、类比迁移等适合的方式来提问或驱动。

四、研究展望

随着语文教学改革的不断深入,思辨性母题读写教学已经成为一种重要的教学方法和策略。我们认真反思,静心梳理,整理出版体现工作室课题研究成果的《理性思维与母题读写——思辨性母题读写教学设计与实践研究》这本书,目的是抛砖引玉,为进一步优化新时代的语文教学提供我们实践过的策略,奉献我们有限的智慧。母题具有广泛的关联性、涵盖性,对于"思辨性母题读写"的教学设计与实践研究,我们将继续深入挖掘下去。

1. 思辨性母题读写教学的研究需要进一步深入

我们虽然对这种教学方法与策略进行了初步的研究,但还有很多问题需要解决。最有待深入研究的是,如何在同一个读写母题中进行比较,因为同一个母题,不同时代、不同民族、不同个体、不同作家,理解都不一样。而想要在母题读写的路上继续前行,一定会走到理性思辨上去,可理性思辨的天空是这样的广阔。

2. 思辨性母题读写教学研究有待更多的实践支持

实践是检验真理的唯一标准,只有通过大量的实践,才能真正了解思辨性母题读写教学的效果和问题,从而提出更加有效的教学策略。

3. 思辨性母题读写教学的研究期待更多的跨学科合作

这种教学方法与策略涉及多学科,只有通过跨学科的合作,才能更好地理解这种教学方法与策略的本质和作用,从而进一步推动它的发展。

三年来,程红兵、余党绪、曾宪一、郑朝晖等语文特级教师,国家语文课程标准修订组成员、统编高中语文教材分册主编郑桂华教授,对工作室的工作和我们的研究做了不少高屋建瓴的指导。在此,表示真诚的感谢。

参与这个项目的工作室成员有张赟、杜蕾、郭玉清、于晶、丁少国、陈致远、吴燕寅等老师。在此，对他们的积极参与和无私奉献表示由衷的感谢。

由于学识有限、眼界所囿，书中还有很多不科学、不严密的阐述，定然会存在一些缺点和错误，敬请读者能予以谅解和批评。

孟庆平

2024 年 10 月

目 录

理念篇 思辨性母题读写教学设计与实践策略

第一章 母题读写教学的高阶指向：理性思维 …………………… 003
一、母题读写教学的背景与现状 ………………………………… 005
二、逻辑思维与母题读写教学 …………………………………… 010
三、辩证思维与母题读写教学 …………………………………… 015

第二章 思辨性母题读写教学设计的核心策略："主问题"设计 ………… 020
一、"主问题"教学设计的内涵和意义 …………………………… 021
二、思辨性母题读写教学中好的"主问题"的特征 ……………… 025
三、思辨性母题读写教学中"主问题"生成的路径和策略 ……… 032

第三章 研究过程中的提醒 ……………………………………… 040
一、关于母题写作与母题阅读 …………………………………… 040
二、"青春的价值"母题读写教学设计方案（必修上第一单元） … 049

三、中国人的自然观与独特情怀 ·· 060

四、语文统编教材引领的新教学范式 ······································ 063

五、面向未来的语文课堂教学 ·· 073

六、戏剧中人性母题的育人价值 ·· 083

实践篇　思辨性母题读写教学设计与实践研究

第四章　思辨性母题读写教学设计与实践研究活动集锦 ········· 091

一、再回首,背影没远走 ··· 091

二、"人与传统文化"母题读写教学专题研究活动 ··················· 097

三、"现代诗创作的思维和语言"母题读写教学专题研究活动 ··· 102

四、"历史人物纵横谈"母题读写同课异构教学专题研究活动 ··· 117

五、"倾听和表达理性的声音"母题读写教学专题研究活动 ······ 124

六、"在跨学科思考中提高思辨表达能力"母题读写专题研究活动 ··· 132

七、"人与自然"母题读写教学专题研究活动 ························· 136

八、"人与他人"母题读写教学专题研究活动 ························· 143

九、"理性思维与高考作文母题写作指导"专题研究活动 ········· 150

十、"对话世界,连接未来" ·· 156

十一、不远四千里,帮扶送真经 ·· 160

十二、"汇学"不只是"会学" ··· 162

十三、江水抱城流,群峰围山舞 ·· 169

第五章　思辨性母题读写教学设计与实践课堂实录 ··············· 172

一、"概念界定:逻辑思维的起点"课堂实录 ························· 172

二、"'穿越历史的对话'——高中语文单元作文指导"网络课堂实录
·· 179

三、"理性思维与高考母题写作指导"课堂实录 ······················ 196

四、"倾听和表达理性的声音"课堂实录 ······························· 208

五、"感受'自然景观'中隐藏的人生态度与情怀"课堂实录 ……………… 219
　　六、"我眼中的美景"课堂实录 ……………………………………………… 228
　　七、《荷花淀》课堂实录 …………………………………………………… 243
　　八、《一个人的朝圣》整本书阅读指导课堂实录 ………………………… 249

第六章　教学之余的思辨 …………………………………………………… 265
　　一、在"鲁迅青少年文学奖"颁奖会上的讲话 …………………………… 265
　　二、始终在读书中成长 …………………………………………………… 267
　　三、思想光辉，永远闪烁 …………………………………………………… 269
　　四、"上帝"替秦始皇鸣不平 ……………………………………………… 270
　　五、怎样更好地在课堂上回答问题 ……………………………………… 272
　　六、为赋新愁喜，强学"流行语" ………………………………………… 274

第七章　思辨近年上海高考作文 …………………………………………… 283
　　一、上海高考作文回望与 2022 年题目预测 …………………………… 283
　　二、2022 年上海高考作文题点评 ………………………………………… 289
　　三、2024 年上海高考作文预测与叮嘱 …………………………………… 292
　　四、我看 2024 年上海及全国高考作文题 ……………………………… 296

第八章　我手写我心 ………………………………………………………… 301
　　一、文学之星——方馨悦 ………………………………………………… 301
　　二、优秀作文赏析 ………………………………………………………… 309

参考文献 ………………………………………………………………………… 316

理念篇

思辨性母题读写教学设计与实践策略

第一章 母题读写教学的高阶指向：理性思维

母题是学科中包含若干知识点的话题。教学中的母题研究，是重点研究如何在教学中删繁就简，提高教学效益的实践活动。语文母题读写教学是一种以主题为线索，将阅读与写作有机结合的高效教学方式。母题读写，必然要求思辨，只要在母题读写这条路上往前走，就一定会走到理性思辨上去。

作为阅读对象的文本，本质上是思维活动的结晶；而写作则是将思维过程转化为文字的艺术。思维贯穿整个读写过程，没有思维活动，就没有读写活动。文本是思维的果子，写作是思维的实录。读写离不开思维，思维是读写之本。从这个角度来看，可以说，读写是思维的事。所以，思维是读写教学的重要目标，而理性思维又是思维在读写活动中的具体而得体的运用方式，是读写过程中不可缺少的环节和重要的条件。

理性精神的缺失，非同小可；而理性精神的缺失，直接原因就是缺乏理性思维。新课标设置"思辨性阅读与表达"学习任务群的目的，在于引导学生进行思辨性阅读与表达，发展实证、推理、批判与发现的能力，增强思维的逻辑性和辩证性，认清事物的本质，辨别是非、善恶、美丑，培育理性精神，提高理性思维水平。

设置这一学习任务群，一是因为我们在长期的语文教育教学改革实践中，看到了思维品质在核心素养中的重要地位；二是学生的理性思维能力普遍匮乏。新课程标准把"思辨性阅读与表达"学习任务群设置在必修课程中，足见理性思维能力的培养是面向全体学生的基础性课程内容，体现了我们对理性思维能力和高阶思维品质的重视,意义重大。

既然提高理性思维水平是语文教育教学改革期待达成的重要目标,那么,何谓理性思维?理性思维是指有明确的思维方向、充分的思维依据,能对事物或问题进行分析、比较、概括和综合,并对问题的发展走向进行客观预测的一种思维方式。理性思维的构成或许不仅仅是逻辑思维与辩证思维,但就中学生的心理特征和认知发展而言,逻辑思维和辩证思维是理性思维的核心构成。一般认为,逻辑思维是人们在认识事物过程中借助概念、判断、推理等思维形式能动地反映客观现实的理性思维方式,只有通过逻辑思维,人们才能对具体事物进行最为本质的理解和把握,从而真正认识客观世界。辩证思维则是建立在唯物辩证法基础之上的思维方式,其基本规律是唯物辩证法规律,也即对立统一规律、质量互变规律和否定之否定规律以及现象与本质、原因与结果、必然与偶然、可能与现实、形式与内容等一系列基本范畴,其中,对立统一规律是核心。

中学生的心理认知水平已经由纯文学期渐次上升到理性思考期。皮亚杰甚至认为,12—15岁阶段,即为已经接近成人思维的抽象逻辑思维阶段。根据中学生的这种心理特征,我们在读写教学中尤应重视实证、逻辑、思辨等科学理性的因素,培养缜密思考、理性分析的能力。也就是说,在读写教学中,如果忽视甚至漠视理性思维的培养,导致的直接后果将是中学生思想的缺席和未来社会公民理性精神的缺失。

就中学生而言,如果能用逻辑思维与辩证思维武装自己的头脑,进而做到阅读时能快速准确地捕捉到作者的思维方式方法与过程,写作有血有肉,有理有据,让读者感动,让读者信服,在一定程度上说,他就具备了理性思考,也有了较好的理性思维。现在语文教学界所力倡的批判性思维,其基石也无非是逻辑思维与辩证思维。逻辑思维与辩证思维是科学的思维,是可以通过概念、判断、推理认清事物本质,认识客观世界的思维方式,是可以运用联系的、发展的、矛盾的观点由此及彼、由浅入深、由表及里地分析问题、阐明立场的思维方式。

在母题读写教学中,完全可以将两者从能运用于读写中最有价值的内容和范畴提取出来,结合新教材中"逻辑的力量"等单元的学习内容,对学生进行切实而有效的指导。另外,统编的语文新教材本身具有良好的开放性,为学校和教师留有调整和开发的空间;语文必修和选修课程可以进行衔接与统合;各个任务群彼此之间也是互相渗透融合的;语文学科和其他学科的关联也可以打通。

我们可以从传统形式逻辑体系中选择一些简单的知识——概念系统知识、判断系统知识、推理系统知识和一些基本的论证方法——融入读写思维训练,以提升学生的逻辑思维能力;我们可以跨学科,特别是借助思政课中唯物辩证法的相关知识,从读写的角度出发,梳理出重要的哲学知识——尤其是辩证法知识——融入读写思维训练,以提升学生的辩证思维能力。

梁漱溟曾化繁为简、高屋建瓴地说:人这一辈子必须处理好人与物、人与人、人与己三种关系,而且顺序错不得。语文读写母题看似繁杂,但俯瞰中小学所有的语文教材内容,研究自国家改革开放以来所有的中高考作文内容和题目,几乎都是围绕"立德树人"的目标,聚焦在人与物、人与人、人与己这三大母题上。所以,从实用性和可操作性出发,母题读写教学与理性思维关系的探索,完全可以"思辨性阅读与表达"学习任务群为着力点,围绕提升学生语文核心素养的目标,沿着逻辑思维与母题读写、辩证思维与母题读写两轴,聚焦人与物、人与人、人与己这三大母题,展开相关实践研究活动。

一、母题读写教学的背景与现状

语文教学中的母题读写教学是一种以主题为线索,将阅读与写作有机结合的教学方式,近年来在语文教育中逐渐得到了比较广泛的关注。随着课程改革和核心素养培养目标的不断推进,母题读写成为语文教学中的重要环节与策略之一,它不仅提升了学生的语文核心素养,还帮助学生在写作中建立更为系统化的思维与表达体系。

(一)语文母题读写的教学背景

近年来,国家在基础教育领域推行了大规模的课程改革,取得了明显的成效。其中的重要成果之一,就是在新的《义务教育语文课程标准》(2022年版)和《普通高中语文课程标准》(2017年版、2020年修订)指导下,不断完善国家统编语文新教材。新的语文课程标准明确定性为:语文课程是一门学习祖国语言文字运用的综合性、实践性课程;工具性与人文性的统一,是语文课程的基本特点。兼具工具性与人文性的语文学科,作为基础教育中最基础的环节,正逐渐从知识点的传授转向核心素养的培养。语文核心素养强调学生在阅读和写作中的人文积淀、思维能力、语言表达与审美鉴赏等方面的能力提升。在这一背景下,母题读写成为一种有效的教学策略。它通过帮助学生识别和分析文本核心主题,能够培养学生多角度、多层次理解和阐释文本的能力,提升他们的阅读广度和深度。同时,母题读写教学积极鼓励学生在写作中理性表达自我,在与外物、与他人、与自己的对话过程中提升表达能力。这与语文核心素养的培养目标高度契合,也正是教育改革的倡导。

语文教育特别是其中的文学教育,不仅关注语言技巧的传授,还肩负着传承文化与塑造价值观的任务。文学母题如"爱与死亡""命运与抗争""成长与蜕变"等,反映了人类社会人与物、人与人、人与己这三大母题中的深刻思想情感。在全球化背景下,语文教育不仅承担着语言传递的任务,更是文化传承的载体。语文母题的教学为学生提供了一个深入理解中华文化精髓的窗口。通过母题读写,学生能够在潜移默化中感知文化传统的厚重与历史文化的传承,能够在分析和写作中接触到文学中的深层次文化内涵,从而提升他们的文化素养与审美情趣。这种教育方式帮助学生在阅读与写作中更好地理解社会现象,培养他们的文化认同感和人文精神。

信息技术的发展给传统语文教育带来了巨大的挑战。信息技术的迅速发展使得学生获取信息的渠道更加多样化,碎片化阅读成为当下学生阅读习惯中的一个显著特点。互联网和新媒体的普及使得学生的阅读时间和专注度逐渐减少,导致对文本的深度理解能力下降。母题读写为应对这一挑战提供了可行的路径,母题读写教学为语文教育提供了一套整合化的策略,通过集中讨论某一核心主题,帮助学生摆脱碎片化的知识输入,使其重新聚焦于文本的整体性和对主题的深入理解。它促使学生将零散的信息整合为系统化的思考与表达,有效弥补现代阅读环境中的深度不足,提升整体性阅读理解能力和系统性写作能力。

(二)语文母题读写的教学现状

目前,母题读写教学已经在语文课堂中获得一定的普及,母题读写在语文教学中的推广已取得了一定的成效,尤其是在高中阶段,母题阅读逐渐成为阅读教学的核心策略之一,成为文学鉴赏的重点。在传统的语文课堂上,教师通过讲解经典文学作品中的母题,帮助学生深入理解作品的思想与情感。例如,在《红楼梦》整本书阅读时,教师通常会引导学生探讨"家族兴衰与个人命运"的母题,并通过人物命运的变化揭示出作品的主题思想。这种教学方法不仅增强了学生对文学作品的兴趣,也提升了他们的审美与鉴赏能力。例如,在中国经典文学如《诗经》《西游记》《窦娥冤》以及鲁迅、朱自清、老舍、曹禺、沈从文等现当代作家的作品中,教师往往会引导学生识别并分析其中反复出现的母题,如人与物、人与人、人与己这三大母题下的"爱与恨""成长与蜕变""家国情怀"等话题,通过这样的母题与话题研习,学生逐步培养了对文本的深度分析能力。

尽管母题阅读得到了较为广泛的应用,但母题写作的教学还存在较大提升空间。许多学生在写作过程中未能充分理解如何将母题阅读作为母题写作的基础,缺乏对母题的自觉意识,习惯于就事论事,无法深入挖掘主题背后的文化内涵,常常停留在阅读内容复述或表面主题的简单表达上。此外,学生在写作中缺乏对母题的多维度思考,未能通过辩证分析揭示母题背后的复杂性,使得文章的思想深度不足。教师在写作教学中往往侧重于技巧的传授,而对母题的深度挖掘和表达能力的培养重视不够,忽略通过母题引导学生进行思想的升华和深层表达能力的培养,导致学生的写作缺乏思想深度和逻辑性。

目前的统编语文教材尽管有了母题意识和学习任务群概念,优化了单元组合,但是教材的编排局限仍然存在,多数还是按照体裁或年代顺序编排,虽然便于学生了解文学作品的体裁特点与历史脉络,但忽视了不同作品间母题的相似性和连贯性,教材和教学设计尚未形成一个系统的母题读写教学体系。这种编排方式导致学生在阅读过程中难以构建系统化的文学理解框架,难以形成对某一特定母题的系统化理解，无法从整体上把握作品中相似母题的表现形式和思想内涵。虽然有部分教材、部分学习任务群的编者开始意识到这一问题，尝试将母题教学引入其中，如通过单元设计将相似母题的作品进行归类，在单元或章节的设计上尝试引入母题教学，但整体上仍处于初步探索阶段，尚未形成完善的母题读写教学体系。

教师素养与教学能力参差不齐。母题读写教学的实施对教师的素养提出了较高要求，尤其是教师需要具备对母题深入理解的能力以及创新的教学设计能力。然而，目前部分教师对母题教学的理解停留在表面，难以通过教学帮助学生形成深入的主题意识，未能通过"主问题"设计等系统化的教学手段引导学生深度思考作品中的母题。在实际课堂中，教师更倾向于单一地解读母题，而缺乏引导学生进行多角度、辩证分析的意识，限制了学生对母题的全面理解。此外，部分教师在写作教学中更多的是关注技巧层面，忽视引导学生围绕母题进行深刻思考，从而导致学生的写作偏重形式而缺乏实质内容。

(三) 母题读写教学中的问题与挑战

由于传统语文教学长期偏重于知识的传授和应试能力的培养，在母题读写教学中，学生往往难以摆脱对情节和人物的表面化理解，缺乏对母题的敏感性和思考深度。特别是在写作中，学生较少有机会运用和表现母题，很少主动运用母题作为构思的核心，导致文章内容空洞，缺乏思想深度。学生对母题的理解较为浅显的现象表明，母题读写教学中，如何引导学生将母题从阅读中的分析延伸到写作中的表达，是一个亟待解决的问题。

目前，语文教学中写作的评价标准更多集中在文体要求、语言表达、结构安排等方面，缺乏多样化和开放性，而对于母题的深度挖掘和思想性表达的要求较少，对作品深层次的主题表达关注不足，母题写作评价标准还不够完善。在写作教学中，教师经常忽视鼓励学生对母题作敏锐把握，也不注重激励他们在表达中进行独立的思考和创新，学生的母题写作很少得到明确的评价和指导，导致他们对母题写作缺乏有效的反馈，进而无法在写作过程中进行有针对性的改进。

另外，教学资源略嫌不足。尽管语文教师和学者越来越重视母题教学，但教学资源的缺乏仍然制约了母题读写的推广。现有的教辅材料和教学资源大多局限于某些特定的文本或知识点，缺少系统化的母题读写教学工具和方法论。

（四）母题读写教学有待努力的方向

有待完善母题教学的教材与课程设计。教材编写和课程设计应更多地结合母题教学，应更多地从母题教学的角度进行系统化设计，打破按年代或体裁划分的传统模式，将不同历史时期和风格的作品按照相似的母题归类，以帮助学生在多样化的文本中识别和体悟相同或相似的母题。通过系统化的课程设计，教师可以帮助学生逐渐构建起母题综合分析的能力，并将其运用于写作实践，通过写作进行深入的理性思考与表达。

有待提升语文教师的综合素养与教学能力。语文教师需要不断提升自身的文本解读能力，并在教学中通过多样化的教学手段，如交流、讨论、辩论、角色扮演等，激发学生对母题的兴趣和理解能力，帮助学生深入理解母题。与此同时，教师应注重母题读写结合的教学，加强母题写作的指导，通过分阶段的写作训练，引导学生日积月累，厚积薄发，在写作中灵活运用所学的母题，提升他们的写作深度与理性思维能力。

有待引入多媒体与信息技术作为支持。信息技术的发展为母题读写教学提供了新的支持。通过多媒体、互动阅读平台等，学生可以更直观地理解与阅读母题，并在阅读过程中通过在线讨论等方式增强对母题的感知与思考。信息技术不仅能够丰富母题教学资源，还能提升学生母题读写的学习兴趣与参与度。

总之，语文母题读写教学作为一种新的教学理念和方法，在语文教育教学中的重要性日益凸显。作为一种既能提升学生阅读理解、鉴赏评价能力，又能增强写作思维深广度的教学方式，它为语文核心素养的培养提供了新的路径，具有深远的意义。尽管母题读写教学的推广仍面临诸多挑战，但在不断完善的过程中，它将扮演越来越重要的角色，将为学生语文核心素养的提升带来更多的机遇。

二、逻辑思维与母题读写教学

在现代语文教育中,阅读与写作不再仅仅是语言技巧的训练,更是思维方式的培养与塑造。逻辑思维作为一种严密、有序的思维方式,对于学生的阅读理解和写作表达起着至关重要的作用。逻辑思维与母题读写这两个看似来自不同领域的概念,实际上在教学中却存在着深刻的联系。逻辑思维是指个体通过分析、推理和演绎等方式,对事物进行有序、条理化的思考,而母题读写则指通过对文本中的核心母题进行深入阅读与写作,实现对作品主题思想的理解与表达。母题读写作为语文教学中的重要策略之一,既依赖逻辑思维的支持,也能反过来培养学生的逻辑推理能力和表达能力。逻辑思维与母题读写的关系,以及如何通过母题教学提升学生的逻辑思维能力,值得深入探讨。

(一)逻辑思维与母题读写的内在联系

母题分析与逻辑推理关系密切。母题读写要求学生能够对文本中反复出现的核心主题进行识别、分析和归纳,而这一过程本质上依赖逻辑思维的支持。母题读写往往涉及对作品主旨的深度分析,而这需要学生运用逻辑推理能力,需要通过对作品情节、人物和语言的推理,从中提炼出作品的核心母题。逻辑思维帮助学生对作品进行细致剖析,找到人物行为、情节发展的逻辑线索,并将这些线索结合起来,揭示出母题背后的深层含义。例如,在阅读《红楼梦》时,学生可以通过人物的命运与家族兴衰之间的因果关系,推理出"家族兴衰与个人命运"这一母题。又如,在理解、分析和把握鲁迅作品中的"反封建"母题时,学生需要结合具体文本的情节发展、人物言行,推断出作品所要揭示的社会问题,这不仅依赖于阅读理解能力,更离不开清晰的逻辑思维过程。

整体性与逻辑框架的建立。母题读写不仅仅是识别出一个作品的母题,还要求学生能够从整体上理解母题如何贯穿于作品的结构和发展中。逻辑思维为这一过程提供了方法论支持,学生需要运用整体性的思维框架,将繁杂的内容和零散细节联系起来,形成对作品全貌的理解。例如,在分析理解《哈姆莱特》中的"复仇"母题时,学生需要逻辑性地梳理"复仇"这一主题如何在情节的各个层面上展开,并如何与其他次级主题相互作用。这种整体性分析要求学生具备严密的逻辑思维,以帮助他们构建完整的理解框架。

特别是在文学作品中,母题常常呈现为反复出现的思想、主题或情感,往往具有一定的抽象性。要在不同的作品中提炼出相同或类似的母题,更离不开逻辑思维的支持。通过归纳与演绎,学生可以在阅读过程中逐渐形成对文本内在逻辑的理解,将表层的情节等内容分析上升到母题的提炼。这一过程中,学生需要通过逻辑思维对作品进行深度分析和归类,寻找其中的共同点和差异点,从而归纳出母题的核心。

系统化写作与逻辑表达紧密相连。在母题写作过程中,逻辑思维不仅帮助学生从作品中提炼出母题,还要求他们能够通过系统化的写作表达出对母题的理解。在写作时,学生需要运用逻辑推理,将观点逐步清晰地展开,并通过充分的论据支持论点。一个成功的母题写作不仅仅要求语言表达的清晰,更强调逻辑结构的严谨。例如,在写作关于"命运与抗争"的母题时,学生需要对这一特定主题进行系统性思考,通过分层次的论述、有逻辑的表达,逐步展现人类如何在命运的压迫下奋起抗争,最终形成对主题的深刻理解。这一过程是学生逻辑思维能力的运用与体现,是他们思维条理性和分析能力的直接表达。

(二)逻辑思维在母题读写中的作用

逻辑思维助力解读文本的深度。文学作品往往通过隐喻、象征和暗示等多种表现手法传达复杂的情感和思想,而这些隐含的母题并不总是显而易见的。逻辑思维在母题读写中能够帮助学生进行推理和归纳,提升他们对文本的解读能力。通过逻辑推理,学生可以找到作品中隐藏的母题线索,将零散的表象信息结合起来,从而揭示出更深层次的主题。例如,在《老人与海》中,"人与自然的斗争"这一母题并不直接通过情节展现,而是通过老人与大海的互动隐喻着人与自然之间的微妙关系。学生通过逻辑推理,能够在文本的背后发现这一深刻的母题。

在母题读写教学中,逻辑思维有助于学生提升对文本的深度分析能力,特别是在解读文学作品时,学生需要通过逻辑推理去挖掘文本中的潜在含义,探究作者意图,并以此作为依据归纳出母题。例如,阅读《红楼梦》时,学生需要在大量人物对话、情节细节中理出线索,分析出"家族兴衰"这一母题背后的多重社会因素。逻辑思维在这一过程中起到了关键作用。

逻辑思维可以增强写作的条理性与逻辑性。母题写作不仅需要学生具备良好的语言表达能力,还要求他们能够在写作过程中遵循逻辑思维的原则,能够对核心概念进行分析和归纳,将自己的所思所想以合乎逻辑的方式呈现,做到条理清晰,论证严密有力。一个优秀的母题写作通常需要在结构上有严格的逻辑安排。例如,在探讨"自由与责任"这一母题时,学生需要在写作中层层递进,先定义"自由"的概念,阐释自己对"自由"的理解,再通过对比分析讨论自由与责任的关系,最后联系现实生活提出自己对"自由与责任"这一关系应如何处理的见解。又如在论述"成长"这一母题时,学生需要首先阐释成长的内涵,接着提供自己在阅读中积累的案例,分析这些案例中的人物是如何成长的,最后进行总结和观点升华。这种条理性表达的能力正是逻辑思维在母题写作中的具体体现。因此,逻辑思维能够帮助学生清晰地组织文章结构,避免写作中的思路混乱或逻辑漏洞。

母题读写往往要求学生能够从多个角度对作品中的母题进行分析与评价,而这种多维度的分析与评价离不开逻辑思维的引导。尤其在文学作品中,许多母题并不是单一的、固定的,而是具有多层次的内涵。例如,"成长"这一母题在不同的文学作品中可能表现为身体的成熟、心灵的成长或社会地位的提升。通过逻辑思维,学生能够理性地分析这些不同层次的"成长"的含义,并综合多角度的观点形成对母题的深刻理解。

母题教学中的逻辑推理不仅有助于理解文本,还能够培养学生的批判性思维。在识别出作品的母题后,学生需要对母题中事理的有效性进行思考,并结合自己的观点进行辩证分析。通过这种方式,学生学会了批判性地思考文本的价值,不仅能理解文本的表面内容,还能够对母题背后深层次的社会、文化背景进行批判性的分析。这种逻辑思维的培养对于学生理解复杂的文本内容,乃至处理生活中的复杂问题都是至关重要的。

(三)在母题读写中培养逻辑思维

在母题读写的教学中,教师可以通过设计问题或任务,引导学生在阅读过程中有意识地运用逻辑思维,进行推理与分析,逐步培养他们的逻辑分析能力。比如,教师可以要求学生从作品的多个情节线索中提炼出中心母题,并通过推理来解释各个线索是如何支撑这一母题的。比如,教师在引导学生阅读文学作品时,可以提出这样的问题:"作者在文本中表达了什么样的情感或思想?""你能在文本中找到哪些证据来支持这个观点?"通过这些问题,学生被引导进行逻辑推理,寻找母题线索。这样的阅读训练不仅能够提升学生对母题的敏感度,还可以强化他们的逻辑推理能力。通过这样的训练,学生能够逐渐学会如何从作品的细节中推导出整体母题,并形成自己的解读框架;随着阅读体验的积累,学生的逻辑思维能力也会通过文本解读而逐渐增强。

在写作教学中,母题写作训练可以帮助学生提升逻辑思维能力。母题写作往往需要学生对某一母题进行深度思考与分析,并条理清晰地表达出来。比如,教师可以通过分段式写作训练,帮助学生逐步掌握如何在文章中建立逻辑联系。在写作关于"爱与牺牲"这一母题的文章时,教师可以引导学生首先确定中心观点,然后通过逐步展开论证的方式,使学生学会在文章中建立严密的逻辑结构。教师首先可以引导学生提出一个明确的中心观点,接着让他们列举在母题阅读中积累的具体例子加以分析,最后通过总结升华母题,帮助学生学会如何用逻辑的方式组织文章。这种写作训练有助于培养学生的条理性表达,提升他们的逻辑思维能力。

交流、讨论与辩论是培养逻辑思维的重要方式。在母题读写教学中,教师可以通过开放式讨论或小组辩论、角色扮演等,引导学生从不同角度分析同一母题。例如,教师可以一些开放性问题或情境:"在《哈姆莱特》《窦娥冤》《雷雨》《茶馆》等名著中,母题'命运'是不可抗拒的吗?"通过讨论,学生被分成不同小组,从不同角色的立场出发,通过逻辑推理提出各自的观点,从人物命运的不可控性和自主性出发,辩证地思考命运与个人选择之间的关系。这种讨论不仅有助于学生加深对母题的理解,提升学生的文学理解能力,也能在多样化的思维训练中发展他们的逻辑思维,还能通过逻辑论证训练他们的批判性思维。

逻辑思维不仅限于语文教学，它在科学、思政、历史等其他学科中也发挥着重要作用。母题读写教学可以结合跨学科的思维训练，通过将文学母题与其他学科中的逻辑思维相结合，帮助学生从更广阔的角度理解作品中的母题，帮助他们提升思维的广度与深度。例如，在分析文学作品中的"科学与人性"母题时，学生可以结合科学史上的伦理问题，进行跨学科的逻辑推理与思辨；在分析《红楼梦》的"封建制度与婚姻爱情"母题时，教师可以引导学生了解封建制度的历史背景，并通过历史知识来帮助学生进行逻辑推理与分析。这种跨学科的思维训练能够进一步增强学生的逻辑思维能力，使他们的思考更加全面和深入。

（四）母题读写与逻辑思维的相互促进

逻辑思维助推对母题阅读的理解。通过逻辑思维，学生能够在母题读写中更加深刻地理解文本的内涵。例如，在探讨"自由与束缚"这一母题时，逻辑思维可以帮助学生从多角度分析自由的本质与束缚的不同表现形式，进而更全面地理解母题作品的主题思想。逻辑思维使得学生不再停留在表面的情节层面，而是能够通过多层次的推理深入挖掘母题的复杂性。

母题写作也能够促进逻辑思维的培养。在写作过程中，学生需要通过条理清晰的思维方式组织文章，逐步展示观点，并通过论据支持论点。这一过程本身就是逻辑思维的训练。在母题写作中，学生不仅能够学会如何合理安排文章结构，还可以学会如何通过逻辑推理进行有效的论证。

总之，逻辑思维与母题读写之间存在着深刻的内在联系。母题读写的过程本质上是一种分析、推理与表达的过程，而这一过程依赖于学生的逻辑思维能力。学生可以通过逻辑推理和分析提升理解文本的能力；在写作中通过条理化的思维深刻表达主题，深化母题认知。通过母题读写，学生能够在阅读与写作训练中提升逻辑思维能力。逻辑思维与母题读写教学的有机结合，为学生提供了一个从不同角度理解文本和表达思想情感的契机。这种双向的促进关系，不仅有助于学生提升语文核心素养，还能增强他们在其他学科和生活中的思维能力。因此，在语文教学中，结合逻辑思维的母题读写教学可以为学生的全面发展提供更加广阔的空间。

三、辩证思维与母题读写教学

辩证思维是一种强调对立统一和发展的思维方式,它帮助人们从多个角度审视问题,理解事物的复杂性和多变性,关注矛盾的统一性和对立性。在语文教育教学中,辩证思维是一种不可或缺的思维方式,它要求学生在阅读和写作中能够从多个角度全面而深入地分析问题,理解事物的对立统一和变化发展。而母题读写则是通过识别和分析文本,特别是文学文本的核心主题,深化对文本的理解,并通过写作表达出来。这种教学策略和方法,正好为培养学生的辩证思维提供了丰富的土壤,有利于培养其综合分析能力和批判性思维。母题本身往往包含着复杂的情感、矛盾与社会现象,这些都需要学生以辩证的眼光去认识、分析和表达。因此,辩证思维和母题读写有着紧密的联系,两者相辅相成、互相促进。

（一）辩证思维与母题读写的内在关联

在作品特别是文学作品中,许多母题都蕴含着对立的思想、情感或社会现象,它们常常通过对复杂矛盾的描写来展现母题。无论是人性冲突、社会对立,还是个体与环境的矛盾,都是揭示作品核心母题的重要方式。而辩证思维的核心在于理解事物的对立统一。例如,在鲁迅的小说中,"救赎"与"绝望"常常是相伴而生的母题。通过辩证思维,学生可以认识到虽然鲁迅揭示了社会的黑暗面和人性的弱点,但同时也表达了对未来社会变革的希望。如《阿Q正传》,其中"革命与失败"的母题就是通过阿Q的行为与社会环境的对立、矛盾来展现的。辩证思维可以帮助学生从对立统一的角度出发,发现作品中母题的多维度表达,分析这些矛盾是如何推动母题发展的。通过这种分析,学生能够更深刻地理解作品背后的思想与情感,综合看待文本中的复杂性,理解母题的多重意义。

辩证思维强调事物的对立统一,强调事物的动态性和发展性,即事物在对立中运动、在变化中发展,认为事物的发展和变化总是在对立中进行的。文学作品中的母题往往不局限于单一的情感或思想,而是通过对立和统一的表现形式逐渐延展出多层次的意义,也是动态发展的。在母题阅读过程中,学生需要通过辩证思维,理解母题是如何随着情节的发展而不断变化的。例如,《雷雨》这部作品通过家庭内部的矛盾和社会阶层的冲突,展现了"命运与抗争"这一母题。例如,在《哈姆莱特》中,"复仇"这一母题最初是主人公的动机,而随着情节的发展,这一母题逐渐演变为一种对生死的思考,复仇的动力也逐渐转向对人性和命运的反思。辩证思维可以帮助学生透过表象看到母题背后的深层变化,帮助学生认识到,命运的不可抗拒与个体抗争的必然性并不是完全对立的。

辩证思维具有整体性,要求从整体上把握事物的发展过程。对母题的分析同样如此,要求学生在理解问题时不局限于某一方面,而是通过联系各方面因素,全面理解事物的发展过程。同样,一部作品中的母题通常不会独立存在,往往涉及多个层面,包括人物、情节、背景等。辩证思维帮助学生从整体的角度出发,理解母题如何贯穿于作品的各个要素中。通过辩证思维,学生能够从整体上把握母题的表现形式,理解它在作品中的多重作用。例如在《红楼梦》中,"家族兴衰与个人命运"这一母题贯穿全书,不仅仅通过贾府的兴衰表现出来,还渗透在人物的命运、爱情悲剧以及社会结构的变化中。学生通过整体的辩证分析,可以认识到家族命运与个人命运之间的相互影响和依存关系。

(二)辩证思维在母题读写中的具体运用

在占文本数量主体的文学作品中,矛盾是推动情节发展和揭示母题的重要手段。通过描写人物内心、社会冲突或情感纠葛等,可以更好地展现母题的张力。在母题读写中,学生需要通过辩证分析,揭示出这些矛盾背后的母题,通过分析这些矛盾,找到母题的核心。例如在《骆驼祥子》中,祥子的梦想与现实之间的冲突,个人努力与社会环境的矛盾,都是揭示"命运无常"这一母题的关键。辩证思维能够帮助学生理解这些对立矛盾是如何推动母题发展的。通过辩证分析这种对立矛盾,学生不仅能够理解人物命运的走向,还能从社会背景中进一步挖掘出母题的复杂性。

母题读写要求学生从多个角度分析和理解作品中的母题,这本质上也是一种辩证思维的训练。学生可以通过多角度的分析,理解母题的多层次意义。例如,在《哈姆莱特》这部作品中,"复仇"这一母题不仅表现为哈姆莱特为父亲复仇,还包含了对人性、权力、命运等多方面的反思。通过辩证思维,学生可以从不同的角度剖析复仇的含义,并且探讨复仇与人性之间的复杂关系,进而更加深刻地理解母题。再如《简·爱》中的简与罗切斯特之间的爱情,就通过他们之间的距离、阶级差异与内心的对抗,揭示了爱与自由的复杂性。又如《红与黑》中的于连,他在追求个人成功的过程中,既展现出对自由和尊严的渴望,也揭示出他性格中的虚伪与自私。辩证思维帮助学生认识到,在文学作品中许多母题并不是单一存在的,而是通过正反双方的互动呈现出更丰富的思想层次。

辩证思维强调对立面的相互作用和统一,母题读写可以通过正反对比的方式来深入挖掘作品的思想深度。在母题读写中,辩证思维有助于学生逻辑严谨地展开论述。学生不仅要展示对母题的理解,还要从正反两方面展开分析,形成完整的逻辑链条,通过对比分析来揭示母题。例如,在讨论"人性光辉与黑暗"的母题时,学生可以通过对比作品中正面和反面角色的行为来揭示这一母题。在讨论"爱与背叛"的母题时,学生可以通过对比作品中正面与反面的角色,理解母题的对立与统一。在写作关于"自由与责任"的母题时,学生可以通过辩证分析,指出在追求自由的过程中,个人必须承担责任,甚至自由本身也可能成为一种束缚。通过这种辩证式的论述,学生的文章将展现出更高的思想深度和逻辑严密性。

(三)母题读写与辩证思维的培养

在教学中,教师可以通过设计开放性问题,引导学生从多个角度审视和分析母题,帮助他们形成辩证思维。例如,在讨论《红楼梦》中的"家族兴衰与个人命运"这一母题时,可以引导学生思考人物的命运不仅受到家族的影响,也受到个人选择和社会背景的制约。在讨论"成长"这一母题时,教师可以引导学生思考成长的正面与负面影响,并结合不同人物的经历进行辩证分析。这种多角度讨论分析,不仅能够帮助学生更加全面地理解复杂的文学母题,还能在过程中培养和锻炼他们的辩证思维能力。

通过辩证分析理解母题的多层次性,能培养学生辩证地评价文学作品的习惯,使他们学会从不同层次分析母题,理解事物的复杂性,辩证地看待文学作品中的价值观。例如,在分析"命运与抗争"这一母题时,教师可以引导学生从人物命运、社会环境和个人抗争三方面入手,进行多层次的分析。在探讨"成功与失败"这一母题时,教师可以引导学生思考成功是否总是正面的,失败是否一定意味着消极。在探讨沈从文的小说《边城》时,教师可以引导学生思考它所蕴含的母题的丰富性——自然与人文的和谐、爱情的纯真与悲剧性、传统文化与现代文明的冲突、命运与选择的矛盾等,引发学生对人性、文化、命运等深层次问题进行思考。这样的思维训练,不仅能够帮助学生更深入地理解母题的多层次性,也能增强他们分析问题的能力。

母题读写不仅仅是对母题的识别和解释,还需要学生通过辩证分析探讨母题背后的矛盾与发展。教师要鼓励学生探讨母题背后的复杂矛盾,帮助他们从辩证的角度深刻理解母题,并形成独立的批判性见解。例如,在分析《茶馆》中的"衰败与重生"这一母题时,学生可以通过辩证思维探讨旧社会的腐朽与新生力量的萌芽。通过分析母题背后的矛盾,尝试提出解决矛盾的方法,学生能够更好地理解作品的深层含义,并培养辩证思维能力。

讨论与写作是培养辩证思维能力的重要途径。在母题读写教学中,教师可以通过开放性讨论或小组辩论,帮助学生锻炼辩证思维。例如,教师可以提出开放性的问题:"在《雷雨》《骆驼祥子》《茶馆》等名著中,人物命运的悲剧是否不可避免?""在《变形记》《复活》《百年孤独》等外国名著中,人物命运的悲剧是怎样形成的?"学生通过讨论,可以分别从人物性格、历史文化背景、社会生活环境等角度进行辩证分析。这种讨论不仅能够帮助学生加深对母题的理解,还能够提升他们的辩证思维能力。在母题写作教学中,教师可以通过引导学生辩证地思考问题,帮助他们提升写作深度和高度。例如,在写作关于"命运与自主"的母题时,学生可以从多个角度进行辩证分析,既要看到命运对个体的限制,也要思考个人能否通过行动改变命运。这种辩证思维的运用,使得学生的文章不仅有深度,也更具逻辑性和说服力。

(四)辩证思维与母题读写的相互促进

辩证思维能够帮助学生更加全面深刻地理解母题。在辩证思维的指导下,学生可以多角度、多层次地分析文学作品中的母题。例如,在讨论"个人命运与社会环境"这一母题时,辩证思维促使学生从个体的选择、生活的变化、历史的变迁等多方面理解作品的复杂性。在分析"人性与社会"这一母题时,辩证思维促使学生思考个体与社会之间的复杂关系,理解人物行为的多重动机。这种多角度的分析能够让学生对母题有更加深刻的理解;这种深层次的思考有助于学生突破表面的理解,深入挖掘母题背后的社会、文化和历史背景。

反过来,母题读写教学也能够促进学生辩证思维能力的发展。通过分析文学作品中的母题,学生能够学会多角度的辩证分析。当然,在母题读写过程中,学生不断运用辩证思维进行分析和写作,这本身就是一种思维训练。例如,学生在写作时不能仅仅停留在表面表达,而是通过辩证思维展开对母题的多维探讨,以提升写作深度与逻辑性。这种辩证思维训练,还能够迁移到其他学科或生活中,为学生提供助益。

总之,辩证思维与母题读写之间有着紧密的联系。两者的有机结合,不仅能提升学生对文学作品的理解深度,还能帮助他们在写作中更有条理地表达思想,提升逻辑性与批判性。同时,母题读写教学也为学生培养辩证思维提供了丰富的实践机会,这对他们未来的学习和生活具有深远的影响。

第二章 思辨性母题读写教学设计的核心策略:"主问题"设计

从古至今,教育始终重视学习的问题意识:《礼记》把善问看作进学之道,韩愈《问说》认为:"君子之学必好问。问与学,相辅而行者也。"陶行知认为教学"起点是一问"。西方学者德加默认为:"问得好即教得好。"近年来,有识之士在不断研究语文课堂教学中的提问艺术,普遍认为课堂教学中成串的"连问"、简单易答的"碎问"以及对学生随意的"追问"阻碍了学生深入研读文本,干扰了学生整体把握文本,不能激发学生的思维潜能,影响了课堂教学效益。

语文特级教师余映潮是"主问题教学法"的积极倡导者和用力践行者,成果丰硕。站在新课程新教材实施的当下,我们重新审视余老师的研究成果,于课堂教学的问题设计与组织实施仍有诸多启示。当然,随着新课标的出台和核心素养理念的落地,我们可以重新思考"主问题教学法"于当下的理论意义和实践价值。余老师是从阅读教学的角度来研究"主问题"教学的,如果视野打开一点,新课标新教材所积极倡导的母题教学、学习任务群教学、单元教学、项目化教学,包括作文教学和整本书阅读教学,是否也可以用"主问题教学法"的核心来统整?另外,"主问题教学法"与培养学生核心素养有什么联系?或者说,核心素养视野下的"主问题"教学的特征与价值、设计的原则和策略又是什么?"主问题"的设计与实施如何推进阅读与鉴赏、表达与交流、梳理与探究等语文学习活动?"主问题"与新课标倡导的任务驱动是否有内在一致性?如何使基于语言及思维实践活动的"动"与"问"相得益彰?这些问题,尤其值得我们在实践基础上作进一步探究与提炼。

一、"主问题"教学设计的内涵和意义

（一）思辨性母题读写教学中"主问题"的内涵

我们先来看一个课例：

《阿房宫赋》的教学，教师在以"大秦帝国因'_____'而亡国（请从原文找一个词语）"的填空引导学生整体感悟文本内容（学生经比较"骄固""纷奢"后得出"奢"的结论）的基础上设计出以下提问：

（1）杜牧是从哪几个方面来表现秦之"奢"的？

（2）文章表现"奢"的几个层面，写法上有何异同？

（3）杜牧这样表现秦之"奢"，用笔是不是"奢侈"了点？

这三个提问均围绕课文的文眼"奢"来整体设计。提问（1）引导学生在整体理解的基础上训练学生梳理文章层次、归纳段落内容的能力，关注文章"写了什么"；提问（2）引导学生通过体会语境义、语言修改、关注虚词等方式品味语言，关注文章"怎么写"和"写得怎么样"；提问（3）引导学生再读文章体会"赋"的文体特征和写作用意，关注文章"为什么写"。这一教学设计的好处在于教者引导学生围绕一个核心词语设计关键性的问题即主问题，"引爆"他们对于文章全方位（写什么、怎么写、为什么写）的理解，起到"牵一发而动全身"之效。

余映潮老师认为，所谓"主问题"就是"阅读教学中能从整体的角度或学生的整体参与性上引发思考、讨论、理解、品味、探究、创编、欣赏的重要的提问或问题"，它是引导学生对课文进行研读的重要问题、中心问题或关键问题。相对于课堂中"连问""碎问""追问"泛滥的趋势，"主问题"既是对传统的课堂提问方式的改造和创新，也是对语文教学课堂活动方式的改造和创新。它在教学中表现出四个非常明显的特点。一是在课文理解方面具有吸引学生进行整体品读的牵引力；二是在教学过程方面具有形成一个教学项目或板块的支撑力；三是在课堂活动方面具有让学生共同参与、广泛交流的凝聚力；四是在教学节奏方面具有让学生安静下来思考问题、形成动静有效的课堂教学氛围的调节力。用"主问题"来形成课堂教学步骤的课堂，往往表现出一种"线索"之美，表现出"妙在这一问"的新颖创意。

随着新课标的出台和学科核心素养的落地，我们在进一步思考："主问题"教学能否在发展学生的核心素养上发挥价值和能动性？《普通高中语文课程标准》(2017年版、2020年修订)指出：语文学科核心素养是学生在积极的语言实践活动中积累与建构起来，并在真实的语言运用情境中表现出来的语言能力及其品质；是学生在语文学习中获得的语言知识与语言能力，思维方法与思维品质，情感、态度与价值观的综合体现。语文学科核心素养主要包括"语言建构与运用""思维发展与提升""审美鉴赏与创造""文化传承与理解"四个方面。由此来看，母题读写教学中的"主问题"的设计、实施与评价，如果能在这四个方面更好地贴合语文核心素养来进行，那么，就能更好地实现学科核心素养的落地。

我们将余映潮老师的课文阅读教学"主问题"设计推而广之，重点将母题读写(包括学习任务群教学、单元教学、整本书阅读教学和作文教学)纳入"主问题"研究视野之中，将"主问题"作如下界定：

"主问题"是课堂教学过程中特别是在母题读写教学过程中，能起主导作用和支撑作用，从教的整体预设性或学的整体参与性上引发有一定深度的思考、讨论、理解、品味、创造的重要提问、问题或活动任务。

我们强调"主问题"在课堂教学过程中能起主导作用和支撑作用，使课堂教学力避杂乱无章和随意的"追问"。用"主问题"来主导架构课堂设计，使课堂教学的过程富有张力和主线。我们强调要关注"教的整体预设性和学的整体参与性"两个维度，就是要关注教师教的整体预设性与学生学的整体参与的和谐一致，教师"主问题"的提出是预设，由"主问题"而形成的学生的课堂学习活动是生成。我们强调"主问题"能引发一定深度的思考、讨论、理解、品味、创造，就是让课堂能保持相当时长的学习、交流与对话活动，不仅是师生的对话，更是生生的对话。我们强调"主问题"不仅仅是外显的问题或提问，也是重要的课堂活动或任务，就是新课标倡导的自主、合作、探究性学习方式，以凸显学生学习语文的根本途径。"主问题"的设计，其实质就是学生课堂实践活动(读或写)的设计,其外在表现形式,可以是提问,也可以是话题,或者是活动任务。

无论是阅读教学还是写作教学,其核心都是围绕文本(一篇课文、一组群文、一本书、一个作文题、一篇学生习作或一组学生作文等)来作整体设计与架构,在以文本为核心的语文课堂教学中,尤其在母题读写教学中,主问题的设计在课堂结构中起着"牵文本一发而动语文学科核心素养全身"的作用。"主问题"实施过程强调思考、讨论、理解、品味、创造这几个环节,这与核心素养达成的过程是一致的。母题读写教学中的"主问题"设计要依据文本体式特征,在基于文本阅读的语言实践中促进学生对语言规律的掌握,并形成基于文本情境的言语实践经验;在基于具体语言情境的写作训练活动中,发展学生正确有效地运用语言文字进行交流沟通的能力;在基于文本内容阅读的言语实践过程中,发展和提高学生的言语思维能力,提升其言语思维品质;在以文本内容体验阅读为依托的言语实践活动中,发展和提升学生的审美意识,提高其审美鉴赏能力;在文本内容深层意蕴的挖掘中,以及传承中华优秀传统文化、理解多样文化、关注并参与当代文化的语文实践过程中,提高学生的文化素养。

从教师与文本、学生与文本、教师与学生这三组关系的变化中看,语文阅读"主问题教学法"的发展,经历了从"双基"时代到"三维目标"时代再到"核心素养"时代的三个发展变化阶段,即问答教学阶段、探究问题阶段和对话交流阶段。"双基"时代的问答教学以教师为中心,教师提出"主问题",学生来回答;"三维目标"时代的探究问题阶段,师生走向平等互动的学习方式,教师根据学情设计"主问题",组织学生一起研究解决;"核心素养"时代的对话交流阶段,学生的主体地位明确,积极主动参与学习,提出"主问题",大家一起来分析研究并加以解决。这一研究给我们的启示在于,"主问题"的设计要从教师筛选出典型问题作为"主问题",到调动学生学习的积极性,引导学生在前置学习过程中学会提出"主问题",这是以教师为中心向以学生为中心的教学方式的转变,是对学生学的主体性的尊重,是学习方式的转变。

(二)思辨性母题读写教学中"主问题"教学的意义

母题读写教学中的"主问题"教学是整体性的教学,是引导学生深入学习、思考、讨论的教学,是需要教师精心研读文本、巧妙架构课堂的教学,对于学生的学习活动和教师的教学活动有着多方面的价值和意义。

1. 利于培养学生深入品读、深度学习的能力

"主问题"设计的着力点在于,要从"面面俱到"式的"广种薄收"走向尽可能少的关键性问题引导下的"少教深学",也即用尽可能少的关键性问题引发学生对文本内容进行更集中、更深入地学习思考和讨论探究。这样的教学设计,必然会让教学目标指向学生学习关键能力的形成,让学习内容指向学科核心素养的关键要素,让学习过程指向培养学生的深层语言思维能力和思维品质,促进学生高阶思维的发展。在母题读写教学中,"主问题"教学,无疑会让学生的深入品读和深度学习在课堂过程中达成。有的教师教"人与自然"母题下的《石钟山记》可能会失之于浅,主要原因在于"问"得肤浅,如苏轼产生了怎样的疑惑,他是怎么通过实地考察解决疑惑,最后又得出了怎样的结论,等等。但有位教师教学这篇课文时提出了两个主问题:一是"察疑"部分为何要把考察的经历写得如此翔实?二是详写的作用是什么?由第一个"主问题"引导学生研习第二段,并比较找出"莫夜月明"的考察究竟翔实在哪里,让学生通过朗读,总结其内容:一是写出了声音的两个具体位置,二是突出考察时候的恐惧,三是结尾强调了释疑的轻松快乐。第二个"主问题"则引导学生比较并思考如果略写这一部分会有什么缺失。从结构上考虑照应了上文对李渤之说"尤疑之"和下文的"笑李渤之陋",因此需要着重阐释。从文章主题来说,要求真知,就要有探险精神和求实精神,恐惧必须突破。这样的理解比仅仅知道本文讲了个"事不目见耳闻,而臆断其有无,可乎"的结论深刻多了。此课例通过两个"主问题"引导学生进行朗读、比较、辨析、前后贯通,理解了文章为什么这样写和这样写的好处是什么,学生的思维品质获得了发展。

2. 利于课堂开展丰富的语言实践活动

母题读写教学中,"主问题"教学是以"少教"达到"深学"的目的,由于无意义的碎问、空问、浅问少了,概括性、关键性的"主问题"在课堂教学中发挥了主导作用和支撑作用。尤其是当"主问题"将学生置于真实的语言情境中,并将学习兴趣、学习资源、学习任务、学习过程整合起来,就能积极引导学生带着问题或任务进行长时间的思考、讨论、理解、品味等语言实践活动,从而达成教学

目标,发展学生学科素养。另外,自主、合作、探究性学习为主的学习方式取代教师的大量讲解分析,成为语文学习的重要途径。

3. 利于提高教师钻研教材、研读文本的能力

"主问题"是经过概括、提炼的,对教师把握课程和教材的水平与课堂对话的能力提出了很高的要求。为了提出高质量主问题、主话题或主任务,在研读把握课程标准的基础上,教师必须练好研读教材的基本功,要潜心钻研课标和教材,从不同角度精读、深读、细读,领会、赏析、品味课文以及各种与课文相关的学习材料,以确保自己能深刻领悟教材、优化教学内容、简化教学头绪,并实现课堂教学的高效,最终促进自身的专业成长。

4. 利于提升教师课堂教学的整体设计能力

整体设计关乎课堂结构的问题,课堂教学的整体设计能力也是教师专业发展的重要内容。课堂结构的力量来自整体,也来自焦点,课堂框架的搭建多是由大的问题来完成的。"主问题"教学平衡了这两个要素,既让学生感受到课堂的大框架,又在"主问题"的引导下聚焦母题作深入学习。尤其是当课堂当中的若干个主问题形成了前后逻辑严密的问题链时,就更能在课堂学习过程中感受到思考的推进和深入,以达到深度学习的目的。

二、思辨性母题读写教学中好的"主问题"的特征

(一)整体:设问内容丰厚

母题读写教学中,好的主问题"牵一发而动全身",呈现出设问内容丰厚的特点。其设问内容指向文本整体解读、课堂整体架构、学生整体性参与等。特别在新课标关注核心素养的背景下,其设问内容更具体而明确地指向学生的"语言建构与运用、思维发展与提升、审美鉴赏与创造、文化传承与理解",指向在整体的阅读与鉴赏、表达与交流、梳理与探究中提升素养,因此,其设问内容有着丰富、多元的内涵。

1. 内容有一定的广度

"主问题"有利于课堂上大量的语文实践活动的开展,有利于简化教学头

绪,强调内容综合。在单一文本的解读中,由"主问题"所引发的思考能够从文章结构、主旨、特色等角度涵盖整个文本或整个段落,由此起到对文本整体理解、课堂整体结构的支撑力。比如在《中国人民站起来了》这篇文章中,将"主问题"设为"'中国人从此站立起来了'这一宣告有何深刻含义?为什么没有作为开场白或者结束语,而是出现在文章第 6 段?"紧紧围绕"中国人从此站立起来了"这句话理解文章的主旨、构思特点,学生的思考、探究等活动也聚焦于一点,内容明确。在文章段落的赏析中,由"主问题"带动对整个段落的思考,避免"碎问"下对语言的单一理解和学生只言片语式的回答。

同时,以任务群为线索的高中语文统编教材编排体系,往往将同一母题下的整个单元的文章视为完成任务的资源,这也决定了各篇文章的关联性。此背景下的"主问题"往往基于多篇文章的比较性阅读,其广度超越了以往的单篇文章教学。比如选择性必修上册第二单元"诸子散文",涉及中华传统文化母题下的儒、道、墨三家。其中《兼爱》一文的主问题可设计为:比较儒家"仁爱"与墨家"兼爱"的异同。此"主问题"的解决涵盖《论语》《孟子》《大学》与墨家《兼爱》《非攻》等文章,具有广度。

2. 内容有一定的深度

在新教材以母题(主题)和任务群双线并进的编排体例中,好的"主问题",或从母题(主题)或从任务群的角度进行专题思考,无论是对单元主题、课文主题还是具体涉及某一语文思维、赏析能力的理解,都具有一定的深度,包含一定的人文内涵、哲学意味、思维深度。比如《生命的节日》一文,从文章主题出发设计"主问题"时,探究"苦难对于处于苦难中的人具有什么意义"这一"主问题",具有人文乃至哲学深度;《别了,不列颠尼亚》一文,从单元任务群"实用类文体阅读与表达"的母题出发,探究"主问题"。"消息是怎样通过选择材料来表现其真实性、增强其感染力的",由一篇消息,探究"消息"这一文体的特点,具有专题深度;《拿来主义》一文,从单元任务群"思辨性阅读与表达"的母题出发,探究"鲁迅是如何概括出'拿来主义'这一观点的"这一"主问题",集中于思维领域的"列举与概括",培育"概括"时对现实的关注、由现象观本质、保持独立思考和判断等思维习惯,具有思维深度。

(二) 生本：问题基于学情

学生是课堂学习的主体，"主问题"的设计一定要从学生的认知能力和学习实际出发，以学定教。学生的阅读心理过程是教学的着力点，也通常成为教学的生成点，因而课堂上好的"主问题"都具备"生本性"，问题基于学情，站在学生的角度，关注学生解读文本时的阅读心理过程。所谓"学情"，通常包含以下几点：

1. 学生的起点

好的"主问题"不盲目追求问题的高大上，而是考虑学生当前阶段的能力与水平；也不会急于求成，要求学生短时间内即刻解决问题，而是遵循学生的认知规律和思维特点。如学习中华传统文化母题下道家的《五石之瓠》时，学生已经有了同一母题下《庖丁解牛》和《〈老子〉四章》的学习基础，因而可以设置"主问题"："这则寓言体现了庄子怎样的观点？和老子相比，庄子在阐述'道'时，方式有何不同？"这样的"主问题"可以帮助学生深入理解庄子和道家学派的思想观点。同一篇文章，在不同的学段、不同的学习目标、不同的班级，"主问题"的设置也会有所差异。如《鱼我所欲也》一文，在老教材中作为高三的教学篇目，可以设置"主问题"："如何理解孟子'义'的思想内涵和意义？"从而引导学生理解孟子在孔子推崇"仁"的基础上，宣扬"义"是对儒家思想理论的补充和扩展。而在统编新教材中，本文为初中九年级的教学篇目，考虑到初中学生的学习能力和要求，可以变"主问题"为"作者是如何论述观点的？"从而带领学生疏通文本，掌握写作方法。

2. 学生的兴趣点

好的"主问题"要能抓住学生的兴趣点，以情景代入，使问题具有情境性。这样才能激起学生的情感共鸣，在共情的同时让学生以最佳的状态投入问题的分析，产生强烈的探索欲望。如学习《窦娥冤》，可以从学生日常所用名句"我比窦娥还冤"出发，以此为情境，设置主问题："窦娥冤在哪？窦娥的悲剧可以避免吗？"又如《围城》的整本书阅读，在鉴赏人物形象时，设置"主问题"："小说中鲍小姐、苏文纨、唐晓芙和孙柔嘉这四个女性都和方鸿渐有情感交集，如果是你，你会选择谁作为自己的终身伴侣？"诸如此类的"主问题"，落脚点紧扣学生的学习兴趣点,能全方位调动学生的阅读体验,尽量激发学生学习语文的兴趣,真正突出其学习主体的地位。

3. 学生的难点

好的"主问题"能站在学生的角度帮助他们解决疑难问题,还原学生的文本解读过程。如学习中华传统文化经典母题下的《子路、曾皙、冉有、公西华侍坐》,学生的难点不在于字词句的翻译,而是理解孔子的思想,因此可以设置"主问题":"弟子们的回答是什么?孔子的态度和评价是怎样的?孔子的想法是什么?"这样具有逻辑推进的"主问题"思考,正是学生学习和理解文本的过程。又如学习小说母题下的《变形记》时,学生的难点不在于赏析人物性格,而是理解作者的创作意图,因此设置"主问题"为"作者为何一定要将格里高尔变形为虫",就能让学生立足于这篇小说的精巧构思,分析将人异化的创作手法,从而认识小说塑造格里高尔这一形象的意义,以及这种荒诞写法的艺术效果。

总之,学生是课堂学习的主体,好的"主问题"一定是"以学定问",以学生的认知疑惑点、情感触发点、学习困难点等为切入口,"量身定做",才能使学生的学习讨论更热烈,思考更深入。

(三) 梯度:设问时机恰切

好的"主问题"是有意安排的具有一定科学思维顺序的问题,能在课堂教学过程中发挥牵引作用,具备"设问时机恰切"的特点。"主问题"的设计,要考虑问题的梯度和层次,保证设问顺序和时机是恰切的。有时,课堂教学活动中也采用"'主问题'驱动、问题链贯穿"的方法,因此,设问时机恰切,还指尊重学生的思维发展顺序,教师灵活机动地围绕着"主问题"提出恰切的子问题。

1. 设问的层次性

"主问题"教学中,有时候整堂课可以用几个"主问题"来贯穿。那么这几个"主问题"如何提出,以怎样的顺序提出,在什么时候提出,是教师需要在课堂教学活动中考量的。课堂"主问题"的设计要面向全体,要让所有学生参与、受益。针对高难度的"主问题"导致课堂实际参与有限的情况,教师必须要面向全体学生,花功夫熟知每一学生的学习基础和学习能力,在此基础上去设计有层次性的"主问题",这样才能提高学生的课堂参与度,使学生得到真正的提升。

比如在学习《陈情表》时,可以从标题切入设计"主问题":"谁在陈情、向谁陈情?作者为什么陈情、陈的什么情、是如何陈情的?"围绕着这个"主问题"逐步展开课堂探讨,可以帮助学生在了解作者写作背景、概括文章内容的基础上,进一步把握文章的情感,并学习巧妙拒绝他人的技巧。这个"主问题"中的几个设问,不仅对整堂课有牵引作用,同时也符合学生的思维发展顺序。

所以,在思辨性母题读写教学活动中,教师的设问,要给学生难易相当的梯度,要了解学生思维的发展顺序。在学生的阅读起始阶段,有深度的、涉及综合理解的"主问题"就不能在此时提出,而当学生的思维走向深处时,则可以提出对综合理解能力要求更高的"主问题"。

2. 设问的恰切性

"主问题"教学中,有时候整堂课也可以只设计一个"主问题",采用"'主问题'驱动、问题链贯穿"的方法来展开教学活动。那么这些子问题和"主问题"之间是什么关系,应该提哪些子问题,在什么时候提出,都需要教师加以考量。"主问题"支撑着整堂课的教学,帮助教师选择合适的时机提出子问题。这些子问题在"主问题"的牵引下,避免了问题的"琐碎"和"零散",也减轻了对学生思维的牵制,不仅可以充分调动学生课堂的积极性,还可以进一步发展和提升学生的思维能力,在课堂活动方面具有让学生共同参与、广泛交流的凝聚力。

比如在学习《老人与海》时,就可以抓住小说中令人印象深刻的那句话"一个人可以被毁灭,但不能被打败"来设计"主问题":"圣地亚哥被打败了吗?他是否维护了人类灵魂的尊严?"围绕着这个"主问题",可以由浅入深地展开对小说情节的梳理、人物形象的分析、小说象征意义的阐发、小说读法的探究等一系列的教学活动。学生不必紧跟着老师的"碎问"走,只要能紧密围绕着"主问题"开展凝练而有序的课堂活动即可。教师原先预设的一些子问题可以伴随着学生阅读活动的展开而灵活机动地呈现,比如关于内心独白对表现人物形象的作用,若学生能找出具体的文本内容加以分析,那么这部分内容教师就不必再向学生提问。若学生对于圣地亚哥内心独白中提到的"杀死大马林鱼是一桩罪过"不太能理解,教师可以依据"主问题",就这一个学习中的障碍点提出问题:"为什么圣地亚哥身为渔民却对打鱼感到罪过?大马林鱼有怎样的象征意义?"这个问题的提出,是教师围绕着"主问题",依据课堂情况灵活机动地加以处理的反应。所以,教师要能够发现学生学习活动中的难点,抓住学生思维被激发的契机,围绕着"主问题"提出相关的子问题,而非有意识地完全按照"预设"而忽略"生成",脱离学生的学习实际去设问。

每一堂课,学生的认知和阅读都是逐步走向深入的,教师要注意设问的时机,关注设问的梯度、难度和密度。好的主问题,应该具备让学生安静下来思考问题,形成动静有效的课堂教学氛围的调节力。教师应该给予学生充分发散思维的时间,在学生安静思考的时候,不要用"琐碎"的问题打乱学生的思维,做到"不愤不启,不悱不发"。在母题读写"主问题"教学活动中,教师选择合适的时机进行设问,不仅可以调动学生的学习积极性,更可以引领学生的思维走向深处。

(四) 有效:设问效果明显

好的"主问题",可以引领师生"踏雪寻梅",告别简单低效的"碎问"模式。通常情况下,教师往往会根据自己的预设,抛出一个又一个问题,然后滔滔不绝地进行讲解,而学生只能被"牵着鼻子走",教师问到哪里,他们就答到哪里。教师不断"碎问",学生被迫"碎答",教学话语权完全掌握在教师手中。而设计一个好的"主问题",就可以"牵一发而动全身"。不仅可以促进教师由"知识型"迈向"教研型",还能帮助学生循序渐进地挖掘文本,最终实现语用能力和思维能力的全面提升。从这个意义上来看,一个好的"主问题",其设问效果至少可以呈现如下特征:

1. 凸显学生的主体性

主体性,不仅指课堂中学生的整体参与性,更在于激活学生的学习潜能,激发学生的问题意识,并促使学生发现问题、分析探究问题,进而解决问题。因而,好的"主问题"必须不折不扣地将学生置于学习的主体,教师的核心任务就是要不断增强学生的问题意识,引导学生自主发现问题,从而确立自己渴望解决而又无力解决的问题,最终让教师挑选出共性的、迫切的问题作为课堂教学探究的核心问题。从这一点来说,好的"主问题",不仅可以引导学生做问题的分析者、探究者,还可以培养他们成为问题的提出者、设计者。

2. 引领学生主动探究

好的"主问题"要有探究性。"主问题"本身要有趣且有意义,具有吸引学生探究的黏性。余映潮老师在教学《祝福》时设计了这样一个"主问题":"作者笔下的祥林嫂,是一个没有春天的女人。为什么这么说呢?请同学们研读课文,找到依据。""祥林嫂是一个没有春天的女人",这是一个非常富有吸引力的问题,学生带着极大的好奇去研读文本、探讨交流,最终探究出祥林嫂悲惨命运的发展过程:

① 丽春之日,丈夫夭折(她的丈夫是在一个春天死的);
② 孟春之日,被迫再嫁(她是在新年才过时被婆婆抓走的);
③ 暮春之日,痛失爱子(春天快完了,村上倒反来了狼);
④ 迎春之日,一命归天(她消逝在祝福的鞭炮声中)。

学生在探究"主问题"的过程中逐渐认识到,《祝福》表现了祥林嫂生命中"没有春天"的悲剧,此中蕴含着深刻的象征意义:冷酷无情的社会没有给祥林嫂以温暖的春天。于是,"没有春天的女人"这个"主问题"就串起了《祝福》的整个品析过程,串起了对小说中人物、情节、结构、语言等内容的探究与欣赏,提升了课堂教学的有效性。

3. 促使课堂"动问"相得益彰

好的"主问题"是从教的整体预设性或学的整体参与性上引发有一定深度的思考、讨论、理解、品味、创造的重要提问、问题或活动任务,"主问题"的设计,实际上就是学生课堂实践活动的设计。因此,课堂教学不是表现为师生细碎的"答问",而是表现为师生之间的真实"对话",这种对话往往以课堂中的小专题形式进行,互动成为课堂的主旋律。在"主问题"或主任务的引领下,学生学的活动有了深度聚焦,在子问题或子任务的驱动下,学生学的活动有了思考秩序,动与问相得益彰,师生在相互交流、彼此影响下,思想产生碰撞,情感产生共鸣。

例如,在教学中国古诗词母题下的《归园田居(其一)》时,可以抓住一个"归"字设计"主问题",用问题链"陶渊明从何而归——为何而归——归向何处——归去何感"引导学生由浅入深探究文本,由生活场景的描摹到精神层面的诉求,由陶渊明深入到对整个知识分子群体意识倾向的揭示,使得整个教学过程环环相扣,推进有序,课堂"动问"相得益彰。

再如,在教学"人与自然"母题下的《荷塘月色》时,可以抓住关键句"这几天心里颇不宁静"来设计"主问题":"结合时代背景思考作者这几天心里为什么颇不宁静?"具体说,作者正是借"荷塘月色"之景,抒"这几天心里颇不宁静"之情。这"颇不宁静",正是作者对严酷现实的不满和苦闷心情的写照。因此,他才"忽然想起日日走过的荷塘,在这满月的光里,总该另有一番样子吧"。这说明作者夜游荷塘,目的是使"颇不宁静"的心情宁静下来。而置身于"无边的荷香月色",他也的确感到了某种超脱:"这一片天地好像是我的;我也像超出了平常的自己,到了另一世界里。"也正是在这淡淡的喜悦之中,那弥望的荷塘,那田田的叶子,那袅娜的花朵,那缕缕的清香,那凝碧的波痕,那脉脉的流水,那薄薄的青雾,那淡淡的云影,那柔和的月光以及那光与影和谐的旋律……都让他的心得到了暂时的安宁。然而,这安宁只是暂时的,因为,作者心灵深处的惆怅是难以排遣的,所以,当耳边传来"树上的蝉声和水里的蛙声"时,他便发出了"热闹是他们的,我什么也没有"的感叹。直到"这到底令我惦着江南了",再到"猛一抬头,不觉已是自己的门前",作者终究从梦幻般的"另一世界"回到了依然令人苦闷的现实。学生在"主问题"的驱动下顺藤摸瓜,渐渐追溯到作品的主旨。

三、思辨性母题读写教学中"主问题"生成的路径和策略

在了解了什么是"主问题"及其特征的基础上,还要明确如何设计或生成"主问题"。要重点关注"主问题"生成的路径和设计的策略两个方面。

（一）主问题生成的路径

主问题的生成要在师生共同研读文本的基础上，教师依据文本特点和学生积极主动参与学习后提出的问题，加以整合后最终确定课堂教学的"主问题"。

首先，在课程标准的指引下，教师需要潜心研读母题或学习任务群中的文本，根据文本的不同体裁、特征，抓住文本最主要的特点进行"主问题"的设计。例如，记叙类文体的情节、人物、语言等，说明类文体说明事物的特征等，议论类文体的论点、论据、论证之间的关系等。对于这些不同的文体，教师应深入分析文本，在此基础上，提出能够贯穿整个课堂的"预设主问题"。当然，这些"主问题"之下可以设置"子问题"，形成问题链，或者形成若干子任务。

在此基础上，教师引导学生积极主动地参与学习，提出自己的疑惑和问题，然后教师梳理总结学生所提出的问题。在这个过程中，教师可以将这些问题进行分类。有些问题是"伪问题"，不值得探讨。有些问题是学生在阅读过程中产生的有效典型问题和"真问题"，这些问题往往指向文本理解的核心，体现了学生在阅读过程中的障碍。教师可在分析文本的基础上，结合学生的典型问题确定课堂教学的"主问题"（图2-1）。

图2-1　"主问题"生成与解决路径

因此，"主问题"的确定，需要教师在透彻分析文本的基础上，整合学生提出的问题，针对文本最核心的内容，加以设计。在此过程中，需要给学生设计阶梯，用若干紧密相关的"主问题"或环环相扣的子问题或者子任务，让学生逐步接近文本的核心。在这个过程中，每个问题都有可操作性的任务，这样学生在学习中就可以逐步提升语文核心素养。例如学习《精神的三间小屋》，作为一篇散文化的议论文,我们要解决的核心问题是"作者的核心观点是什么"。要解决这个问题,就需要将作者对每一间"小屋"的观点搞清楚,继而再提出问题"如何看待第一间(第二、三间)小屋的观点和材料之间的关系"。在解决这个问题时,教师给出几组关联词,让学生进行分析,学生有了抓手,有了途径,分析问题就有了依靠。

(二) 主问题设计的策略

1. 生成的角度

不论是教师依据文本特点的问题设计,还是学生自己研读文本的问题生成,都必须有切入点,这些"切入点"必须既考量文本特点,又考量母题(单元)的整体特点和学习要求。

首先,"主问题"生成的切入点要关注母题(单元)学习的活动任务。单元整体学习,就是要对单元进行整体的把握,最好以任务的形式进行学习。例如初中九年级第一学期第一单元的"现代诗歌活动·探索"单元,有三个任务——任务一是学习鉴赏,任务二是诗歌朗诵,任务三是尝试创作。这三个任务是本单元的语文学习活动,也是教学设计的"主问题"来源。依此设计单元整体教学之下的课堂"主问题",学生在学习诗歌过程中就有了目标,有了整体性的认识。

其次,"主问题"生成的切入点还要对母题(单元)中的篇目进行归纳。单元学习需要引导学生进行整体归纳整理。例如初中九年级第一学期第三单元选取了《岳阳楼记》《醉翁亭记》《湖心亭看雪》《诗词三首》四篇文章,这些诗文在描写景物、抒发情感的同时,也表达了作者的政治理想、志趣抱负。在整体学习的过程中,可以引导学生进行比较、归纳、整理——"作者都写了哪些景?抒发了什么情?表达了作者怎样的志趣或者抱负?"这样的"主问题"可以成为整个单元学习的主线。

单篇文章的"主问题"生成,除要关注单元的活动任务和对单元篇目进行归纳之外,还要关注文本体裁和语言形式,主要有以下几个考量:

(1) 聚焦文章题目。标题是文章的"眼睛",是文章内容的浓缩和提炼,常常也是文章主旨的承载。透过标题,可以窥探到作者的情感,从而抓住文章的核心。因此，在教学过程中，从标题入手设计"主问题"，往往可以起到提纲挈领、直击要害、纲举目张、四两拨千斤之效。例如在执教《罗布泊，消逝的仙湖》一文时，抓住标题可以设计这样的"主问题"："如果要在标题后加一个标点符号，你会选择什么呢？"这个问题引导学生分析罗布泊消失的过程和作者对此的情感，从而将文章的灵魂抓住，学生加标点的过程，就是思考文本、梳理情感的过程。因此，抓住了文章标题，常常就找准了文本解读和教学设计的切入点。在教材中，有很多这样的例子，标题就呈现了作者的情感，或者统领了整篇文章，如都德的《最后一课》、鲁迅的《从百草园到三味书屋》、朱自清的《背影》、杨绛的《老王》等。

（2）抓住关键词句。关键词句是指对文章主旨或者中心有提示、挈领作用的词句。这些词句往往隐含作者的情感，牵连文章的主旨，或者标示了文章的思路、结构。抓住这些关键词句梳理文章、品味语言、厘清思路，可以帮助学生更好地把握文本，因此是"主问题"设计的切入点，也是提问的突破口。例如《老王》结尾"几年过去了，我渐渐明白：那是一个幸运的人对一个不幸者的愧怍"一句，"愧怍"一词为文章中最关键的揭示情感的词语。如何理解这里的"愧怍"？哪些事让作者"愧怍"？为何作者会"愧怍"？这是设计本课教学"主问题"的最佳切入点。这个点可以将文章的叙事、抒情联结起来，让学生沿着这个关键词，铺展开对文章的整体理解。再如方刚的《麻雀》一文，文章中有这样一个独句段："因此，我们有理由说，麻雀是对人类依赖性最强的鸟类，但麻雀是唯一不会向人类屈服的鸟类。"这个段落承上启下，承接上文麻雀对人类依赖性强的描述，引出下文对麻雀不屈服性的议论，文章的结构由此出现了分水岭，抓住这样的关键句，学生可以更好地理解作者行文的逻辑思路，梳理文章就游刃有余了。从这样的关键句切入，提出"主问题"，可以更好地引导学生思考，更迅速地锻炼和培养学生品析文章的能力。

（3）厘清文章线索。文章线索往往起到串联文章的重要作用。它将作者情感穿针引线般组成一个整体，使得文章思路、情感更加严密。在阅读的过程中，如果能够厘清文章的线索，就抓住了文章的脉络，就能够清晰地把握文章思路结构和思想情感。例如《爸爸的花儿落了》一文以"爸爸的花儿"为线索串联起"我"的整个毕业典礼——从医院别着夹竹桃花去参加毕业典礼,回想起小时候迟到的事情,再在毕业典礼上回忆帮爸爸买花的事情,直到文尾毕业典礼结束,回家看到夹竹桃凋谢,爸爸的花儿落了,又听到爸爸过世的消息,"我"长大了。在这个过程中,"爸爸的花儿"作为线索,串联起所有的内容。因此,可以从文章的这条线索入手设计"主问题":"文章围绕'爸爸的花儿'写了哪些事?表达了作者怎样的情感?"这样的"主问题",能够引导学生通读全文,并始终有个"抓手",顺着线索就可以梳理文章、理清思路、把握内容。因此,把文章线索作为"主问题"设计的切入点,对学生来说,是一个有支撑、有路径可寻的方法,更有助于理解文本。

(4)扣住矛盾冲突。文章中的矛盾冲突,尤其是小说中的矛盾冲突是文章情节起伏的关键,也是理解小说内容、感知作者创作意图的重要突破口。以此作为"主问题"设计的切入点,往往能够起到"牵一发而动全身"的效果。例如《我的叔叔于勒》这篇小说中,故事的高潮是菲利普夫妇在船上与于勒撞见的情景,菲利普和于勒是亲兄弟,之前他说很期盼见到于勒,可是见到了却不相认,这不是矛盾吗?引导学生抓住这个矛盾,去感知菲利普夫妇的表现,就可以体会到那个时代里人与人之间金钱至上的冷漠和人性的复杂,从而触及作者对当时法国社会的刻画。一个小说的矛盾冲突,常常是作者意图最集中的表达,从此切入提出"主问题",可以引导学生的思维向更高的方向延伸。

(5)关注语言形式。一些文章存在某些特殊的表现手法和语言形式,例如暗示、铺垫、对比等,这些语言形式对解读文章产生重要影响。如果引导学生关注这些形式,就可以更好地抓住文章特色,理解文章内容,因此,这些语言形式也可以是设计"主问题"的切入点。例如《二十年后》最大的特色是欧·亨利式小说结尾,这种"意料之外,情理之中"的小说结尾很具有特色,也很值得学生学习。作者是怎样营造这种效果的呢?其实,就是大量地使用暗示、铺垫,将一个人物的多种身份或者信息遮掩起来,不全部告诉读者,在暗示中,给读者一些提示。这样,就产生一种信息不对等性。通过暗示和铺垫,环环相扣,最终产生"意料之外,情理之中"的效果。那么,这些暗示、铺垫就是一个很好的"主问题"设计的切入点。比如教师可以请学生按照"原来_____,难怪

_____"的句式,逐步将暗示和铺垫进行解析,引导学生对课文进行深入理解,从而理解作者的写作特色。文章中这样的特殊语言形式,需要教师不断地积累、挖掘,在深入分析文本的基础之上,将特殊的语言形式进行整理分析,从而成为"主问题"生成的切入点。

(6)捕捉空白之处。接受美学认为,作者在进行文学创作时,为典型地反映客观事物和追求社会效益,往往采取"文约事半"的创作手法,作品只提供一个多层次的结构框架,其中留有许多"空白",只有读者在一边阅读一边将它具体化时,作品的主题意义才逐渐表现出来。"空白"是文本内涵延伸出的空间,往往也是学生读不透、想不通的方面。要使学生的思维在填补"空白"的过程中被有效激活,则需要教师捕捉文本的空白之处来设置"主问题"。以六年级第一学期的小说《在柏林》为例,文章以第一次世界大战为背景,以一列从柏林驶出的火车上的小插曲为故事材料,从侧面反映出战争带给人民的肉体痛苦和心灵的沉重打击,深刻地反映了战争这个人类永恒而又沉重的话题。同时,文章看似不动声色的叙述,实则包含了深沉而强烈但始终没有爆发出来的悲愤。全文仅仅 386 个字,篇幅极小,却蕴含了丰富又深刻的思想和感情,给读者提供了极大的想象空间。一直数三个数的老妇人,只说了一句话的头发灰白的后备役老兵,只笑了两次的两个小姑娘,只有一个动作的老头,作者用看似简单的人物和看似单薄的情节,给读者构建了一个简单真实的情境。全文没有任何强烈的情感指向,却在"简单"和"丰厚"之间构筑了小说的"空白",它促使读者在"空白"中再创造。因此,可以借助小说的"空白"设计"主问题":"小说是怎样体现战争给人们带来的苦难的?"通过补白,引导学生将自己代入文章的情境,结合自身的生活体验,多角度、深层次领悟小说的内涵,从而激发语言感知潜能,培养审美鉴赏能力。

2. 提问的方式

确定了"主问题"或活动任务后,还要用最适合的方式来提问或驱动。总体来说提问主要有如下方式:

(1)架桥铺路式。"主问题"往往起到提纲挈领、"牵一发而动全身"的作用,这就要求"主问题"的设置要有一定的思维宽度和思维深度。因此,"主问题"的回答往往很难一下子就回答得准确完整。为了使学生更好地理解问题，将思维由分散到集中于某一个方向，教师在提出"主问题"前，可以先抛砖引玉，架桥铺路，为后续"主问题"的提出和思考做好铺垫。比如《皇帝的新装》一文，是篇童话，按照体裁特点，我们需要分析其中的情节、人物和传达的教育思想。对儿童进行思想教育是童话的最终目的，那么执教者可以设计"主问题"："安徒生通过《皇帝的新装》这个故事揭示了怎样的人性？""人性"主要通过人物来体现。那么在"主问题"提出前，教师可以稍作询问：文中主要写了哪些人物？他们之间是什么关系？学生通过阅读很容易就发现皇帝、大臣、骗子、百姓等，他们之间是君臣关系、君民关系、臣民关系，却又都是骗与被骗的关系。这就架起了读者和文中人物的桥梁，学生对人物的认识定会更加清晰。此时再抛出"主问题"，学生的思维和回答会更集中，更有方向性。

（2）开门见山式。开门见山即进入文本内容前就将"主问题"抛出，让学生明白本节课或本篇课文或本单元要解决的问题是什么，之后的学习过程都是为了解决这一"主问题"而服务的。这种提问方式使学生的学习目标更明确，思维更集中。课堂伊始，教师先依据单元目标和文本特点出示核心问题，即我们所说的"主问题"，而后再从关注学习经历的角度展示为解决"主问题"而形成的问题链。比如执教毕淑敏的《精神的三间小屋》，本文是篇议论文，依据体裁，可以设置的"主问题"是："作家通过这篇课文想表达一个怎样的观点？这个观点又是如何得出的呢？"在正式学习课文前，教师提出这一"主问题"，让学生知道自己这节课要做什么，学习有方向，同时也明白了一般情况下学习议论文需要解决的核心问题是什么。

（3）引入辨析式。在阅读教学中，可以把内容相近形式相异或形式相同而内容迥异的两篇文章或一组文章放在一起进行提问（提炼"主问题"），引领学生进行群文比较阅读。比如在杜甫诗三首的教学中，可以这样提出"主问题"："《望岳》《春望》《石壕吏》虽然都是杜甫的作品，但是情感、风格、手法却并不相同，请大家尝试结合诗作内容展开分析。"学生在阅读过程中会有意识地将三首诗的有关内容和写法进行多方比较、对照和鉴别，既能开阔眼界、活跃思想，又能加深对杜诗深广思想内容的认识，体会到杜诗不同的手法和风格，提高诗歌的鉴赏能力。

（4）类比迁移式。在学习活动中，有些文章在文本体裁上具有相似性，分析其中一篇或几篇文章，可以获得相应的知识、技能、学习方法和策略。为了达到巩固新知识、新技能的目的，教师可以采用"主问题"的类比迁移式提问，促使学生将学得的知识、技能等运用于另一篇具有相似属性的文本上。运用这种方式提问，需要设计的"主问题"指向性更明确，目标更精细，问题的设计更微观，重点更突出。以八年级第二学期的《〈诗经〉二首》为例，本课选录的分别是《关雎》和《蒹葭》，两首诗歌在表现手法和结构形式上有共同之处。阅读学习《关雎》，学生通过对人物形象及其他意象的分析，学习诗歌的情感内容；通过对雎鸠特点和意义的分析，学习何为比兴手法；通过对"参差荇菜"反复言说的分析，学习重章叠句的结构形式。比兴手法和重章叠句是《〈诗经〉二首》的教学重点之一。如何让学生真正掌握这一重点，教师可以运用类比迁移式提问："请运用《关雎》所学分析《蒹葭》一诗'比兴'和'重章叠句'的写作特点。"在探究这一"主问题"的过程中，学生既解决了《蒹葭》这一首诗的学习任务，又巩固内化了学习方法和策略。

第三章 研究过程中的提醒

一、关于母题写作与母题阅读

——兼谈陈致远老师研究课"理性思维与高考母题写作指导"

余党绪

（孟庆平根据余党绪2024年4月25日讲话视频整理）

非常高兴孟庆平老师邀请我参加今天关于"理性思维与高考作文母题写作"的专题研修展示活动。20年前，我和老孟就成了朋友。那时，我们都风华正茂、书生意气。可现在，我们脸上都写满了沧桑。好在我们都还有热情，都还在思考。

（一）这是一个值得挖掘的母题

"理性思维与高考作文母题写作"，这个母题太值得我们挖掘了。从教育的角度来讲，母题这个概念太重要。什么叫母题呢？母题原是文学理论中的一个概念，在教育学中，母题就是学科中包含若干知识点的话题。掌握"母题"是一种快速、扎实地掌握学科知识的方法，是语文学习的最佳路径。我认为做写作母题研究跟做阅读母题研究的思路是一样的。但是，两者理论上的路径可能不太一样，因为我发现做写作母题研究基本上都是抓住人与自然、人与社会、人与他人、人与自我等关键词。其实，多年前我也做过这种思考，甚至当时我还做过"人与技术"的母题研究，因为当时很重视人与技术的问题。

从1998年开始，上海高考中"人与技术"的阅读母题就得到关注。当时，作文母题其实我们也关注过的,写作教学基本上都是从这个路子入手的。所以,今天陈致远老师讲人与社会、人与人的母题,基本上就是这样一个话题的延续。当然做母题研究也有其他的,比方有细一点的德行等母题,常常是锁定七八个高度概括的概念。我认为这样做,可能更强调的是教学的实用性,或者说高考作文的针对性。我做阅读研究,更多的不是从高考的角度出发,而是从母题这个概念本身出发的。

其实,母题的概念,更多的是被用在文学上。比方研究这个问题的北京大学乐黛云教授,她对母题的界定就非常清晰。她说,母题就是在古今中外所有的文学作品中,大家都在写、都在表达的那些人类最基本的内容。她用的是最基本的两个词,一个叫行为,一个叫现象。她说这就能判断什么叫母题。她这个话对我们非常有启发。乐黛云教授团队也列举了文学中大家公认的母题,排在第一个的就是死亡。什么叫死亡?古今中外的人,每个人都得面对死亡,而且必须是亲自体验的事情,没有人能够替代,它关联到每个人,不管你是贵族还是平民。这是老天爷给我们所有人的一个最基本的平等。第二个母题是爱。大家知道男大当婚,女大当嫁,实际上就是无论谁都需要有爱情。第三个母题则是生。

(二)删繁就简就好

乐黛云教授团队说像生、死、爱这种素材、这种题材,是古今中外每个作家都在表达的,全世界的小说成千上万,但最后都可以把它们归到这些母题上面去,所以这个研究对我们是非常有启发的。后来在此基础上我得出一个结论,我说文学的母题其实就是教育的母题,因为我们做教育的其实要解决的也就是这些最基本的问题,就是一个孩子将来到底要干什么。当然,我们也不知道他将来会有多大的成就,个性到底会怎么样,这不是我们决定的,我们只能期待,不能强求。但是有些东西是我们能够决定的,就是我们在这个孩子小的时候,就告诉他每个人都可能面临的一些问题,如生、死、爱、野心、公平……实际上这已经跟写作挂钩了,我们的写作,无非就是表达这些东西。

一个人如何看待人与社会的关系?人与社会的关系,无非就是社会如何界定一个人的身份和地位,就是一个人如何在社会中实现自己的价值。这个问题对我非常有启发,所以我后来说文学的母题、神话的母题,就是人生的母题、教育的母题。那么,这个母题有什么特点呢?母题就是最基本的、最基础的话题,它的关联性非常强。我们人类社会大量的问题,说起来好像非常复杂,但归纳到最后,实际上就是那几个问题。比方讲一个人生病了,如果在文学研究中,这种题材其实归根到底还是属于死亡的母题。疾病之所以能够引发人的思考,是因为它威胁了人的生命,会导致死亡。当某个疾病不足以威胁我们生命的时候,其实这个疾病对我们来讲就是一件可有可无的事情,但如果这场病会带来死亡的话,你还会这样说吗?实际上,学者们研究死亡,把死亡作为一个母题,那么人的疾病、灾难等等,都可归到这个话题。实际上,在哲学上它就是一种归因的思路,就是万变不离其宗,就是人类的恐惧、人类的伤感,其实归到最后可能总是跟死亡的母题相关。所以,你会发现母题具有广泛的关联性、涵盖性。我觉得母题研究就是让我们在教育中删繁就简。

我们在做阅读研究的时候,可以抓住一些最基本的母题来做,这样就可以把很多文章关联在一块。删繁就简才是我们要考虑的,阅读写作也一样。把基本的给学生就可以了。这个问题非常重要,这是我要说的第一点。

(三)母题读写该怎么做

第二点,如果我们确认母题在写作和阅读教学中有研究价值、实践价值的话,那我们要考虑的第二问题就是该怎么做。我们都面临高考这个问题。我认为孟庆平老师团队研究的这几个母题肯定是可以打包的,即许多内容都可以包括在这几个母题里面。我曾经组了一个研究班子,专门做了个40多年高考作文题的归纳和总结。记得有一帮华师大的学生在我那实习,我说你们把高考作文题目进行归类。当时,我们做了很多工作,我就做了一个课题,我问他们《三国演义》这本书能不能写入高考作文中,这些学生进行了辛苦的研究之后,告诉我说只有个别的不能写,其他都可以写。

我说为什么,他们说个别的太特殊,比方讲环保,《三国演义》怎么能与环保挂钩?我想也有道理。三国的时候不存在环保问题,你非得扯,那就是瞎扯,生拉硬扯。但是那个结论让我非常乐观,他们说只要把《三国演义》读懂了,实际上大部分高考作文题目都可以联系起来。实际上这是啥问题?就是我们的作文题目虽然很多,但大家可以归类,你都可以归到人与物、人与自然、人与社会等话题里面去。所以,从这个角度来讲,母题研究是删繁就简,这是提高写作教学效率的一个非常好的路径。

(四) 母题读写就是思辨

于是,摆在我们面前的第三个问题就是如何写。我就结合陈老师"理性思维与高考作文母题写作"这个课来说。我觉得母题作文、母题阅读,它天然地就是思辨,就是你只要在母题这条路上往前走,就一定会走到理性思辨上面去。为什么?道理很简单,它的逻辑就是,比如全世界的人都在写冒险,从古到今都在写,你现在读的这本书,它跟其他书写冒险有啥不一样?这是一种很简单的理性思辨的办法。比方讲,我给学生讲过冒险这个母题阅读。我说,我现在把写冒险母题的小说给你,你的任务是在每一本书中找出它最独特的东西,把它们区别开来。我就给他们一本《鲁滨逊漂流记》、一本《西游记》、一本《基督山伯爵》、一本《汤姆·索亚历险记》、一本《海底两万里》。这些书从文学研究上看都是写冒险的。因为它们都是写冒险的,阅读的目的很显然就不是为了了解冒险本身,于是我们的思维马上进入第二步——思考差异:尽管都写冒险,但它们写冒险有啥不一样?这个时候思辨就展开了。比方说你拿《西游记》跟《鲁滨逊漂流记》比较,那就是一篇大文章,你甚至可以找到民族的差异,你就会发现两个民族对冒险的理解都不一样。鲁滨逊冒险是为什么呀?他有吃的,有穿的,家里有钱,受过良好的教育,他根本不用冒险。但他在家里就是待不住,就要往外跑,结果一出去又怕死,发誓再也不冒险了。结果回来待两天又闲不住了,又得出去。第二次,还差点把命给丢了。他又发誓以后再也不冒险了,可回来待不了几天,又出去了。

为什么会这样?就是一个人什么目的都不为,天性就是为了冒险。鲁滨逊这样的人物在中国小说里面是不大有的。我们说父母在,不远游,游必有方。儒家文化强调秩序,强调安稳,反对去冒险。所以中国的冒险小说一定要给人安一个目标。《西游记》里九九八十一难,不是为了冒险而冒险,是为了取经而冒险。注意,学生也能马上发现《西游记》的主人公为啥冒险,是为了取经,是为了一种比生命更重要的东西,那叫真理。中国小说也可以写一个人冒险,但是写到最后如果像鲁滨逊这样,作者一定会说这个人真是个花花公子,真是无所事事,不知道人生意义,穷折腾。你看鲁滨逊,他冒险是为了什么?他觉得人活在世上就要去闯荡,不闯荡就白活了。这个时候你会发现,中国的小说写冒险,总要给主人公一个目标,是为了复仇而冒险,是为了爱情而冒险,是为了真理而冒险。因为目标很伟大,于是看起来很荒唐的行为就显得很正当了。这样民族差异就有了。所以《鲁滨逊漂流记》最初被介绍到中国的时候,翻译家说,中华民族几千年就是不敢冒险,我们落后挨打了,为啥?就是我们没有冒险精神。把鲁滨逊介绍来,就是让他唤起我们四万万同胞的冒险意识。这样,你会发现,民族差异就在这里面。你看同样是写冒险,英国人跟中国人的表现方式就不一样。现在时代不一样了,如果现在的人再写冒险的话,可能就有鲁滨逊这样的了,因为中国改革开放了,许多人觉得冒险是值得的。现在,年轻人越来越觉得一个人就是要闯荡,这样的想法越来越多了。那么,现在的冒险小说跟古代的就不一样了。人与人不一样,时代不一样!这个时候,阅读的空间就打开了。我觉得这条路可以继续走下去。这是个值得挖掘的领域。

(五)所谓的"一分为二",最糟糕

再回到陈老师这节课。比方说人与自然的关系、人与社会的关系、人与自我的关系。陈老师今天主要讲人和社会的关系。儒家跟道家,其实母题都一样的,思考的还是人与社会的关系。但思辨两家的价值在哪里呢?就是要搞清楚儒家为什么那样讲,道家为什么这样讲。其实我倒认为道家是以一种比较极端的方式告诉我们:在人与社会的关系中,有些尺度你要把握好,它不是简单地否定人的社会性。以前我讽刺我们的中学教语文,说陶渊明隐居有没有积极意义,学生说有积极意义,因为他追求自由。说有没有消极意义,学生说有消极的地方,因为他拒绝社会。我就问,他到底是积极的还是消极的?这种所谓的"一分为二"的思维方式有啥用呢?所以我一直说"一分为二",关键是"分","分"的标准要搞清楚,否则动不动说一分为二,学生根本不知道,他最后变成糊涂虫。所以我的感觉就是,思辨人和社会,就是思考当时他为什么这样提倡。人与社会的关系,无论什么时候,都要考虑这个问题。比如儒家、道家,他们考虑问题背景跟我们有啥不一样？跟现在有啥不一样？这个问题,我一下子说不清楚,很难说。

说人与自然的关系。过去的人思考人与自然的关系跟我们现在完全不一样。过去的人说人定胜天,有一个专家就批评说：现在怎么还讲人定胜天啊？人定胜天是荀子提出来的,当时提出人定胜天实际上是一种希望、一种愿望。就是在人与自然之间,那时是自然压迫人,所以荀子提出人定胜天,跟今天人类可以破坏自然的情况,背景是完全不一样的。不能说过去的人讲人定胜天,现在就没意义了,其实还是有意义的。我感觉,如果我们讨论人与自然的关系,首先就要搞清思路是什么。就是无论古今中外什么时代的人,都得考虑人与自然的关系,这是我们都要面对的,就是高考作文也会涉及的。我一直说,有的老师每年高考之后就说自己又猜对作文题了,我说这不是瞎扯淡吗？你只是猜对方向了,只是猜中了要写人与自然,那叫母题,那怎么写这个作文呢？要进行的第二步就是思考人与自然的关系,要把这个作文写好,得回看一下过去的人是怎样考虑人与自然的关系的,是在什么背景下考虑的,是在什么技术条件下考虑的,是在什么社会关系下考虑的。我们今天来考虑人与自然的关系,不同点在哪里？于是,你会发现作文中的思辨就有了,它很自然地就构成一种思辨。我不是说一定要去找一个对立面,因为它本来就不一样,所以我觉得今天至少要考虑两点。

第一,儒家跟道家其实都在思考人与社会的关系,他们为什么会发生分裂？我觉得这个地方实际上可以敲打一下,我觉得高中生经过三年的学习,对儒家、道家是有所理解的,都认为儒家跟道家是两种不同的生活态度。其实他们都统一在指导人的生活的母题上。道家并不是如实地描写这个社会,不是说有一种社会可以脱离别人,他只说构建一种文化,在这种文化里边人与人之间可以不来往,可以保持原始的那种独立生活状态。他也并不是说生活一直是这样的。我们知道庄子也娶老婆了,他老婆死了,虽然他鼓盆而歌,但他认识到这种生死不由自己,他只是选择消灭自己的感情,但是以庄子的头脑,他绝对不会认为人与社会、人与人之间就是一种歌。那他是什么意思？就是在生活中要更多追求自己的自由,不要被名利所束缚,不要被现实所绑架。而孔子则认为,人活在世上,就要投身现实。所以,这个时候我觉得要在这个地方加深思考:大家都在考虑人与社会的关系,为啥有这样的区别?这能够给我们带来什么启发?

第二,过去的人在思考人与社会的关系,我们今天也在讨论人与社会的关系,那么我们就要考虑一下,今天考虑人与社会的关系,跟儒道有啥不一样。其实我觉得可写的东西很多。因为孔子认为社会运行主要是依靠血缘和宗法,如果学生读过《乡土中国》就知道,它基本上是跟孔孟的那一套关联在一块,就是基于人的血缘、人的宗法建立一种社会,人与人的血缘是不可割断的,人与人的婚姻是不可割断的,由此慢慢推演出人与人的关系是不可割断的。那么,我们今天还是这样吗?我们今天已经不是这样了。现在我们的社会更多强调的是每个人都有自己的自由,血缘不能绑架自由,那么,在这个时候我们其实就在比较。比方讲老子强调每个人都有自由,现在网络时代自由好像实现了,通过虚拟的交往,实际上在某种程度上是可以割断与社会的关联的,那我们就要问一下,在这个虚拟空间中的自由交往,跟老子当时说的到底是什么样的关系?区别到底在哪里?所以我觉得这个时候,文章也许是能够往前走的。这我是听了陈老师这节课后受到的启发。

(六)"值得""思辨""比较"

现在,我总结一下。第一,母题写作值得研究;第二,母题写作的关键,是我们大家所说的理性思辨,这个是突破口;第三,母题写作和母题阅读最重要的思维方式就是比较,比较也是最基本的理性思辨。国际上有一个非常著名的批判性思维专家叫恩尼斯,人家问他:你们这些专业的人手里有很多思辨的窍门,但是我觉得我们都学不了,我就问一个问题,我现在只让你推荐一种方法,你会推荐哪一种?恩尼斯的回答叫"找替代"。我研究下来"找替代"其实就是比较,只要能比较,就是在思辨。

接下来,我再进一步阐释一下"值得""思辨""比较"这三个关键词。

第一,就是孟老师团队的这个课题是很值得研究的,它解决了作文教学中太烦琐、最后很多方面又顾不到的这样一个麻烦。到高中第三年更要进行整合,形成大概念。如果一个学生对世界有了总的理解,对这个高考作文的范畴有了总的理解,那我们就不用猜题,不用去碰运气,自会胸有成竹。

第二,母题写作,我认为它最核心的内容就是思辨,所以这个课题是指向高阶思维的母题写作。高阶思维的核心就是思辨,所以我觉得这个点抓得很对。

第三,就是如果我们把思辨做好了,最重要的就是要在同一个母题中进行比较:同一个母题、不同时代、不同民族、不同作家,有啥不一样?比如,鲁迅写看客,沈从文也写看客,但鲁迅跟沈从文写看客,是完全不一样的。

鲁迅写看客,对看客是嘲笑的。他觉得祥林嫂受了罪,我们都应该去同情她。但是沈从文觉得谁也没有责任去同情别人,每个人都不容易。祥林嫂受罪了,天天拉着人说"我真倒霉,我活该",那最后人家听烦了,离她而去也很正常。但是你会发现,鲁迅的观点是祥林嫂是弱者,她是需要人同情的,所以鲁迅是个人道主义者。钱理群先生说鲁迅的文笔很冷、心很热,就在这儿。鲁迅希望凡是弱者我们都要同情,甚至是无条件的,这一点对人要求很高,哪个人有这样的怜悯之心啊?所以这叫有大爱。

但沈从文可能对人看得更透,我一直觉得沈从文是一个比较冷的人,你看他写《边城》,里面都是好山好水好风光。有一次听完课,我问那个上课的老师,你告诉我里面好山好水好风光,为啥没有一个人有好命呢?这个问题不解决,你再说湘西的山很美,水很美,人情世故很美有啥用啊?它是很美,但是人个个都倒霉,你要那个美干吗?沈从文写那个看客也是一样的,我原以为沈从文跟鲁迅一样要去鞭挞看客,后来我突然发现,沈从文不是这个意思。沈从文的意思:每个人都不容易,你有难,你有苦,我们可以同情你,但你甭指望我天天来安慰你。为啥?换过来我有难的时候,你能安慰我吗?你也不一定会安慰我。

我发现就是同样的母题,同样的题材,作家的个性完全不一样。所以后来我写过一篇文章,我说鲁迅就是鲁迅,但并不妨碍沈从文就是沈从文,两人都是写一样的,但是对人生的理解完全不一样。那么鲁迅和沈从文两个人我们都读,这样我们就能成为比较完整的人。如果只读鲁迅,那你看到看客你就要嘲笑他;但是读沈从文,你看到的看客就不一定觉得可笑。今儿我是看客,明天人家在看我。今天我觉得我应该同情别人,但明天不一定有人同情我。这个时候你才发现世界有时候这么美好,但是有时候也很残酷,这样,我们就见到了一个比较完整的人。这叫母题阅读,这个路子叫比较。

主持人结语:

我们在一路走来的过程中,也不只是今天邀请了余党绪老师这个语文教学的大咖来传经送宝,我们还请过语文教育界的好几位专家。这倒不是说我们能力不足、信心不足。其实任何一个人、任何一个团队、任何一个工作室,每个人的特长爱好都是有限的,所以君子性非异也,善假于物也。我是想通过这个平台,把学科领域内重要的人物请过来为我们的团队增加智慧。可能有人未必认同,也未必这么做,但我们团队成员基本上还是认同我的做法的。因为任何一个主持人,他的所见所闻、聪明才智都是有限的,为什么不引进智慧呢?

有的主持人可能担心请来名家会影响自己所谓的"权威"。我的认知不一样。过去,我们在于漪老师门下当徒弟,她是国宝级人物了,也不时请来大学者给我们拓展眼界、境界。于漪老师可不担心自己受损。所以,为人处事,包括带教,我也是受了于老师的影响。我的导师程红兵先生,也倡导"打开,打开"!程红兵先生是于漪老师更早时候的弟子。所以,思想与行为,是会传承的。

余党绪老师在我国语文教育领域做出了很大的贡献。因为时间有限,他意犹未尽,很多话都还没说完。尽管这样,他还是为我们打开了一扇窗。活动后,我们还可以通过各种途径继续追踪余老师。让我们再一次对余老师为我们奉献的智慧表示感谢!

特邀专家简介:

余党绪,上海市语文特级教师,正高级教师。上海市名师培养基地主持人。中国教师发展基金会"中学生批判性思维培养与思辨读写教学实践研究"课题组组长。参与编写人教社语文教材、部编高中语文教材。多家语文教育杂志专栏主持人。

二、"青春的价值"母题读写教学设计方案
（必修上第一单元）

郑桂华

统编高中语文必修上册第一单元属于"文学阅读与写作"学习任务群，进行单元教学设计时，首先要明确单元人文母题"青春的价值"的学习价值。人生价值是每个人在不同生命时期或多或少都会思考的问题。高一新生刚经历过人生第一个分水岭——中考，对人生价值的思考虽然未必深入，但是一定在初三毕业典礼、接到高中录取通知书等时刻，有比较强烈的情感体验。

教材对本单元学习目标有多个方面的要求，一是价值观念方面的学习目标，即单元导语中"学习本单元，可从'青春的价值'角度思考作品的意蕴，并结合自己的体验，敞开心扉，追寻理想，拥抱未来"；二是关键能力方面的目标，如"学习从语言、形象、情感等不同角度欣赏作品，获得审美体验"等。设计本单元教学要将两方面的目标融合起来，围绕人文主题"青春的价值"设计单元学习核心任务。

本单元设计围绕核心任务组织四个学习环节，可以设计主问题"如何借青春之光，照亮认识之路？"统领七个学习任务，引导学生有序建构结构化的学习经验。学生借助典范的学习资源与持续的学习评价，在阅读与鉴赏、表达与交流、梳理与探究等语文实践活动中发展更好的语言品质，提升精神境界。本设计只是一种设想，任务偏多，实际教学中需要删改，此外，教学还要留给学生自主学习的时间。

（一）任务框架（图3-1）

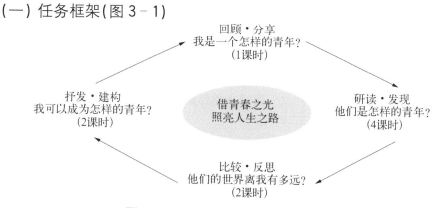

图3-1 完成单元学习任务的环节

(二) 学习过程

环节一　回顾·分享：我是一个怎样的青年？（1课时）

任务1：回顾成长历程，认识自己，尝试回答"我是一个怎样的青年"这个问题。

(1) 回忆那些触动你心灵的文学作品，完成任务清单，如表3-1所示：

表3-1　触动心灵的文学作品清单

序　号	篇名/书名	作　者	触动之处
1			
2			
3			
4			
5			
6			

(2) 根据你获得这些作品的途径等不同维度，参考表3-1尝试进行更多分类，将表3-1中的序号填入方框内（图3-2）。

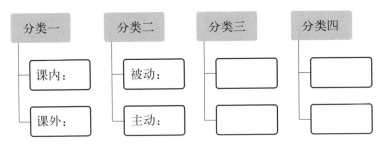

图3-2　获得文学作品的途径

(3) 从上述回顾与梳理中，你对文学作品的阅读趣味有哪些感受与思考？与你所在学习小组的伙伴分享自己的发现，感受每个人文学阅读趣味的异同，注意分享各人的独特之处。

(4) 阅读只能反映一个人部分的精神生活,对现实世界的观察、感受与思考则更直接地反映这个人的精神面貌。可以借助以下问题唤醒你的回忆:

① 三年前你进入中学学习,那时你想象过现在的生活场景吗?

② 你是否预测过自己进入这所高中就读?

③ 你想象过高中老师与同学的形象吗?

④ 初中三年里,你有哪些满意或不满意的事情?

⑤ 九年前,你开始读小学了,那时你对小学生活、中学生活乃至将来的职业等有哪些设想?

⑥ 你对自己的小学有哪些情感?

……

(5) 回顾与分享自己的阅读经验与生活经验是一件既幸福又痛苦的事情,为自己的精神面貌、人生追求、阅读趣味等画个像,尝试回答"我是一个怎样的青年"这个问题。你可以选择下面一种形式,也可以采取其他形式。作品可以通过班级墙报、微信公众号、班级网页等形式展示交流。

① 创作一首小诗;

② 画一幅漫画;

③ 创作一篇散文/小传/小说;

④ 写一首歌;

⑤ 做一组图文并茂的幻灯片;

⑥ 制作一个微视频;

……

说明:

该任务第一个目的是引导学生回顾自己的文学阅读经历,阅读一本本文学作品就是种下一颗颗种子,未来可能会长成遮风挡雨的大树;文学阅读也是一面镜子,在很大程度上反映着一个人的精神面貌。如果学生基础好,有文学创作的经验,教师还可以设计这方面的分享活动。

文学阅读与写作能丰富人的心灵、提升人的境界品质,但也有一些学生在这方面投入很少,甚至没有主动阅读文学作品的经历,这是语文教育的悲哀。人这一生难免会遇到小的挫折或大的苦难,这时候很难完全靠个人走出来,往往需要外界的帮助,而阅读文学经典就是一个成本很低、效益很高的活动。

该任务第二个目的是引导学生回顾九年的学习经历,重在整理每个人生阶段开始时的期待和结束时的反思。有期待,往往就会有规划与行动;有反思,常常就会有总结与改进。做一个自觉成长的人,这是一辈子都需要学习的。

在学生完成该任务的过程中,教师要注意尊重他们的隐私。有些学生比较敏感、比较内向,未必愿意写出自己内心深处的想法,教师要接纳这些学生,可以鼓励他们课后写日记,唤醒与激励是这个环节的教学的关键。

环节二 研读·发现:他们是怎样的青年?(4课时)

第2—3课时

任务2:通读本单元五首诗歌、两篇小说,感受不同时代年轻人的价值追求。

(1)朗读《沁园春·长沙》等五首诗歌,体会这些诗歌传递的情感,分别用一两个词语描述你的感受(表3-2)。

表3-2 诗歌朗读感受描述表

篇　　名	我 的 感 受
《沁园春·长沙》	
《立在地球边上放号》	
《红烛》	
《峨日朵雪峰之侧》	
《致云雀》	

(2)细读这五首诗歌,并借助意象把握诗歌意蕴。从诗歌意蕴的显与隐这个角度将诗歌排序,还可以从诗歌意蕴的多元理解等角度给诗歌排序。与同学分享你的排序及其依据。

（3）尝试将这五首诗歌分组，探究分类的多种可能性，再借助分类更好地帮助我们读懂诗歌的意蕴。

例如，将《沁园春·长沙》《立在地球边上放号》《峨日朵雪峰之侧》分为甲组，《红烛》《致云雀》分为乙组，是否会帮助我们寻找到打开诗歌意蕴之门的钥匙？

（4）五首诗歌创作时间不同，作者创作这些诗歌的年龄不同，大致情况如表 3-3 所示。请查找资料，用简短的一两句话描述诗人的处境。

表 3-3　诗歌创作情况描述表

篇　名	诗　人	创 作 时 间	当时年龄	诗人处境
《沁园春·长沙》	毛泽东	1925 年	32 岁	
《立在地球边上放号》	郭沫若	1919 年 9、10 月间	27 岁	
《红烛》	闻一多	1923 年	24 岁	
《峨日朵雪峰之侧》	昌　耀	1962 年 8 月 2 日初稿	26 岁	
		1983 年 7 月 27 日删定	47 岁	
《致云雀》	雪　莱	1820 年夏	28 岁	

24 岁的闻一多写下了《红烛》，27 岁的郭沫若写下了《立在地球边上放号》，两位诗人大量运用感叹词、感叹句和短句等语言形式，彰显出他们蓬勃的青春力量。

《峨日朵雪峰之侧》的初稿可能是什么样的？47 岁的昌耀修改了哪些内容？尝试做一些推测。现实生活中，他选择一直生活在青海，结合这首诗，你理解他的选择吗？

借助上面的信息，你对这五首诗歌有哪些新的理解？关于"青春"的内涵，你会怎样阐述？

说明：

该任务旨在让学生通过整体感知、文本细读、群文关联等阅读策略，感受、鉴赏这五首经典之作的魅力,理解诗人对青春价值的不同思考。

其一,重在整体感知,教学时注意引导学生真实的、独特的阅读体验,不要求统一答案,对标签式的回答要适当启发引导。学生的感受应该是丰富多彩的。

其二,旨在引导学生通过诗歌意象的公共性/独特性、简单/复杂,以及核心意象/辅助意象等多个角度,解读诗歌意蕴。相对而言,《峨日朵雪峰之侧》《致云雀》的意象的独特性更突出,诗歌意蕴更隐晦更复杂。《致云雀》诗歌篇幅长,涉及的意象更多,理解起来更难。《红烛》虽然古为今用,独开一路,赋予红烛新的象征,但是"矛盾!""冲突!""也救出他们的灵魂!""也捣破他们的监狱!"等意思鲜明,语意显豁。从诗意的显与隐来看,大概可以这样排序:《沁园春·长沙》《立在地球边上放号》《红烛》《峨日朵雪峰之侧》《致云雀》;从诗歌理解的多元这一角度来看,大概可以这样排序:《沁园春·长沙》《红烛》《立在地球边上放号》《峨日朵雪峰之侧》《致云雀》。排序也不求统一的答案,大致符合上述原则即可。

其三,旨在引导学生发现诗歌有不同亚类。如《红烛》《致云雀》属于借物抒情,都有一个象征体,其他三首诗中都有明确的抒情主人公"我/我们"。还可以将五首诗分为三组:《沁园春·长沙》《立在地球边上放号》《红烛》为一组,《峨日朵雪峰之侧》与《致云雀》各独立为一组,这是依据诗歌产生的时代背景、诗歌主题来分组的,这样的分类对理解诗作也有帮助。

其四,旨在知人论世,更好地把握不同诗人在不同时代、不同地域对青春价值、人生追求的思考。例如昌耀对诗作的修改、对生活的选择,多少会触动学生理解诗歌的最后一层意思,体会"在锈蚀的岩壁,/但有一只小得可怜的蜘蛛/与我一同默享着这大自然赐予的/快慰"中诗人对无力攀登到高峰的新思考。

第4—5课时

任务3:阅读两篇小说,理解不同文化语境下年轻女性的转变。

(1) 阅读《百合花》《哦,香雪》,读后请列出小说中出现的人物。

《百合花》中的人物:_____

《哦,香雪》中的人物:_____

从以上列出的人物中,你可以发现有些人物没有确定的姓名,人们往往以身份称呼他(她),这带给你什么感觉?有的人物的称呼还多有变化,例如"通讯员"。作者应该是有意为之的,你觉得作者这样塑造人物的目的是什么?

(2)香雪、新媳妇在小说中都有明显的变化,梳理她们变化的过程,分析她们变化的原因。想一想,如果你处在那样的处境中,你会怎样处理那些突发事件。

(3)《哦,香雪》中有不少标志个人身份及其价值追求的物品或生活细节,如"火车""塑料铅笔盒";《百合花》中也有这样的物品或生活细节。试着找出来,理解不同人面对这些物品或生活细节时的态度。

(4)选择一个打动你的人物,写一段话或一首诗,向陌生的同龄人介绍她(他),旨在激发同龄人阅读这篇作品的兴趣。

说明:

该任务旨在让学生研读两篇小说,把握人物形象,理解普通人的生活态度,从而思考青春价值,做出选择。

这两篇小说的抒情意味比较强,小说并没有多少曲折的情节,但是两位女作家的笔触极为细腻,白描能力很强,几笔勾画就传神地写出"新媳妇""小战士""我"与"香雪""凤娇""女同学"等人物形象。借助对这些人物形象的把握,可以更好地理解小说的主旨。

其一,引导学生思考作家在塑造人物时很多创造性的表达,如人物姓名或称呼,阅读小说时可以抓住姓名、称呼等体会人物心理,把握人物形象。例如,《百合花》中"我"对通讯员的称呼就有"通讯员""同乡""小同乡""小伙儿",最后称他为"青年人"。这些称呼有的指向当下的身份——通讯员,有的指向情感联系——"同乡""小同乡",有的指向生命力的表征——"小伙儿",还有的指向生命阶段——"青年人",称呼变化的过程是"我"对通讯员情感变化的过程,表达了"我"对于通讯员这样一类青年人的礼赞。《哦,香雪》中的"女同学"这群人,是一类人的代表,叫什么名字不重要,重要的是很多学校、很多单位都有这么一类人,为塑料铅笔盒、为多吃一顿饭洋洋自得,肆意践踏他人的尊严。

其二,新媳妇的变化源于对通讯员的深入了解,尤其是她知道了通讯员牺牲的过程。通讯员勇敢、无畏生死、无私为他人的品质深深震撼了新媳妇。新媳妇精神成长的标志,由舍不得借新被子到用新被子温暖着即将埋葬的通讯员。香雪的变化源于她获得了进入现代文明的一个标志——塑料铅笔盒,更源于她内心对家乡台儿沟质朴的情感。香雪变化的可贵之处在于她对台儿沟的富强有了自觉的责任担当——"那时台儿沟的姑娘不再央求别人……谁都能从从容容地下车"。她们走出了小我,把目光投向了他人或社会,抛开个人的物质需求转为关注他人的需要。

其三,类似的物品或细节还有"发卡、花色繁多的纱巾和能松能紧的尼龙袜""妇女头上的金圈圈和她腕上比指甲盖还要小的手表""皮书包",还有"两顿饭"与"三顿饭",等等。

其四,如文工团员"我","我"对生活观察细致,对他人体贴入微又不失俏皮机敏。该项写作任务的难点在于"激发同龄人阅读这篇作品的兴趣"。写作时要有读者意识,分享自己的阅读经验不是一件难事,难在感染同龄人;写一段话要容易一点,创作诗歌相对更难。教学时,可以根据学情适当调整。

环节三 比较·反思:他们的世界离我有多远?(2课时)

第6—7课时

任务4:阅读这个单元的诗文,理解"他们"与世界的关系,感受不一样的青春价值。

(1)再次阅读五首诗歌与两篇小说,梳理诗人、小说中的主要人物与世界连接的方式或状态。尝试参考以下维度:主动/被动、短暂/长久、辽阔/狭小、浅表/深入、奋斗/妥协、付出/获得、实用/审美,等等。

(2)再次选择这七篇作品中的几段文字,用心阅读或独自朗读,慢慢体会不同连接方式或状态带给读者的不同感受。想一想,你与哪些连接方式更容易共鸣?

说明：

该任务旨在整合整个单元的文本，回应单元学习主题"青春的价值"，也引导学生进一步思考"我是一个怎样的青年""我可以成为一个怎样的青年"。

毛泽东看到的是辽远的时间与空间，主动投入自然，主动改造社会；郭沫若的视点聚焦在地球边上，"无限的太平洋提起他全身的力量来要把地球推倒"，讴歌巨大的伟力；闻一多吟诵燃烧的红烛不怕痛苦，主动为世界创造光明；昌耀描写攀登者艰苦卓绝地征服高山，在攀登受阻、身体和精神到达极限之时获得顿悟；雪莱借助不同时空中繁复的事物歌颂纯美、圣洁的云雀，抒发对欢乐、光明、自由和理想的向往；《百合花》中的新媳妇、《哦，香雪》中的香雪身处有限的时空，但也由被动转为主动，由注重个人的、实用的生命状态，一步一步走向关注他人的、审美的人生状态。

任务5：查阅资料，合作探究，理解作者的精神追求，感悟责任担当的价值。

（1）小组合作，搜集作者谈创作经历或文学主张的文章，或搜集权威研究者的重要文章，进一步研读本单元七篇作品中的一篇，理解作者创作该作品时的人生寄寓与价值追求。

"我写《百合花》的时候，正是反右派斗争处于紧锣密鼓之际，社会上如此，我家庭也如此。啸平处于岌岌可危之时，我无法救他，只有每天晚上，待孩子睡后，不无悲凉地思念起战时的生活，和那时的同志关系。"—— 茹志鹃《我写〈百合花〉的经过》

（2）回顾前面所学，思考与世界连接的不同方式对于个体的意义。例如，香雪换到塑料铅笔盒之后打量故乡时的心理，"她心中升起一种从未有过的骄傲"，我们可以有哪些理解？你是否也曾有过类似的感受？

（3）小组分享研究成果，课后阅读《毛泽东诗词》《论语》等书籍，整理其中关于理想追求、人生价值的精彩表达。

说明：

该任务旨在扩大学生阅读视野，让学生通过互文性阅读，深入体会作品的主旨意蕴，体会青春的价值。互文性阅读的学习资源要有典型性，以提高学生学习效率。

环节四　抒发·建构：我可以成为怎样的青年？（2课时）

第8—9课时

任务6：发挥想象写一首诗，抒写你对高中生活的思考与期待，也可以围绕你与世界的连接方式这个话题写一首诗。

可以选择某首诗歌仿写；也可以借鉴本单元诗歌在意象选择、组合等方面的手法，自主写作一首诗。

注意：

（1）努力创造体现你个人感悟的独特意象。

（2）反复提炼语言，在炼字炼句上多探索，如用近义词替换，在比较鉴别中找到恰当的表达。在创作过程中，可用表3-4进行评估以推进写作。

表3-4　个人创作诗歌评估量表

序号	评估项目		水平等级			说明
			优秀	较好	一般	
1	创作的主动性					
2	意象	数量				
3		组合方式				
4		独特性				
5	语言	凝练				
6		跳跃性				
7		个性化				
8	意蕴	显隐程度				
9		多元理解的可能				
10	修改	打磨语言				
11		更换意象				

说明：

该任务旨在引导学生体会诗歌语言的形象性、凝练性，感受挑战自己语言表达极限带来的乐趣。在推敲表达、创作诗歌的过程中，反思自己的生命状态，追问自己的人生价值，懂得青春时代是自己生命的黄金时期，青春的风采将照亮未来的行程。

任务 7：分享各自创作的诗歌，借鉴同学的写作经验，修改完善自己的诗作。课后将本单元不同时间的写作成果，包括关于诗文中的"他们"和现实中的"我们"等所有写作成果汇编成为一本文集。

说明：

该任务重在激励学生探索，引导学生珍惜自己的一词一句，理解"立言即立人"。同时，引导学生主动分享，热情欣赏同伴创作的诗歌，在分享中理解同学，并能互相激励、共同成长。汇编班级文集需要编辑小组，需要为文集分专栏，拟栏目名称与文集名称，这个过程就是真实的语言实践过程，在编辑过程中学生的语言品质、思维品质、合作精神等都能得到锻炼，文集将个人的、零碎的习作（包括片段写作）汇集起来，形成集体的、结构化的整本书，对个人、对班级、对学校都有着积极的意义。

在编辑班级文集过程中，可用表 3-5 进行评估以推进学习。

表 3-5　班级文集评估量表

序　号	项　　目	水 平 表 现 描 述
1	文集名	可以参考下列角度：表达有文采；给读者以鲜明印象；契合班级气质等
2	栏目的数量与名称	
3	习作收集	
4	同学参与	
5	发表与传播	
6	（自填）	

特邀专家简介：

郑桂华，上海师范大学中文系教授、博士生导师，上海师范大学教学指导委员会主任。教育部基础教育语文教学指导专委会委员，教育部普通高中与义务教育语文课程标准修订组成员，教育部义务教育语文教科书审查委员。统编高中语文教材分册主编。

三、中国人的自然观与独特情怀

孟庆平

(一) 有趣的中国文化现象

朱自清的《荷塘月色》很有趣。第一段他写自己坐在家中院子里乘凉，娇妻在旁边拍着闰儿迷迷糊糊地哼着眠歌。他心有千千结，为何不轻易地敞开胸怀向妻儿排遣倾诉？而是要"悄悄地披了大衫，带上门出去"，走向自然（荷塘）？

看来，即使是世界上最亲密的人也替代不了自然！

朱自清不是个案。

中国古典十大名曲《高山流水》《春江花月夜》《梅花三弄》《十面埋伏》《汉宫秋月》《阳春白雪》《渔樵问答》《胡笳十八拍》《广陵散》《平沙落雁》，为什么创作灵感几乎都来自大自然，几乎都是人与自然在对话？

中国画家（以古代十大画家顾恺之、吴道子、王维、荆浩、李唐、赵孟頫、倪瓒、董其昌、朱耷、石涛为代表），当然也像西方画家那样爱画人物，但题材为什么多以自然景观、山川树木、花鸟鱼虫为主呢？中国画家为什么一直与大自然"相看两不厌"？

在统编高中语文教材必修上册"自然与情怀"单元（第七单元）中，在郁达夫的《故都的秋》、朱自清的《荷塘月色》、史铁生的《我与地坛》、苏轼的《赤壁赋》、姚鼐的《登泰山记》这些名篇中，这几位名家与其笔下的几处"自然"（故都、荷塘、地坛、赤壁、泰山),到底是什么关系呢?

这些中国艺术家,是在描写自然还是在描写自己?

(二) 人与自然,到底是什么关系?

在人与自然关系的理解和处理上,西方对中国充满了疑问。西方人对中国的吊脚楼不理解,对记载中"盘盘焉,囷囷焉"的阿房宫不理解,更对中国人远离故宫(紫禁城)数十公里去建颐和园、圆明园的行为不理解……

今天的人,特别是城里人,似乎是生活在围城里,特别热衷于旅游。那么,我们这样热情地奔向大自然,是想到大自然中去寻找什么呢?

人与自然,到底是什么关系?

(三) 中国人独特的自然观与情怀

"自然"一词,在汉语中的运用是复杂的。它没有单一的词性,而是多样化的。古罗马哲学家西塞罗,将未经人类改造的自然称为第一自然,把经过人类改造的自然称为第二自然。后来,一些理论家在此基础上把艺术家、文学家想象创造的艺术世界称作"第三自然"。

中国传统儒家的自然观强调顺应自然,道家的自然观强调回归自然,佛家的自然观强调融于自然。儒家的自然观偏重人伦,道家的自然观偏重天地,佛家的自然观偏重心灵。这三家的自然观虽然侧重点不同,但本质上殊途同归,都主张对自然的顺从与和谐。中国人的自然观随着历史演进,其内涵也在不断地丰富和发展,但"天人合一"的内核始终不变。

中国古代先哲对于自然的看法,对于人生哲学的见解,对于世界的认知,代表着中国传统的自然观,他们的思想和学说一直深深影响着后来的人们,深深影响着中国的文化,当然也影响着我们今天的语文教学。

可以说中国艺术,基本上是"以自然为中心"的艺术。在我们中国人的自然观念中,山水是自然和宇宙永恒精神的象征。中国艺术家在自然山水中求见真知,在一花一叶间识得自性,在人与自然的和谐一致中契入宇宙人生的真相,又在这个真相中将自己的法性、生命情调化入自然之中。他们对自然的领略和感悟,始终贯穿于感知、想象、情感与理解的全部心理过程,在情与理两个方面总是着力营造深远意境和言外之意,其笔下的"自然"总是充盈着浓重的感情色彩和深长的哲理意味。

你看,刘勰在《文心雕龙·神思》中说"登山则情满于山,观海则意溢于海"。陆机在《文赋》中说"悲落叶于劲秋,喜柔条于芳春"。李白在《独坐敬亭山》中说"相看两不厌,只有敬亭山"。杜甫在《春望》中说"感时花溅泪,恨别鸟惊心"。郑板桥在《题画》中说"非唯我爱竹石,即竹石亦爱我也"。很明显,这些笔下的"自然"已经不是纯然自在的静物,它们与人相亲相爱,承载着人无尽的情思,焕发着蓬勃的生命力,已经变成了艺术家"非有机的身体"。苏轼、姚鼐、郁达夫、朱自清、史铁生笔下的"自然"也是如此。

(四) 世界美学史上的罕见

在"以自然为中心"的中国艺术世界即"第三自然"中,中国人把自己当作自然的一部分。在我们心目中,人类既非自然之主,亦非自然之奴,而是自然之子、自然之友。在人与自然的关系上,在中国创造的这个"第三自然"中,体现的是一种特别的亲密关系,并且这种亲和自然的人生态度和美学情趣,早已深深渗透到了民族精神和艺术气氛的各个方面:把自然本身的纯净、清幽、空阔和蓬勃的生机同纯真的人性、高雅的人品融合为一;把自然当作完全独立的审美对象加以欣赏,并把它"升格"到社会美、艺术美的同等地位。这种美学现象,大都出现于其他民族美学史的晚近时期。我们中国人似乎特别"早熟",早在魏晋时代就对外发现了自然,对内发现了自己对自然的深情,这在世界美学史上实属罕见。

魏晋时期,中国的诗文书画艺术与自然的融合就达到了一种顶峰状态。这个时期的中国文人就将注意力转向了山水之间,走进大自然,用艺术将人与自然融为一体,这对当时和后世的山水画、山水田园诗文产生了极其深远的影响。

在中国艺术("第三自然")所体现的自然观中,最鲜明、最突出的特点是它的理性内容与思辨色彩。通过自然山川景物寄托难以言喻的人生感和历史感,一直是中国艺术家的永恒主题。"月明星稀,乌鹊南飞。绕树三匝,何枝可依?"(曹操《短歌行》)面对雄浑、广阔、无限的大自然,一个有雄心有抱负的人壮志难酬,感到了自身的渺小无奈,不由得发出了这样深沉的悲叹。"少年不识愁滋味,爱上层楼,爱上层楼,为赋新诗强说愁。而今识尽愁滋味,欲说还休,欲说还休,却道'天凉好个秋'!"(辛弃疾《丑奴儿》)面对自然,一句"天凉好个秋",其中寄寓着多少人生的感喟!这种对大自然灵性的执着探求与叩问,洋溢着多么强烈的理性精神。

在中国艺术("第三自然")中,每一片"自然风景"都是一个独特的心灵世界。在艺术家的笔下,自然常常是人格化的,艺术家常常是自然化的。他们在与自然的交流对话中,自觉摒除了世俗的凡庸,真正实现了精神上的沟通共鸣而共同步入了自由的王国。"天人合一"的自然观,始终引导着我们把自然看作生命的活体,看作蕴含着无限哲理与情思的圣境。

今天,我们积极传承和弘扬中国传统而独特的自然观,感受中国古代智慧,品味千古中国情怀,其实,目标只有一个:返本开新!

四、语文统编教材引领的新教学范式

曾宪一

语文统编教材引领语文课堂由"以教为主"向"以学为本"的教学范式转型。在基本范式基础上,针对不同学习内容应该有相应教学范式,笔者整合构建了"以学为本"的认知启动式语文新教学范式:一是遵循预学再教、能学缓教、观学思教、自学少教、以学评教的教学原则;二是结合教材来编排既符合学生认知规律,同时又体现语文核心素养的教学内容;三是指导学生采用记忆启动式"板块法"学基础知识,动机启动式"加注法"学文言文,情绪启动式"小先生课"学古诗词,推理启动式"问题化"学现代文,思维启动式"自能式"学写作。追求的教学境界:每一节课的教学都可以如此教;每一个具有基本素养的教师都可以如此教;每一所普通学校的学生都可以如此自主地因材自学。

语文统编教材实施以来,因编写体例没变化,新增课文不多,编写的理念还未深入人心,加之,一线教师的惯性,以致产生"旧瓶装新酒""把新酒装成旧酒"的现象。如何破解?构建语文统编教材引领的新教学范式势在必行,为此,笔者致力于构建"以学为本"的认知启动式语文教学新范式。

(一)"以学为本"的认知启动式教学范式的理念

"以学为本":一是学习的主体是学生,学习的过程中要充分体现学生的主体能动性;二是在课堂中以学习为中心,摒弃传统的"以教代学",围绕助力学生的高效率学习进行教学。

"认知启动式":一是借鉴认知心理学上的"启动效应"(priming effect)——人由于之前受某一刺激的影响而使得后来对同一刺激的提取和加工变得容易的心理现象。认知启动指在符合认知规律的基础上,此前已给具体示范,使得学生对后来的相同或相似材料的认知活动变得容易,并在此基础上有突破或创新。二是启动学生学习的动机——"我要学",让学生对学习有情趣、志趣。三是以训练学生的认知能力为出发点,通过师生、生生或学生与教材之间的互动,培养学生的思维历程、情感体验、表达能力以及意志调控能力,促进学生的社会化学习与人格发展。

"教学范式":以往的教学范式强调教师是主导,注重教师的"教",而这一范式强调学生的主动性,注重的是学生的"学",以培养学生的自主学习能力为目标。

这个理念体现了"以学为本的元学习观":元学习是启动元认知并调控学习经验的过程。元学习能力主要包括确立自己的学习目标,选择达标最适当的学法,检测达标情况,总结达标的成功经验和失败教训,及时调节学法。学习者掌握适当的学法,调节学程,并把上一环节中的心得应用到新的策略、效果、感受、情境中去,这就是元学习的过程。元学习的最高境界就是自学,因为学习最终是自我觉悟。语文教育应使学生"自能读书、自能作文、自为研索、自行解决"。教师应培养学生的自学能力、习惯、精神。诚如叶圣陶所言"教是为了达到不需要教",笔者对这句话的理解是:"教师的教是为了让学生学会学习、主动自学,而且先前之学是为了再学而学作奠基。"

如此确立的教学范式把"以学为本、因材自学"作为出发点与归宿,教师创设学生自学的教学环境,助力学生成为学习的主人,学生主动将学习成果应用于解决问题的实践活动中去,进而落实语文学科的核心素养——语言的建构与运用+思维发展,这也正是语文统编教材编写的根本点。

（二）客观认识语文统编教材

语文统编教材与以往教材的主要区别在于单元任务群和整本书阅读。

单元学习目标定位准确，是教学的大前提。本单元任务群基于"语言的建构与运用＋思维发展"的精准的学习目标是什么，再考虑怎样分解到每篇课文中来落实。反过来，能把单篇学习目标串成精准的单元任务目标也是教师的教学基本功之一。建议区域教研员或学校备课组研讨每个单元的基本教学目标，基层教师根据自己学校的学生基础在难度上可以适当分层。

教师不妨反思：这个单元的课文内容编排得合理、科学、准确吗？前后单元乃至整册书的单元之间有以读促写或以写促读的序列吗？一线教师应是语文学材的开发者、整合者、研究者、使用者、更新者、评价者，这关乎课程领导力。友情提醒：教材不能不靠，但也不能全靠。

教师可以指导学生制定每篇课文甚至单元学习任务目标。对于基础较好的学生，教师可以放手，鼓励他们根据学材和认知基础自定学习目标，甚至开发学材；对于基础薄弱不会制订学习目标的学生，教师应给予适时指导。

既然是有的放矢的任务驱动，就应该按照"提出问题—分析问题—解决问题"的逻辑思路进行教学，基于此，笔者提出语文统编教材引领的基本教学范式：预学提出问题—梳理核心问题—分组讨论分析问题—交流解决核心问题—质疑反思形成新问题（图3-3）。

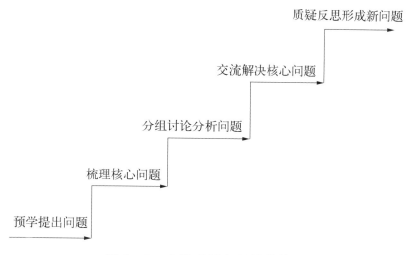

图3-3 台阶式语文新教学范式

笔者认为：教师教会学生提出有价值的问题，远比教师自己提出有价值的问题更有价值。不是所有有价值的问题都非得解决，经过分析研讨知道此路不通也是思维硕果，一节课应该从问题（问号）开始，也应该以更有价值的问题（问号）提出而结束。这样的语文基本教学范式在逻辑上遵循了"沉浸—体验—感悟—思辨"的语言学习规律，也是台阶式思维递进的过程。

按照这个基本教学范式，即使教师不在现场，学生也能逐渐学会自学。以斯金纳为代表的操作主义学派认为，自学本质上是一种操作性行为，包含三个子过程：自我监控、自我指导与自我强化。自我监控是指学生针对自己的学习过程进行的一种观察、审视和评价；自我指导是指学生采取一定的行为趋向特定的学习结果，包括制订学习计划、选择适当的学习方法、组织学习资源等；自我强化是指学生根据学习结果对自己作出肯定或否定评价，以便维持或促进积极的学习。

自学能力的调控系统指的是学生的元认知——元学习能力。"元认知"是弗拉维尔于20世纪70年代提出的，元认知由元认知知识、元认知体验和元认知监控三种心理成分组成。元认知就是对认知的认知。具体地说是关于个人认知过程的认识、体验以及调节这一过程的能力，是自学能力的调控系统。学生能否真正实现自学，关键就在于元认知能力的发展。"认知启动式"就是启动教师帮助学生和学生自我启动学习元认知，进而实现自我觉悟、因材自学。

"以学为本"的认知启动式教学范式必须以学生为主体，基于"主体"而立足主体、依靠主体、为了主体；以培养学生学习能力为核心，基于学习体验而鼓励学生主动实践、充分实践、有效实践，学以致用乃至创造性学习。

(三) 语文教学新范式遵循的教学原则

1. 预学再教

在建构主义看来，预学在先，不仅可以引发学习者对新知识的注意，使他们处于一定的唤醒状态，而且激活与预期要获得的新知识有关的原有知识，探究新知识，彰显了学生是学习的主角。从教育教学理论来看，预学再教也蕴含了"主体性教学""教是为了不教"等思想理念。倘若学生没有预学，教师宁可利用课上时间请学生预学，也不要急着授新课。学生没有预学而教师就教，这是犯规,等于足球场上的"越位"。

为了提高预学效率,教会学生提出有价值的问题,笔者设计了"中学语文预学本",扉页上写着:预学,预先学习,就是自学的第一步。相信自己,每个人天生具备自学能力。自学,既是学习的出发点也是根本点。

2. 能学缓教

学习是学习者感知的新信息与其认知结构中的相关知识发生相互作用,获得新知识的心理意义的过程。根据学习者已有的知识结构以及自身的学习风格,每个人习得知识的速度、理解知识的深度有差异。每个中学生天生有能力自学大部分教材内容,遇到小部分内容暂且难以理解时,教师可以缓教,给学生一定的时间反刍,调整自己的学习策略来理解有关内容;遇到难度较大的内容时,教师要调整教学计划,搭好梯子,放慢教学进度。教学有时需要等待,不要急着一股脑儿灌输给学生;有时需要教师保持"教"的自我克制,不过多地干扰学生思考。教师的使命,更多的是为学生提供大量的课程资源,唤醒和激励学生去接触、体验、研究课程资源。

3. 自学少教

学生是信息加工的主体,是意义的主动建构者。教师是学生建构知识过程的帮助者、促进者。一方面,教师要为学生创设良好的自学环境,鼓励协作学习,为他们建构知识的意义提供各种条件,教要服务好学;另一方面,教师要指导学生进行认知策略的学习,让学生学会自学。对于学生能自学的内容,教师不要教。在自学这个问题上,教师不妨逼一逼学生。这也恰恰体现了人本主义心理学积极倡导的思想,即自学是学习的最高境界。

4. 观学思教

教学过程是动态的。教师要根据学程中学生的学习状况灵活调整教学目标,如果学生掌握到位,可以加快学习活动,甚至可以省略个别环节;如果多数学生没弄懂,建议尝试变换其他教学法,即使完不成既定教学任务也要以学生学会为根本目标。

5. 以学评教

教学有没有效率,并不是指教师有没有教完内容或教得认真不认真,而是指学生有没有学到位或学得好不好。如果学生不想学或者学习没有收获,即使教师教得再卖力、再辛苦也是无效教学。如果学生学得很辛苦,但没有得到应有的发展,也是无效或低效教学。笔者认为,对教师的教学评价应以学习效率为本,针对教学目标进行及时、适量的自测或检测,关键要考查学生在学习过程中自主学习能力是否有所提升。

(四) 针对不同学习内容的认知启动式语文新教学范式

基于语文学习认知规律来凸显单元主题之间的内在联系。例如,文言文按历代顺序编排是否合适?因为这样既无法体现知识学习的层次性,又违背了由易到难、由浅入深的认知规律。学生在学习不同类别的知识时有不同的要求,如陈述性知识只需复述相关内容,而程序性知识则要解决复杂的实际问题。为适应学生的学,教师的教也要相应有所变化。34年的语文实践探索,笔者针对语文学习的不同内容,形成了"以学为本"的认知启动式语文教学新范式:

1. 记忆启动式:"板块法"学基础知识

具体操作范式:一是划分板块,基础知识的板块具体有读音、生字生词、成语、近义词辨析、文学常识、文化常识、古诗词名句、名人名言、深邃哲理句、精美修辞句、要求背诵的文段等。让班级中基础薄弱的学生分工做基础知识汇总表。二是按板块成立学生命题小组,根据各板块内容确定命题人数,教师发样题供命题学生参考或学生自找题型,小组成员先独立命题再合作命题。命题小组遴选较好的命题,并附上参考答案,在规定的时间内交稿,教师审阅各板块小组的命题及答案。三是命题测试及答疑,教师用各小组的优质命题安排测试,由命题者阅卷、讲解答案,回答同学质疑。命题的前提是提问能力,培养学生命题能力就是在培养他们提出问题的能力,只有会提问题的学生才有能力自学。

利用工具书解决基础知识——教师要培养学生利用工具书做学问的基本功。学习是学生自己的事情,自己的事情自己做。学生养成良好的自己解决问题的学习习惯,本身就是自学。

高效记忆积累基础知识——各板块要求背诵的课文内容,开学两月内必须背熟,人人过关,即使还未学习,也必须抢前抓早背诵,学习困难的学生适当缩小背诵范围。努力实现高级水平记忆:整体记忆,深层理解,创造应用。语文学习在中学阶段50%～60%的内容是靠记忆积累的,这是基本功,必须扎实。

2. 动机启动式:"加注法"学文言文

学习文言文的初心动机是翻译。笔者倡导"加注法"学文言文,具体操作如下:

(1) 注音诵读。下发没有注释的文言课文一篇,拉大行间距为"三行对译"留足空间。基础较好的实验班可以去掉课文中的标点符号。请学生自己借助工具书先给不认识的字注音,之后进行自我朗读,尝试句读、加标点符号;然后请一名学生当众朗读,其他学生正音;全班自由读课文。

(2) 自加注释。学生找出自己认为应该加注释的字、词语、短语或句子加上注释。遇到不会的,可以借助古汉语字典,还不能确定的可以先和同桌商议,再小组商议合作加注。

(3) 注释答疑。每个小组提出自己有疑义的注释,其他组帮助解答,如解答不上教师加以引导加注。最后让学生参看教科书上的注解,进行比照后偶尔会发现教科书的个别注释错误,加以纠正。

(4) 课文翻译。学生逐句翻译课文给同桌听,小组讨论每个句子怎么翻译更好(注意补足省略成分和句序);找一个组给全班翻译,其他小组进行评议或质疑。

(5) 分析提问。针对所学段落的内容进行提问,学生之间讨论回答。

(6) 课文背诵。教师以逻辑关系进行必要的背诵记忆指导,也可尝试用现代汉语复述文言文来还原文言文,从而进行记忆。

(7) 独立命题。主要题型有:解释加点实词和虚词、翻译句子、句式特点、内容理解、结构、主旨等。学生之间互相考核,互析答案,并尝试互留作业。当然,一篇课外文言文也可以这样自学。

这种教学范式的优点:实践了"主动·合作·探究"式学习;充分相信学生具备提出问题的能力、自学文言文的能力;学法的程序操作为学习过程的关键所在,解决了文言文教学有效操作性差的根本问题;充分体现了教法学法一体化,大多数好的学法可以直接转化为教法;体现了文言文教学不是教师的串讲,不需要像现代文那样分析讲解;体现了文言文教学是一种语文习惯养成教育,尤其是让学生学会利用工具书进行学术研究活动;把学习文言文的复杂问题简单化。

3. 情绪启动式:"小先生课"学古诗词

诗歌是情绪流淌的产物。诗人作诗时是在灵感状态下顺口吟诵的。古诗词学习的底线就是学生会背诵、吟诵。学生当"小先生"是"学而思—思而学"的楷模,不仅"小先生"自己会学善思,而且还要教会其他同学。具体操作:

(1) 备课:教师至少提前一周把上课篇目给"小先生","小先生"自行查找资料,按下列步骤写学案:一是抓意象,共有几个意象及其具体含义。二是明意境,客观景物和主观情感构成了怎样的情境氛围。三是品诗艺,用了怎样的写作和修辞手法,诸如虚实相生、动静结合、情景交融等。四是悟诗情,表达了诗人怎样的思想感情。五是总评——诗人的写作背景、体裁、韵律,如何起承转合,诗人的写作风格等。六是别人的研究综述。七是回答其他同学和教师的质疑。八是如何指导别人记忆。九是准备训练题进行检测。也可以做同类型诗歌的对比鉴赏,这是提高学生诗歌鉴赏水平的试金石。

(2) 试讲:"小先生"可以在家里先跟父母试讲,或在教师面前试讲。对于比较自信的"小先生"也可以不试讲。

(3) 上课:"小先生"上课回答其他同学的疑问,教师协助解答。"小先生"如能设计学习环节鼓励自学就更好了。

与其说"小先生课"学古诗词,还不如说是学生在做古诗词的课题研究,然后课上报告研究成果。这样可以教会学生做课题。

上述三个语文新教学范式实践了"教师由主角到配角"的转型。课堂里是学生学习,不是教师学。"学,觉悟也。"可见教学是教师正确地、恰当地组织学生觉悟的学习活动。

4. 推理启动式:"问题化"学现代文

应把文体价值作为现代文核心教学价值取向。问题化学习就是学习逻辑推理,具体操作:

一是选文。课外现代文选文原则为以典范说明文、议论文、记叙文,有文化含量的散文、小说等为主,兼顾应用类文体。二是预学。原则是问题必须产生于学生,绝不是教师提前下发训练题替代学案。三是"问题化"探究式课堂基本学习范式(图3-3)。

"问题化"探究式学习范式突出思维能力培养,因为学习力就是思维力。倡导"五主":学生为主人、学习为主体、问题为主轴、体验为主线、思维为主攻。把知识问题化,把问题层次化,把层次递进化。启动元认知,让学生用整体构架来设计现代文的学习逻辑。

现代文学习过程中重点解决两大类核心问题,一是"概括"类,包括概括事件、段意、情节、特征表现、人物形象、中心主旨和写作意图等;二是"作用、好处"类,词语、句子、段落、标题等的作用、好处、意义等。具体品读可以落实在七种句子上——难句、修辞句、呼应句、因果句、过渡句、哲理句、总结性语句,支持学生做"提出问题—分析问题—解决问题"的学问。

5. 思维启动式:"自能"写作

写作是思维的流淌,是思维的创新活动。写作者,思维也,创造也!

(1) 作文即做人的"自能"写作记叙文。初中记叙文写作就是说好话、做好事、做好人、作好文。要突出感性表达基础上的理性感悟,以记叙、描写、抒情、说明为主要表达方式。要把事情的起因、经过、结局,换个说法,即事情的发生、发展、高潮、结局写清楚、完整。

立意:高尚人品是核心。核心主题:成长(成熟)、读书(学习)、爱心(助人为乐)、善良、感恩、责任等,均离不开做人的优良品质。

事件价值:记事写人,所记叙的事件价值要大,做到一般人做不到的体现好人品的事件。

审题:从审题目到审题材,审查写什么事件、体现什么人品。有效操作:"审题目"环节,即诠释题目中的关键词、明确写谁以及确定文章的中心(人品);"审题材"环节,确定写谁的哪几方面的事。

情节:有情节过程才感人,描述怎样做好人的过程。

细节:有精彩细节文章才动人,细节就是人品的闪光点、动情点。

过渡：承上启下写好过渡段,从不同侧面的事件展现人品。

结尾：首尾呼应,提炼核心人品的作用,升华文章的主旨。

记叙文的"自能"写作离不开丰富的素材,要求学生平时积累主题素材,包括主题词诠释、成语、古诗词名句、名人名言、别人和"我"的鲜活事件、美文精段、例文欣赏等。

(2)多种思维历练议论文写作。高中议论文写作要突出逻辑论证的理性感悟。鼓励学生自能写议论文,一是注重四种思维能力："反弹琵琶成新曲"的逆向思维(一分为负一),"泾渭分明见清浊"的对比思维(二分之一),"横看成岭侧成峰"的发散思维(多元,一分为三)以及"成也萧何败也萧何"的辩证思维(一分为二,学习"辩证法"的理论武装,让学生用哲学观点分析问题)。二是开设"形式逻辑"必修课程,让学生掌握复句、句群关系,逐步学会逻辑推理。三是用"议论文写作提纲量化训练卡"给议论文"搭架子",解决结构问题。四是学生自做主题素材论据库来建设"作文粮仓",解决论据问题。开设辩论等思维活动课,让学生有根据地思考、有条理地思考、反省地思考,成为思想者。

推理启动式的"问题化"学习现代文和"思维启动式"的"自能式"作文,实践了"教师由讲授者到助学者"的转型。这个转型体现了教学过程中对学生独立性的认可。教学论专家江山野指出,学生在学校的整个学习过程就是一个争取独立和日益独立的过程。在基础教育阶段,学生的独立学习意识和能力有赖于教师的培养。从教与学的关系看,整个教学过程是一个"从教到学"转化的过程,也是从依赖到独立的过程。随着学生独立学习能力由弱到强、由小到大的变化,最终学生基本甚至完全能独立学习。

(五)因材自学

怎样才能提高教学效率？夫子说,因材施教。"因材施教"说得好,但很难做到,因为这个"材"包括"学材""人才",学材和作为学习者的人才都是动态变化的。教师不可能了解网络上每天在呈几何级增长的学习素材和学生学习心态的变化。"因材施教"过分强调"教",而"教"不可以凌驾于"学"之上。

如果非得用"因材"这个词,也应是"因材自学"。外力可以起到引导、指导、促进的作用,不可能起到根本性作用,因为唯物辩证法说：内因是事物变化的根本,外因是变化的条件。学习应该是启动元认知的学生自悟、自学,如果说学习的真正目的是指向创新的话,那么真正的创新绝不是谁教会的。

相信孩子具备自我探究的元认知学习能力,是教师教学道德的立足点和出发点。不相信学生具备探究、研究、自学能力的教师很可能"缺德"。信任是最好的学习情感,从相信到自信,才是学习的真正原动力。

特邀专家简介:

曾宪一,语文特级教师,正高级教师,特级校长,上海市徐汇中学校长。

五、面向未来的语文课堂教学

程红兵

(丁少国根据程红兵2022年12月29日讲话视频整理)

(一) 基于知识的新定义来重新构建课堂

我们今天谈论的话题是"面向未来的课堂教学",或者缩小一点范围谈"面向未来的语文课堂教学"。2021年11月10日,联合国教科文组织在第41届大会上面向全球发布了一个报告《共同重新构想我们的未来:一种新的教育社会契约》。报告中有这么几句话:当我们展望2050年的时候,我们应该继续做什么?我们应该抛弃什么?我们需要创新什么?其实这是非常大的命题,面对这样大的命题,每个语文老师都应该去思考:我们语文学科、我们的阅读教学、我们的作文教学,应该从哪里入手?应该继续做什么?应该抛弃什么?应该创新什么?这个报告,其实谈到了这些构想。它让我们老师重新思考一些最基本的问题:为什么学?怎样学?学什么?哪儿学?何时学?

我们知道新课标也有几个关键词:核心素养导向、跨学科主题活动、学科实践、单元教学等。面对新的时代,面对新的要求,我们语文老师也好,其他学科老师也好,应该怎么思考?首先,我们应该基于知识的新定义来重新构建课堂。2015年,联合国教科文组织发布过一个报告,反思教育应该向全球共同利益的理念转变,重新界定了什么是知识。关于知识的概念,我们都是理解的,脑海中应当有知识这个概念的存在。

老师上课讲的这些内容就是知识,教材上的内容就是知识,这些知识更多地呈现于兴趣。但是在联合国教科文组织的这个报告当中知识还包括什么?还包括对知识的理解,包括运用知识去解决问题的技能,包括面对知识的价值观和态度。也就是说社会已经对知识重新进行了诠释,至少和我们以往脑海当中知识的概念不完全相同了,内涵更加丰富了。我们过去脑海当中关于知识的概念多半是静态的,所以有非常明显的差异。

不仅联合国教科文组织的官方文件中关于知识的概念有了重新界定,社会各界其实都有一些关于知识的重新思考和认知。比如说,哈佛大学的托尼·瓦格纳提到,知识已经是一种免费的商品了,像空气和水一样。今天我们只要与互联网连接,就可以获得无穷无尽的知识,所以代表知识的学历优势正在迅速消失。现在的关键在于随时能找到相关知识,而且在需要的时候能够学会并运用它,所以第一要找到,第二要学会,第三要应用。

我们过去讲知识就是力量,这句话现在可能需要修正一下了。知识未必是力量,只有整合的知识、应用的知识才可能是力量。在信息社会里呈碎片化堆积状态的知识不再是力量。怎么把碎片化知识进行整合?怎样形成一个系统、一种结构?怎样汇集并编码这样的知识才有力量?换句话说,一般的知识、碎片化的知识不再产生力量,不能解决问题。

社会各界关于知识的概念已经重新定义了,他们从多种角度来重新思考、重新界定知识。处理后的数据是信息,未经处理的数据还不叫信息,处理以后的信息才是知识,处理以后的知识才是智慧。所以从这个意义上讲,我们发现这不是我们过去所理解的简单的知识了。

法国思想家、社会学家莫兰曾经应联合国教科文组织总干事的邀请,专门写了一篇长文,谈教育的问题,还有教育的复杂性的问题。他说教育的目标与其说是造就充满知识的头脑,还不如说是造就构造得宜的头脑。

他这句话讲得非常明确的地方就是,不在意填满许多的知识,而在意结构是否合理。构造得宜的头脑,这个很重要。所以,不是随便什么知识都能产生力量,整合的知识才是力量,运用的知识才是力量,能解决问题的知识才是力量。知识不是死的,而是活的。那些有体验支撑的,能够基于证据和根据做出回答的知识,才有智慧。去正视、反思实现问题、解决现实问题的知识才有智慧,才有力量。从这个意义上来讲,我们的课堂教学也应该发生一些本质上的变化。

(二)众说:什么是真正的学习

我们不妨来看一个课堂的案例,在一堂历史课上,一个老师放映了一段从1945年到1994年之间发生在德国的重要事件的纪录片。老师给学生三张纸。课堂教学当中,学生边看边在纸上做记录,然后老师偶尔穿插一个问题,或者是做出一点解释,学生或者是简单地讨论几句。这就是这堂课的整体样貌。

第一张纸,让学生记录这个纪录片中提到的一些重要的事件、重要的信息,学生自己选择,自己记录。

第二张纸,让学生在一个时间轴上去整理这些关键事件,把当时美国、英国等国家对德国的主张与政策整理到这个时间轴上,而且把它内在的逻辑和线索梳理清楚。

第三张纸,是若干政治家演讲词的一些片段。每一段话后面老师都提出一些问题:这是谁的演讲词?什么时间发表的?他为什么这样说?这一演讲的意义和标志是什么?

这三张纸就是导学案嘛,体现了老师教学设计的意义所在。

这课堂上老师没有侃侃而谈,他的话占时不到10%。大量的时间都是学生在默默地看纪录片,默默地在记录,默默地在整理,偶尔讨论一下。他们的学习是怎么发生的呢?老师是怎样支持和促进学生的学习的?我们可以看到,这个老师没有把历史事件本身作为学习目标。

我们许多历史老师在课堂教学过程当中,往往是把历史事件本身当作学生学习的目标,就像我们语文老师常常会把教学内容本身、文章的内容本身当作教学目标、学习目标,这就有问题了。

而他是把如何对待历史、如何研究历史、如何观看历史、如何记录历史、如何思考历史,把这一系列的方法论当作目标,当作课堂教学的目标。所以这些是老师和学生共同创设一个场域,在场域中生成的。老师的主要作用是什么?这个纪录片是老师剪辑的,三张所谓的导学案也是老师设计的,他以非常简洁的学习设计促成了本质意义上的发展。换句话说,他是用这种方式让学生真正地学会如何面对历史:

第一,要走进历史的现场,一个纪录片的作用就是让学生走进历史的现场。第二,要把重要的信息提炼出来,面对历史,要提炼出一些重要的信息。第三,能够把这些重要的信息进行逻辑化地清晰梳理。第四,面对重要人物的重要话语,要看得出它的意义和价值。

这是什么?这就是历史的方法论。我们语文老师经常讲语用——语言应用,这才是我们学习的关键所在。如何教学生学会语言应用?这个老师,这个历史老师,其实给我们上了一堂非常好的现场课,他确实抓到了学习的本质,就是学习以历史的方法论来对待历史。从这个角度来看,我们语文也是如此,道理也在这里。而且他还有一个做法是非常值得我们学习的,就是课堂的第一个环节,他把纪录片呈现给学生让学生回到事物本身。从哲学意义上讲,这就回到了事物本身,就是关于德国的分裂和统一,学生可能形成他自己的判断和概念。

把概念先悬置起来,回到最初的现象知觉、原初体验、原初知觉上,回到原始体验上,然后进入概念的意识,最后实现对世界认知的转化,回到事物本身。这种方式我觉得非常值得老师们去考虑。

什么叫学习?基于学习的新概念,现在我们怎么来重建课堂?我们不妨看一下2018年世界银行的旗舰报告。我们想世界银行的报告应该谈经济,应该谈金融,应该谈钞票,应该谈发展,但是它却谈教育,其中有个章节的标题叫作"学习与兑现教育的承诺",针对教育的发展展开专项讨论。

从这个标题中,我们可以看出它其实是有潜台词的。"学习与兑现教育的承诺",它其实在批评现在的学校,批评现在的老师,没有兑现教育的承诺。那么我就把一句很刺耳的话说出来——如何确保学校教育带来真正的学习?

那我们就追问一下,什么叫真正的学习?有专家认为是由分科的学习走向综合的学习,有专家认为是由文本的学习走向实践的学习,还有专家认为是由单一的学习走向混合的学习。这些观点,我们当然知道有其合理性,但是要正确地来看。我的理解是,我们现在更多的是分科学习、文本学习、单一的学习,综合学习、实践学习、混合学习还比较少。我们现在要强化或者要增加一些综合学习、实践学习、混合学习,这样讲是有道理的,但反过来,如果说用实践学习代替文本学习,那也是绝对错的。

什么才是真正的学习呢?有的专家说,是由基于课本的学习走向记忆标准的学习,由概念离散的学习走向观念聚合的学习,这是有道理的。新课标的出台,对我们老师来讲影响很大,它是学生学习的基本标准。概念不能离散,我们在一个个知识点的学习过程当中,不能忽略怎样把一些知识点融会贯通起来,关键是走向观念聚合的学习,走向深度理解的学习。符号记忆当然也是需要的,但是在符号记忆的基础之上,我们怎样来进行深度理解的学习,这是不可或缺的。所以关于真正的学习,专家们提出了非常好的建议和见解。

关于学习效益的重要指标是什么?有的专家说是理解力。那么,这理解力背后是什么呢?是整体思考的能力、洞察问题的能力、想象力和类比力、直觉力和解释力。我想,分数背后,学生的素养可能是最值得我们去考虑的。我们当然关注分数,但是我们不能忽略分数背后的东西。

(三)我说:真正的学习,是真实的学习

我想,真正的学习,首先它应该是真实的学习,必须是真实的学习,这是一个非常重要的提法。我来介绍一个案例。这个案例是杭州师范大学任伟新老师上的一堂课。他有一次到浙江师范大学去给老师们做培训,上了一堂示范课,给小学生上的。他一上来就跟学生说,我听说师大附小是全义乌市最好的小学,是真的吗?一些孩子说是真的。

任老师接着第二问:听说六(1)班是师大附小最好的班,是真的吗?因为他现在上课的班就是这个六(1)班。下面的学生纷纷说是真的。任老师随便"抓"了一个学生问:听说你是六(1)班最好的学生,是真的吗?全班同学哄堂大笑。于是任老师就说:就是嘛,是不是最好的不是自己说的,要由别人来评判。

一句话把前面两个问题统统否定掉。换句话说，任老师的暖场效果非常好，一下子进入到老师和学生和谐的关系，气氛就热烈了："今天是作文课，我们来学习怎样写人。六年级了，老师都教过我们，写人怎么写，最重要的是通过哪几点来写。"温故知新，任老师唤起学生的知识记忆，他们马上想到外貌描写、动作描写、语言描写、心理描写……但光有知识和回忆还是不够的，还应该有案例。

所以，任老师说："很好，关于人物外貌描写得好的课文，我们学了不少。大家来回忆一下有哪些?《少年闰土》《地震中的父与子》《慈母情深》《凤辣子初见林黛玉》。"有了案例，温故知新，这堂课的目标非常清晰。任老师说："今天你们就写我吧。现在老师在大家中间走几步，你们仔细观察，然后抓住我的外貌特征，用简洁的文字加以概括。"

这一点和我们一些老师不太一样，我们很多老师都是让学生写记忆当中的一个人、记忆当中的一个老师、记忆当中的一个同学、记忆当中的一个伙伴……，而任老师就让孩子现场观察自己。

孩子们表达非常清晰，很快就抓住任老师的三个特点：高、瘦、老。

他以自己为模特创设一个真实的写作情境："高得如何?瘦成什么样?老到什么程度?把我的特点写进去!"学生马上就往具体方面写了："老师个子很高，有一米七几，但很瘦，估计110斤也不到，看上去显老，脸上皱纹很多，头发稀少，脑门有点秃。"这就非常具体了。任老师的点拨初见成效了。

任老师说："再进一步，把我写得生动一点，可以用比喻句，把对我的感觉、想象写出来。"有学生写道："老师个子很高，有一米七六，站在我面前像一堵墙;老师细胳膊细腿，瘦骨伶仃像竹竿似的。"有学生笑了："老师的身板像纸那样，薄薄的一片，好像风一吹就能刮跑;小脑袋、小鼻子，还有小眼睛，笑起来眼睛一眯就没了。"写得非常生动，非常形象。"老师枯瘦如柴，看上去显老，脸上皱纹很多，一笑起来脸上都是括弧。""老师瘦得像火柴棍似的，头发稀少，脑门有点秃，前半个脑袋像鸡蛋。"学生写得很形象具体。

可以看出来，任老师的教学环环相扣，一环扣了一环，一环推进一环。开始是把特点概括清楚，接着是把特点具体化，最后是生动形象化。三个环节层层递进。

优秀的语文老师基本上都能做到这一点,但这个环节容易出现的最大毛病在哪里呢?它是没有交流对象的,我们绝大多数语文老师在教学生作文的时候,基本上都是这么教的,没有交流对象,是纯技巧的教学。

任老师接着说:"好,不愧是名校的学生,准确、具体、生动,有几句还挺传神,把老师的外貌特征写出来了,但是同学们知道老师为什么那么瘦吗?"任老师葫芦里卖什么药,学生纷纷说不知道。

任老师说:"实话告诉大家,老师没老伴儿,没人给我做饭,我一天只吃两顿饭,所以我今天是来求助的,我要去征婚,征婚要写介绍,写外貌,刚才大家把我写得准确、具体、生动,我要是拿这些文字去征婚——"这个"婚"字拉得很长。他其实就是询问学生:拿你们的这些文字我征得到婚吗?

学生纷纷说:"不行,不行,这征不到婚。"很显然,任老师创设了一个难度更高的情境,他有交流对象了。我们过往的写作教学都没有交流对象,没有具体目标,而他却有具体目标,是要拿这些文字去征婚的,不是一个抽象的肖像,不是一个孤立的肖像,不是为肖像而肖像,它是要派具体用场。

任老师就问学生为什么不行,学生说没有褒义词,而是用了贬义取笑的说法,给人感觉不好,即使有单身阿姨看到了,也不会有兴趣的。在任老师的指导下,学生在表达过程当中出现了一个关键概念:单身阿姨。这是这篇文章潜在的读者。换句话说,我们过往的教学是没有读者的,读者只有一个人——语文老师自己。这堂课最重要的特点就是老师和学生始终处在对话状态。老师和学生不能割裂开。

学生就开始重写了:"任老师一米七六的个头,乌黑的头发、英俊的脸庞,浓浓的眉毛下面有一双炯炯有神的眼睛。"很显然,这是造假,学生这样写肯定是有问题的。任老师马上就指出了他们的问题所在。过往的作文教学,我们常常指导孩子把最好的词、最好的句子堆上去,好作文的标志就是好词好句。任老师不这样,说:"你们看我的样子,有乌黑的头发、英俊的脸庞、浓浓的眉毛吗?你这是存心害我呀。"很显然,任老师是要带着学生到情境当中去看问题,写作问题到底在哪里。

这个情境指导是非常有效的。任老师说:"我这个外貌特征要写得准确、具体、生动,但又是相亲用的,用刚才学生的话说要用褒义词,看起来让人舒服。到底应该怎么写呀?"

一个学生又开始写了:"老师个子高挑,有一米七六,身轻体健,风度翩翩,很有魅力。"好,首先因为瘦,所以风度翩翩,身轻体健还是说得过去的。任老师高高瘦瘦的,有一种玉树临风的感觉。他戴一副金丝边眼镜,眼光深邃,很显然,这个老师眼睛小嘛,眼光深邃,气质很好,是大学老师的样子。

这个学生非常智慧的地方在哪里呢?他特别凸显了任老师的气质很好,是大学老师的样子。换句话说,他就是把世界纳入写作了。什么叫把世界纳入写作?就是把他的人生经验,把他的文化常识,把他对社会风俗的理解,把相关的知识融会到写作中来了。他考虑到了读者的需求。

另一个学生这样写:"老师身材苗条,小脑袋小眼睛,总是笑容可掬,说话时表情很生动,很有趣,看上去很和蔼,一定是位脾气很好的先生。"很显然,这个学生突出了一个非常重要的概念:任老师是位脾气很好的先生。也就是说他考虑到潜在读者的内在标准,有目标、有读者的话,他的写作自然就发生了变化。

还有学生写道:"老师脸上有不少皱纹,有饱经风霜的感觉,成熟智慧的男人都是这样的。"很显然,这个学生的解释很有意思。本来"老"是老师的缺点,当然也是一个正常的状态,但他的读者意识慢慢建立起来了。

任老师激活了课程资源,把书本知识和社会现实生活沟通起来了,就是把世界纳入了写作。把书本知识和学生个人经验沟通起来了,就是对生活的认知,对文化的吸收和理解。把书本知识和学生生命实践沟通起来了,就是激活了学生内在的资源。这样,老师也好,学生也好,就不再是被动的课程资源的接受者,而是课程资源的开发者和组合者。

任老师接着说:"同学们真了不起,你们前面写我的外貌,虽然准确、具体、生动,但我听着不是很开心,估计也找不到对象。但你们现在照样写得准确、具体、生动,我还特别爱听。这样的文字,传出去了,那些单身阿姨读了肯定也舒服,会对我产生兴趣,谢谢大家,真是名校的学生。真是了不起!"任老师再一次点到"单身阿姨",是在特别强调读者意识。而我们过往的一个缺点就是没有建立读者意识。所有的文章都是纯粹的文章,是没有现实场景、现实目标、现实读者的文章。这是第二环节。文章有了交流对象,有了具体目标,要让读者对描写对象产生兴趣。所以,第二环节很显然比第一环节往前走了一大步。

任老师又说了:"我把这些文字整理出来,第一是征婚用的,估计找对象不成问题。第二打印出来留存,亲戚、邻居、辖区派出所那里都保留一份备用,你们知道为什么吗?实话告诉你们,我最近老爱忘事,做事丢三落四的,咨询了医生,医生说这是老年痴呆的征兆,我怕将来万一走失了,找不到家了,别人可以拿你们写的寻人启事找我,你们看行吗?"这又转化了一个用途,转化了一个目标。

任老师要让学生真正建立起基于读者、基于具体写作目标的写作。这要经过多次训练、多次反复,才能真正建构起来。

从某种意义上来讲,任老师其实是换了一个场景,让学生写外貌,让学生基于新的目标、基于新的读者来重新构想这个外貌描写到底应该怎么写。任老师要学生抓最简洁、最容易辨认的外貌特点来写。

学生开始写了:"50多岁,瘦高个,戴眼镜,有点秃头,说普通话。""50多岁,高瘦,上身穿蓝色衣服,下身穿黑色裤子,说话带杭州口音。""60岁左右,高瘦,蓝衣黑裤,走路有点晃悠。身高一米七六,偏瘦,头发稀少,戴眼镜,上身穿探路者蓝色冲锋衣,下身穿七匹狼黑色灯芯绒裤子,脚上是匡威牌的运动鞋,左小腿有黑色胎记。"这个学生观察得特别细致。

任老师总结了一下:"我们三组外貌描写,就我一个对象,但写出来的差异很大。第一组纯粹地抓特征,写我的外貌,但不知道为什么写、写给谁看。第二组,征婚用的,抓住特征,用词上还是褒义词,让人看得舒服。第三组,寻人启事用的,抓住一眼能辨识的特征,太具体、太生动就没必要了,因为阅读对象是路人。"任老师接着总结道:"因此,以后写作文,除了一般的作文要求外,你们也要问自己两个问题,一是我写这篇作文干什么用,二是这篇作文写给谁看。"很显然,这是这堂课的关键所在。本堂课就是让学生建构起这样的写作意识:基于目标的写作,基于读者的写作,要注意功用和读者。任老师推而广之,希望学生形成真实的写作能力。

任老师继续说:"我还要布置一点作业,其实是我还要大家帮点忙,就是关于征婚的事情。我的外貌是写了,但征婚广告光写外貌就够了吗?"任老师开始"越界"了,越出语文教学的界限。

到了这堂课的后半部分,任老师一而再、再而三地越出语文教学的界限。任老师的越界是否合理?我们怎么来评价他?我觉得任老师的越界是完全合理的,他是从培养学生的核心素养的角度来越界的。

什么叫作核心素养?用最通俗的话来讲,就是让学生学会做事,学会解决问题。学会解决问题,才能够真正学到相关的知识和技能。所以,站在这个角度来讲,任老师是让学生学会做事,把事情做到位,是从问题解决的角度来越界的。

我们怎么来评价这堂课?按照传统的方式来评价,这堂课的情境创设是很巧妙的。贴近生活,有很强的挑战性,能唤起学生的表达热情。它的逻辑性很强,是环环相扣的学习活动。整个大环节有三个:第一个是纯技巧的情景、外貌描写,第二个是用于征婚启事的外貌描写,第三个是用于寻人启事的外貌描写。课堂逻辑线索非常清晰,环环相扣;而且任老师是以鼓励的方式激发学生,但绝对不滥情。他绝不会送出廉价的赞美和肯定,而是紧扣课标的。我们按照今天的角度来评价,这就是一种真实的语文学习活动。原因在哪里呢?因为它是真实的,不是虚拟的,它是有用的,不是僵化的,它是整合的,不是分离的,它把相关的知识整合在一起。它是开放的,不是封闭的,它向社会开放,它向世界开放,它向自然开放。

它不是封闭的学习,不封闭语文学习的范畴。指向核心素养的语文学习,必须是这样真实的学习,真实的学习必须有这样真实的情境和任务的介入。传统的教学总是只关注知识本身,跟现实世界脱节。这就是问题所在。真实情境可以将知识学习和真实生活联系起来。任老师这堂课把知识、学习和生活联系起来了。这堂课最大的意义就在这里。

真实的学习,它是与世界关联的复杂学习。因为不同的场景、不同的目标、不同的功能、不同的读者对象,写出来的外貌都是不一样的。传统的课堂教学是不管这些的,传统的课堂就训练学生进行外貌描写,纯粹写外貌,不管具体使用情境。

传统的课堂教学过于机械,这就是问题所在。真实的学习,是一种活性的学习。归纳起来,真实学习有三层含义。第一,它有真实世界,与生活是关联的。第二,它要学以致用,知行合一,学了能够解决问题,能够应用。第三,核心素养的通俗表达其实就是让学生学会做事,学会解决问题。总之,真实的学习,所学的知识和能力是真实的,能够派上用场,能够解决实际问题,所运用的思维是真实的,解决问题的思路是可以迁移的。

特邀专家简介:

程红兵,教育学博士,特级教师、特级校长,全国"五一劳动奖章"获得者,享受国务院政府特殊津贴,兼任上海市人民政府督学,华东师大特聘教授,教育部中学校长培训中心兼职教授,教育部首批国培计划专家库专家,上海金瑞学校总校校长。

六、戏剧中人性母题的育人价值

孟雅丽

在人类文学作品中,戏剧的独特价值不仅在于艺术的表现力,更在于对人性深刻的探索与反思。通过对戏剧中人性母题的剖析,可以揭示人类情感与理智的平衡、社会正义与责任感、家庭关系的复杂性、个体与社会的互动、人性中的善恶对立以及深刻的历史意识与浓厚的人文关怀等诸多主题。这些母题不仅能够提升学生的文学鉴赏能力,更能对其人格培养和人生认知产生深远的影响,具有丰富的育人价值。

把经典戏剧《哈姆莱特》《窦娥冤》《雷雨》《茶馆》等篇目编入统编教材,是非常明智的举措。如何认识戏剧特别是戏剧中人性母题的育人价值,如何优化戏剧教育教学,是一个值得探讨的问题。

(一) 戏剧教学独特的育人价值

戏剧教学不仅是艺术教育的重要组成部分,更是促进学生全面发展不可或缺的一环。它有助于学生在情感、认知、社交等多个层面得到提升,为其未来的成长奠定坚实的基础。

1. 戏剧教育有利于培养学生平衡情感与理智的能力

在所有的文学作品中,冲突是戏剧最显著的特点。戏剧冲突的核心是情感与理智的矛盾。而平衡情感与理智的矛盾则是人性母题中的核心要素。在《哈姆莱特》中,哈姆莱特的内心挣扎,展现了人性在面对情感与理智冲突时的复杂性。他在面对父亲被害、母亲再嫁的复杂情境中,陷入了情感与理智的对立,这一冲突不仅表现了他作为复仇者的内心痛苦,也反映了人性中普遍存在的脆弱与挣扎。同样,《雷雨》中的种种冲突,特别是周朴园与鲁侍萍的情感纠葛、爱与占有的冲突、情感和理智的冲突,折射出了人类情感的复杂性。

人生如戏,是生存还是毁灭,重情感还是重理智,这是学生成长过程中常常面对的挑战。通过鉴赏甚至扮演戏剧中的这些人物形象,学生可以更好地理解如何在复杂情感冲突中保持理智,从而学会情绪管理与决策能力。

2. 戏剧教育有利于增强学生的社会正义与责任感

社会正义与责任感是另一重要的人性母题。比如《窦娥冤》,窦娥面对冤屈时的勇敢反抗,象征了个体生命对社会正义的坚定追求,尽管付出了生命的代价,但她对抗不公的行为凸显了人性中追求公平与正义的光辉。又如《茶馆》,它通过讲述不同小人物的命运,描绘了底层人民在社会变革中的无奈与抗争,揭示了个体生命在面对不公和动荡时的责任感和坚韧。窦娥的不屈精神和茶馆中小人物的抗争精神,可以帮助学生认识到在面对不公时应如何勇敢地表达自己的立场。研习这些戏剧精品,有利于引导学生对社会正义和个人责任感进行深刻思考。

3. 戏剧教育有利于提升学生理解家庭关系的重要性

《雷雨》和《哈姆莱特》都通过家庭中的复杂关系,展现了人性在家庭环境中的多面性。周家和鲁家的恩怨情仇,以及哈姆莱特与母亲的对立,都揭示了家庭中的沟通缺失和情感矛盾。周朴园与其子女间的情感冲突,反映了传统家庭结构中的压抑与占有,而哈姆莱特对母亲的愤怒和失望也体现了亲情中缺乏理解与信任的困境。探究这些戏剧所展现的家庭内部矛盾与冲突,有利于引导学生反思家庭关系的复杂性,理解沟通在家庭中的重要作用。教师如果组织学生进行角色扮演,可以帮助他们学会积极倾听和有效沟通,培养他们在日常生活中处理家庭关系的能力。

4. 戏剧教育有利于培养学生理性看待个体与社会的联系

个体与社会的关系是戏剧中重要的人性母题。《茶馆》通过描绘茶馆中各色小人物的命运,展现了他们在社会变迁中的挣扎,表现了个人在历史洪流中的无力感与韧性。在《窦娥冤》中,窦娥以其个人的反抗反映了封建社会惊人的压迫。这种个体生命与社会的冲突揭示了人性在社会环境中的坚韧与不屈。欣赏这些戏剧,可以让学生深刻体会到个体生命与社会之间的紧密联系。通过对戏剧中人物命运的分析,学生可以理解社会环境对个体生命的影响,从而更加理性地看待个人与社会的关系。

学习过程中参与戏剧表演,可以让学生克服害羞和紧张,勇敢地站在众人面前展示自己。随着表演经验的积累,他们的自信心也会逐渐增强。另外,戏剧表演往往需要众人协作才能完成。通过鉴赏甚至扮演戏剧中的人物,有助于学生学会如何在团队中有效沟通、相互支持,共同达成目标。

5. 戏剧教育有利于提升学生对人性中的善恶对立的认知

善与恶、正义与邪恶的对立,是戏剧中反复出现的人性母题。《哈姆莱特》中,哈姆莱特在犹豫和行动中展现了复杂的动机,善与恶相互交织。《雷雨》中,周朴园对家庭的控制与压迫,以及对鲁侍萍的愧疚,都表现了人性中善恶并存的特质。《窦娥冤》中,窦娥的善良与对抗恶势力的决心,更是对人性善恶对立的极致呈现。通过阅读这些戏剧作品,学生可以更全面地理解人性的复杂性,从而进行自我反思,认识到人性的多面性及其善恶交织的特点。教师可以引导学生借鉴这些戏剧来创作自己的内心独白,鼓励他们从不同角色的角度表达行为背后的复杂心理过程,从而促进学生树立正确的价值观与道德判断。

6. 戏剧教育有利于加强学生的历史意识与人文关怀

戏剧从不同的角度高度浓缩地反映了历史变迁对个体的影响。比如《茶馆》,通过描绘小人物在历史洪流中的命运,展示了社会变迁对个体生命的冲击,揭示了历史的无情与人性的坚韧。比如《窦娥冤》,展现了封建制度下的社会不公,凸显了个体生命在面对压迫时的人性光辉。教学这些戏剧名著,有助于培养学生对历史的理解与反思,使他们意识到历史不仅是由大人物和大事件构成的,更是无数个体及其生活的累积。通过阅读这些作品,学生能够更深刻地体会历史中的人文关怀,学会尊重每一个社会成员的生命历程。教师也可以组织学生研究戏剧背后的历史背景,结合戏剧情节,培养他们的历史责任感和对底层人民的同情心。

(二) 如何优化戏剧教育教学

打铁还要自身硬。优化戏剧教学,教师首先要主动提升自身的戏剧专业素养。建议教师积极主动参加相关的戏剧研讨会和专业培训,通过学习和进修,提升戏剧的专业教学水平。从操作层面说,优化戏剧教学可以从如下方面入手。

1. 制定清晰的戏剧教学目标

首先要让学生理解学习戏剧的意义和价值,例如提升表达能力、团队合作精神和创造力。有目标,才有动力。

2. 设计多样化的戏剧课堂教学活动

为了有效地将人性母题的育人价值传递给学生,教师要探索多样化的戏剧教学方法,设计多样化的戏剧课堂教学活动。课内可以结合讲授、实践、讨论和表演等多种教学方式,激发学生的兴趣。最好的方法是组织角色扮演、即兴表演等活动,让学生在实践中感受和理解戏剧。要积极鼓励学生创造性地表达和个性化地表演戏剧,比如编写剧本、设计角色或戏剧场景等。当然,还可以选择学习不同文化背景的戏剧作品,去拓宽学生的视野。

比如在《哈姆莱特》的课堂教学中,可以运用角色分析与情境模拟,引导学生深刻体验哈姆莱特在情感与理智间挣扎的内心世界。比如在《窦娥冤》的课堂教学中,可以组织辩论和模拟法庭等教学活动,引导学生深入理解窦娥的行为动机,让学生通过不同角色的立场来辩论正义与责任感的问题,帮助他们从不同角度理解社会正义的重要性,从而增强他们的社会责任意识和对公平的追求。比如在《雷雨》的课堂教学中,可以设计情景表演,通过让学生扮演剧中的家庭成员,帮助他们学会积极倾听和有效沟通,使他们意识到沟通、尊重与理解在维持家庭和谐中的重要作用,进而提升他们在现实生活中处理家庭问题的能力。比如在《茶馆》的课堂教学中,可以引导学生查阅历史资料,撰写小人物的命运报告,以此帮助他们更好地理解社会变革对个体命运的影响,从而培养他们的社会适应能力和历史视野。

3. 选择合适时机在课外定期组织戏剧综合性演出

通过定期的、充分准备的综合性戏剧演出或展示,让学生有机会展示他们的学习成果,增强他们的自信心和成就感。综合性演出时要主动使用现代技术,结合视频制作、配音表演等现代手段,提升戏剧教学的互动性和趣味性,让学生更好地参与到戏剧综合性学习中。综合性演出后要及时反馈与反思,让学生了解自己的优点和需要改进的地方,在激励中提高戏剧学习的热情。

特邀专家简介:

孟雅丽,导演,毕业于上海戏剧学院,上海市青联委员,上海市戏剧文学学会会员,上海电影家协会会员。

实践篇

思辨性母题读写教学设计与实践研究

第四章 思辨性母题读写教学设计与实践研究活动集锦

一、再回首，背影没远走

——孟庆平语文特级教师工作室工作回顾

（一）一个难忘的研修共同体

按照《上海市普陀区教育系统"十四五"干部教师专业发展团队建设实施方案》和《第六轮普陀区教育系统干部教师专业发展团队管理工作方案》的要求，经2021年下半年的准备，2022年1月组建了工作团队——孟庆平语文特级教师工作室，团队成员8名：孟庆平、张赟、杜蕾、郭玉清、丁少国、于晶、吴燕寅、陈致远。其中张赟和杜蕾老师是区高级指导教师，另有带教任务。近三年来，工作室团队以上海市长征中学为基地校，以"适合教育，教学适合"为理念，围绕"理性思维与母题读写——指向高阶思维培养的思辨性读写教学设计与实践研究"项目开展团队研修，以校本化国家语文新课程为着力点，围绕提升学生语文核心素养的目标，积极打通语文教育教学与相关学科的关联，努力探索适合新时代、新课标、新教材的语文教育教学策略，深入开展了与研究项目相关的语文教育教学改革实践活动，努力为基地校及区域内的中青年语文骨干教师的专业成长搭建发展平台，为进一步优化新时代的语文教学奉献智慧。

（二）曾经的追问——做什么？为什么做？

我们在长期的语文教育教学改革实践中，看到了思维品质在核心素养中的重要地位,看到了师生理性精神的普遍缺失和理性思维能力的普遍匮乏。我们主动思索导致这种缺失和匮乏的原因在哪里。在众多原因中我们聚焦主因:理性思维的缺乏。

我们高兴地看到,新课标新设了"思辨性阅读与表达"的学习任务群,提出了更高的理想:引导学生进行思辨性阅读与表达,发展实证、推理、批判与发现的能力,增强思维的逻辑性和深刻性,认清事物的本质,辨别是非、善恶、美丑,提高理性思维水平。这体现了新时代对理性精神与思维能力以及高阶思维品质的重视,意义重大。

我们也遗憾地看到,"思辨性阅读与表达"学习任务群的顶层设计,还存在重视逻辑思维培养而忽视辩证思维训练的缺陷,如果按部就班地实施课程,"发展逻辑思维""提升思维品质"的课程目标估计难以得到充分而全面的落实。

我们又理智地看到,语文教材和课程本身具有良好的开放性,为我们留有可以调整和开发的空间;任务群之间可以互相渗透,课程之间可以融通,语文学科和与其他学科可以主动关联。

(三)一路过来,留下的印迹

1. 梁漱溟给我们的启发

这世上,哲学家看得最通透。我们这些语文教师在跨学科学习的过程中遇上了特别可爱的大哲学家梁漱溟。他十分冷静地说:人这一辈子必须处理好人与物、人与人、人与自我三种关系,而且顺序错不得。

做人最难处理的、不得不处理的,不就是这三种关系吗?把这三种关系想清楚了、处理好了,理性精神和理性思维能力不就提升了?德不就立起来了?人不就树起来了?阅读中,哪一文、哪一章、哪一节、哪一单元、哪本书,不都是在表述、阐述和评述这三种关系?数十年高考作文所要求思考和表达的,不都包含在这三个母题中吗?

2. 研究的立足点

我们依托工作室资源优势,围绕国家语文新课程项目"思辨性阅读与表达"校本化的目标,整合语文教育教学资源,构建适合进行读写结合教学的"理性思维与母题读写"语文课程,围绕研修项目,以"思辨性阅读与表达"学习任务群为着力点,沿着逻辑思维与阅读表达、辩证思维与阅读表达这两轴,聚焦人与物、人与人、人与自我三大母题,设计了从思想理念、教学实践、教育研究等方面进行提升的实践方案,遵循"理论与实践、自主与交流、学习与应用、反思与提升相结合"的原则,逐步开展了与工作室课题"理性思维与母题读写研究"相关的语文教育教学改革实践活动。

近三年来,我们克服种种困难,按计划开展具有针对性、实效性和先进性的教育教学实践与研究活动,微笑着通过种种方式,聚在一起学习、读书、听课、评课、听报告、外出考察、参加研讨会,互相督促、互相启发、互相促进,生成了我们"不断进取、勇于挑战、自由言说、和谐真诚"的研修文化。

近三年来,工作室所开展的实践活动始终立足教学实践、聚焦课堂,团队成员的教育教学教研能力,在交流实践中得到了明显的提升。

3. 相关研究活动

2022年3月31日,杜蕾老师网上执教"穿越历史的对话——高中语文单元作文指导"课。4月21日,主持人孟庆平老师在网上作"理性思维与母题读写"课题解读,郭玉清、陈致远、吴燕寅老师研读教育名著《静悄悄的革命》后作读书交流。5月22日,工作室应邀参加2022全国《红楼梦》整本书阅读网上专题研讨会。6月15日,陈致远老师网上执教"'人与传统文化'母题下的思辨性阅读与表达教学研究——探讨儒道思想对当代的启示"研究课,高级指导张赟老师作微报告"'人与传统文化'母题下的思辨性阅读指导策略",杜蕾老师作微报告"'人与传统文化'母题下的思辨性表达指导策略"。9月29日,围绕"促进对中华优秀传统文化的理解"的话题,在连续观察上音实验附中周梦卉老师的《五石之瓠》研究课和王真老师的《陈情表》研究课之后进行集体研讨,就教育名著《终身成长》的研习进行安排。10月27日,主持人孟庆平老师在网上作"'双新'背景下语文教学过程改进的策略探索"专题报告,张赟、杜蕾老师作经验交流。11月24日,邀请黄浦区教育学院教研员居晓波博士为团队在线上作"基于标准、素养导向、项目引领——跨学科学习设计与实施"的指导报告,主持人孟庆平老师在线作"世本无界,善于跨界——从高考作文立意角度例谈跨学科学习"的专题指导。12月29日,孟庆平、杜蕾、张贇团队在线进行展示活动,邀请特级校长、语文特级教师程红兵先生作"面向未来的语文课堂教学"的辅导报告;高级指导教师张贇作"'人与他人'母题下的思辨性表达教学策略"微报告,高级指导教师杜蕾作"'人与外物'母题下的思辨性读写指导策略"微报告,区内外、市内外300余名教师在线参与活动。

2023年3月27日,研修团队在上海市洵阳中学举行"现代诗创作的思维和语言"母题读写研究活动。课堂上,研修团队成员、上海市作家协会会员、诗人、高级教师丁少国老师聚焦"现代诗创作的思维和语言",以诗人身份和诗歌创作体验,以心换心,以情染情,引领学生赏诗、读诗、品诗、写诗,点燃了学生对诗歌的浓厚兴趣,给观摩的老师留下了十分难忘的记忆。活动中,主持人孟庆平老师简要回顾了中国新诗的百年探索历程,高度肯定了丁老师在诗歌创作领域取得的成就和对诗歌教学的积极探索,对研修团队在交流活动中所表达的真知灼见表示高度认同,同时也表达了对中学语文教学中诗教现状的忧虑。活动后,研修团队还从丁老师的诗集中选择了自己喜爱的作品进行赏析,延续交流,进一步深化了本次专题研究活动。4月25日,研修团队联合上海市长征中学语文组,在长征中学共同举行"'以史为鉴'母题下'思辨性阅读与表达'——'历史人物纵横谈'同课异构"的教学专题研究活动。团队成员陈致远和徐茜朦老师,分别从司马迁的《屈原列传》和班固的《苏武传》切入,执教了同课"历史人物纵横谈"异构的教学研究课。研修中,团队成员和长征中学语文组的老师们畅所欲言,充分肯定了陈致远和徐茜朦老师明显的进步与积极主动的探索精神,在自由宽松的气氛中,就两位老师课堂的改进和重构纷纷提出了新颖的建议。主持人孟庆平老师对团队成员和长征中学语文组的老师们所表达的真知灼见、所展现的真正成长,表示了充分的肯定,同时提醒大家在这次同课异构教学专题研究活动后,要进一步研究三个问题:第一,如何恰当确定教学内容;第二,如何设计具有开放性的课后作业;第三,如何深度开发师生、生生课堂讨论交流环节的教育功能。5月25日,研修团队赴上海金瑞学校考察学习,受到总校校长程红兵,副校长赵亮、李然等热情接待。研修团队聆听了程校长的专题报告"办一所'对话世界、连接未来'的学校",他对"开放"

"差异""内驱力"等方面的深度思考,给了研修团队诸多启发。6月8日,研修团队联合普陀区教研室面向全区语文教师,在上音实验附中举行"'思辨性阅读与表达'——'倾听和表达理性的声音'母题读写"研究活动。于晶老师执教区级公开课"倾听和表达理性的声音"。国家语文课程新课标制订组核心成员、全国统编高中语文教材必修下册主编、上海师范大学郑桂华教授对活动进行评点并作专题指导,为研修团队、为区域内语文同行专业能力的进一步提升注入了新的动力。8月21—25日,应"组团式"教育帮扶云南省巧家县工作组邀请,研修团队走进拥有5 000多名师生的大型高中——云南省巧家县第二高级中学,开展真帮实扶的送课送教活动。其间,主持人孟庆平老师在巧家县文化馆礼堂为高三学生代表和语文学科教师共300余人,作了"世本无界,善于跨界——'双新'背景下高考作文的跨学科思考例谈"的专题讲座;高级指导教师杜蕾老师为巧家二中及昆明帮扶团队的语文教师作了"特定情境,思辨表达"的讲座;上海市作家协会会员、诗人、高级教师丁少国老师作了题为"现代诗创作的思维和语言"的专题讲座。研修团队以实际行动助力由中央组织部牵头的教育人才"组团式"帮扶工作,增进东西部课堂教学的思维碰撞和经验借鉴,直观地呈现国家课程改革和高考评价改革的新理念。云南和上海的有关媒体对活动进行了及时的报道。这次送教活动将成为我们教育生涯中的美好记忆。9月28日,研修团队赴上海市徐汇中学考察交流,受到特级校长、语文特级教师、正高级教师曾宪一校长的热情接待。研修团队参观沉淀着170多年办学历史的徐汇中学,实地阅读一部形象生动的中国近现代教育史书,聆听曾校长的专题报告"语文统编教材引领的新教学范式",观摩了徐汇区骨干教师、徐汇中学王敏老师的研究课"基于文本的创设情境下的文言词解自命题",在考察交流中开阔了教育视野。10月19日,研修团队与上海市长征中学语文组联合举行"在跨学科思考中提高思辨表达能力"母题读写教学专题研究活动。陈致远老师在长征中学执教了"在跨学科思考中提高思辨表达能力"的教学研究课。团队围绕什么是"跨学科"和"跨学科学习",为什么要学会跨学科思考,如何引导学生在高考作文审题立意时进行跨学科思考等问题进行探讨。12月7日,研修团队联合普陀区教研室,面向全区高一、高二语文教师,在上音实验附中举行了"人与自然"母题下"思辨性阅读与表达"教学专题研究展示活动,郭玉清老师执教研究课"感受'自然景观'中隐藏的人生态度与情怀",主持人孟庆平老师作专题讲座"中国人的自然观与独特情怀",上海市特级教师、正高级教师、华东师范大学兼职教授、上海市建平中学书记郑朝晖对活动进行评点并作"提升解读教材的能力"专题指导。区教育学院师训部主任赵群、上音实验附中校长刘璇、副校长马达元等全程参与活动。团队站在21世纪,感受中国古代智慧,品味千古中国情怀,积极探索"自然与情怀"的课题,目标只有一个:返本开新!

2024年3月28日,研修团队与上海市曹杨中学语文组联合举行"'人与他人'母题下'思辨性阅读与表达'"教学专题研究活动。团队成员吴燕寅老师执教《老王》研究课,活动中大家就"人与他人"的话题进行了深入的探讨与坦诚的交流,提出了各自宝贵的意见,为共同成长搭建了学习与交流的平台。4月25日,研修团队联合普陀区教研室面向全区高中语文教师,在上海市长征中学举行了"理性思维与高考作文母题写作指导"联合研修活动。首先,由孟庆平语文特级教师工作室成员、上海市长征中学陈致远老师执教"理性思维与高中作文母题写作指导"研究课。然后,主持人孟庆平老师作了题为"再回首,背影没远走"的工作回顾。接着,高级指导教师杜蕾老师作"'双新'视域下高中语文课堂单元活动开展新形式"的微报告;高级指导教师张赟老师作"'双新'视域下高中语文跨学科实践的思考"的微报告。最后,由语文特级教师、正高级教师、上海市名师培养基地主持人、中国教师发展基金会"中学生批判性思维培养与思辨读写教学实践研究"课题组组长、部编高中语文教材编写者余党绪老师作点评,并作"关于母题写作与母题阅读"的专题指导。

(四)再回首,背影没有远走

步履匆匆!近三年来,在梁漱溟先生哲学思想的启发下,我们一起进步,与学生共同成长。

我们在研修过程中与学生一起,进一步懂得了君子不器、小人成"器"的根本差异,明白了在繁杂中追求简单的朴素道理。我们努力排除种种干扰,尽力克服种种困难,坚持抵抗"物化""异化",相信所有的实物、虚物,哪怕人工智能也不过是外物。我们坚信人主物仆的关系,永远不该也不会被颠倒,只要坚持这个根本点,人类就始终是人类。

我们在研修过程中与学生一起,进一步理解了"人与人"的关系:这世上没有孤岛,人也不是一座孤岛!这人世间的每一个人都与"我"相关!

我们在研修过程中与学生一起,进一步领悟到:生命是一个奇迹,人来到这世上,原本是万千偶然中的一种幸运。世上没有相同的两个人,正如世上没有相同的两片树叶。这,是我,是每一个人都应该悦纳自己的理由,也是悦纳他人的前提。我们在阅读和表达中这样思辨,努力去和谐地处理好自己与自己的关系,进而尽力去妥帖地处理好自己与他人的关系。

二、"人与传统文化"母题读写教学专题研究活动

(一)活动简报

2022年6月15日上午,上海市普陀区孟庆平语文特级教师工作室暨张赟、杜蕾高中语文高级指导教师团队在线联合举行教学专题研修活动。本次研修活动主要围绕"'人与传统文化'母题下'思辨性阅读与表达'"进行教学研究与交流分享。上音实验附中、上海市长征中学、上海市桃浦中学语文组部分老师参加了此次专题研修活动。普陀区教育学院院长刘友霞、师训部主任赵群以及蔡盈盈老师也观摩了此次研修活动。活动由工作室主持人孟庆平老师主持。

上海市长征中学陈致远老师带来题为"'人与传统文化'母题下思辨性阅读与表达教学研究——探讨儒道思想对当代的启示"的研究课:通过交流、讨论、比较,建立起对儒道两家思想基本内涵和异同的基本认识,指导学生多角度认识儒道两家的思想,引导学生辩证看待儒道两家的思想,能够有条理、有新意地表达自己的见解。

上音实验附中张赟老师带来题为"'人与传统文化'母题下思辨性阅读指导策略"的微报告。张老师指出:"要进一步提升学生的主体性,调动学生多方思考,既充分认识经典文本的价值,向文本学习,又努力与文本展开平等对话,

在不断地分析、质疑、反思中把握文本中蕴含着的生动活泼的思维过程,也将自己的认识推向深入。"

上音实验附中杜蕾老师带来题为"特定情境,思辨表达"的微报告。杜老师强调:"要发掘文本,辩证思考;发散思维,创新思考;群文阅读,启发思辨;智慧设问,开拓思维。"

主持人孟庆平老师对本次专题研修活动进行了小结并简要回顾了半年来的研修工作。他重点就研修团队的活动规范,学术论文的写作规范,教学设计中教学目标的表达规范,研修团队说课、讲课、听课、评课的规范,思辨性母题读写结合优化策略的理想范式等问题进行了辅导与强调,并围绕陈致远老师"探讨儒道思想对当代的启示"这个话题,系统、详细地对研修团队进行了指导。

他说,中华传统文化是中华民族的基因和烙印,是我们区别于其他民族的身份标志,也是我们继续生存与发展的根本理由。他希望研修团队对传统文化抱有足够的温情与敬意,带头热爱传统文化,敬畏传统文化。

他认为,孔子对中华传统文化的影响恐怕大于任何一位封建帝王。儒家主张的是反对极端主义,是在寻找"合适"和"恰当"的尺度,这闪烁着永恒的理性光辉。道家的很多思想在今天仍然显出其独特的价值。当代"绿水青山就是金山银山"的思想,对"节约型社会""和谐社会"的追求,在道家那里能找到精神的根源。东西方传统文化总是异中有同、同中有异的。我们完全可以扩大对"人与传统文化"母题的思考,进一步拓宽思辨性阅读与表达的天地。

(二) 教后反思

我在线上上完"探讨儒道思想对当代的启示"这堂关于读写结合的研究课之后,感觉效果不如预期,存在许多有待改进的地方。还请大家多多批评指正。

第一,关于教学目标的制定和教学重点、难点的判断。为落实"发展逻辑思维""提升思维品质"的目标,新课标设置了"思辨性阅读与表达"学习任务群,要义是注重实证与推理;强调批判与发现;注重思维的逻辑层次与深刻性;强调理性思维与思维品质。这个任务群的初步落实放在必修上册第六单元和必修下册第一、第八单元,涉及人与学习、人与传统文化、人与社会三个母题。

结合工作室研究课题和我个人的教学情况,我以必修下册第一单元第一课为底本,选择了一个比较小的切入点来探讨儒道思想对当代的启示,以读写结合指导的方式来组织教学,设定了三个教学目标:

(1)在必修下册第一单元"中国传统文化研习"的基础上,通过交流、讨论、比较,建立起对儒道两家思想基本内涵和异同的认识。

(2)多角度思考儒道两家思想的异同,提高理性思维的能力,提升表达的理性品格。

(3)增强互助与合作的学习共同体意识。

本课教学重点在于指导学生多角度认识儒道两家思想的基本内涵和异同,难点则在于引导学生辩证看待儒道两家的思想,能够有条理、有新意地表达自己的见解。

第二,必修上下册的教学以及"思辨性阅读与表达"学习任务群下的三个单元的研习结束后,学生对中华传统文化有了初步积累,对儒道思想有了初步了解,也形成了一定的辩证思维习惯。但高一学生在中华传统文化方面的积累还比较有限,对儒道思想的了解也不深,如何辩证看待儒道两家思想的基本内涵和异同,如何有条理、有新意地表达自己的见解,还面临很多困难。

第三,在教法上,我选择合作、交流等方式,通过师生共读能体现儒道两家主要思想的经典文本,在讨论、比较儒道两家主要思想异同的过程中,总结"思辨性阅读与表达"的基本原则和方法。

第四,我希望结合课内交流讨论的内容,运用课上学到的辩证思维方法,课后学生能够比较顺利地完成作文。

第五,在教学流程上,我先用幻灯片导入话题,为学生提供写作思路的参考和思考角度的参考,然后组织学生展示他们合作、交流学习的初步成果,接着指导学生比较、整合儒道两家主要思想的异同,小结"思辨性阅读与表达"的基本原则和方法。最后是布置课后读写结合作业,按要求完成作文。

上述想法和做法,肯定有许多不成熟的地方。还请大家多多帮助我。

——陈致远(上海市长征中学语文教师、孟庆平语文特级教师工作室成员)

(三) 课后研讨

"思辨性阅读与表达"是高中课标规定的必修阶段学习任务群之一,该任务群在必修阶段占比较重,这足以体现课标格外重视学生思维品质的提升。值得注意的是,课标还对阅读篇目中中国古代优秀作品的比例做出了"不少于1/2"的明确规定。由此可见,陈致远老师的教学设计是以课标为根据的,以语文学科素养为基点,"儒道思想对当代的启示"这一课题也正应和了当下时代的特征以及对学生"理性对待传统文化"的要求:"运用理性思维,批判地思考文本并进行探究。"

——张赟(普陀区高级指导教师、孟庆平语文特级教师工作室成员)

这节课也给我一些启示:初中语文课,从教学内容的选择上来看,还没有对传统文化进行专题式教学的先例,至少在我聆听的市、区、校的公开课上没有听到过,初中语文教研专家也没有在相关培训中就此发声。至于"思辨性阅读与表达",初中语文教研专家还没有明确提及。当然,一些课文和练习题中也隐含着思辨性。我想,这大概是初中语文教学与高中语文教学的区别。基于此,我会在今后的初中语文教学中对课文中"散装"的传统文化,适当地做一些前后勾连比较;对文本和练习题中隐含的思辨因素进行深挖。

——丁少国(上海市作家协会会员、高级教师、孟庆平语文特级教师工作室成员)

学生通过比较儒道两家基本思想的异同,多角度分析并在小组合作的基础上完成了较有深度的分享。新课标把"逻辑思维""辩证思维"和"直觉思维""形象思维"并列,目标都指向"思维的发展与提升"。学生在这样的学习任务中,学会了肯定、批判、有选择地看待思想内涵,对其思想意义、思想价值在当今社会的应用与启示给出了自己的见解。学生的发言足见他们在准备过程中思辨思维的运用及思考的深度。

——杜蕾(普陀区政协委员、高级指导教师、孟庆平语文特级教师工作室成员)

陈老师立足文本,引导学生多角度思考儒道两家思想的异同,培养学生辩证地看待问题,养成"质疑"的意识。张赟老师在单元教学中,立足课标,通过"共同话题或主题",将文本聚合起来,有意识地在"语言建构与运用""思维发展与提升""审美鉴赏与创造""文化传承与理解"四个方面培养学生。而杜蕾老师则立足作文教学,致力于思辨性表达能力的培养,全方位地探索"思辨性阅读与表达"。

——于晶(上音实验附中高一语文备课组长、孟庆平语文特级教师工作室成员)

听完陈致远老师的这堂课,我认为在初中语文教学中,也需要引导学生通过比较阅读,提升思维能力,形成辩证性思维。例如,九年级古诗文中孟子的《鱼我所欲也》和文天祥的《过零丁洋》都提及了"舍生取义"的价值观。又例如,欧阳修的《醉翁亭记》、范仲淹的《岳阳楼记》等古代山水游记散文,作者寄情山水的文字中都流露出对祖国山河的热爱,但抒发的情感主旨有所不同。《岳阳楼记》侧重抒发作者"先天下之忧而忧,后天下之乐而乐"的政治抱负,而《醉翁亭记》主要表达的是作者与民同乐的思想。近年来中考的文言文题型中也出现有关于诗文结合、文文结合的题目,旨在让学生比较诗文或文文的异同,理解文本内容和作者情感。

——吴燕寅(上海市曹杨中学教师、孟庆平语文特级教师工作室成员)

陈老师的课紧扣课标,围绕"思辨性阅读与表达"任务群,在真实的情境中让学生围绕传统文化思辨地表达自己的观点,很符合当下强调的单元教学设计理念,同时陈老师在设计课堂时带领学生将知识融会贯通,将课内所学《乡土中国》《红楼梦》整本书知识也融入课堂。学生积极探讨,研究深入,可见其教学设计的合理性与科学性,有效地激发了学生的积极性与潜能。不过课堂的点评环节因为线上教学的原因,没来得及一一点评,如果在这一环节重点攻其一,师生共同点评一组同学,会起到事半功倍的效果。

——郭玉清(上音实验附中语文教研组长、孟庆平语文特级教师工作室成员)

三、"现代诗创作的思维和语言"母题
读写教学专题研究活动

(一) 活动简报

2023年3月23日,上海市普陀区孟庆平语文特级教师工作室研修团队,在上海市洵阳中学举行"现代诗创作的思维和语言"母题读写教学专题研究活动。本次专题研究活动的对象与内容是上海市作家协会会员、诗人、高级教师丁少国老师(孟庆平语文特级教师工作室成员)的诗歌及其诗歌课堂教学。活动由孟庆平老师主持。

活动前,研修团队的老师们认真研读了丁老师近年来所发表过的诗歌代表作10余首。课堂上,丁老师聚焦"现代诗创作的思维和语言",以诗人身份和诗歌创作体验,以心换心,以情染情,引领学生赏诗、读诗、品诗、写诗,点燃了学生对诗歌的浓厚兴趣,给观摩的老师们留下了十分难忘的记忆。活动后,研修团队还从丁老师的诗集中选择了自己喜爱的作品进行赏析,延续交流,进一步深化了本次专题研究活动。

在专题研究活动中,孟庆平老师简要回顾了中国新诗的百年探索历程,高度肯定了丁少国老师在诗歌创作领域所取得的成就和对诗歌教学的积极探索,对研修团队在交流活动中表达的真知灼见表示高度认同,同时也表达了对中学语文教学中诗教现状的忧虑。

(二) 教后反思

这是孟庆平导师给我的命题作文。如果让我自主选择,我肯定选教材中的一篇课文,因为既有教参提供丰富恰当的资源,也可援引、借鉴网络上的教学设计。

对我来说,此项命题作文难度不小,时间又紧迫,所以我很紧张。但是,一转念,我也想借此挑战自我,梳理一下这些年来自己在现代诗创作实践中的点滴感悟。

当然,我去网上搜了一下,希望获得启发和借鉴,但是,总觉得搜到的那几

份初高中的现代诗教学设计,其中散发的创作理念比较老旧僵化,所以我必须结合自己的学习和思考,坚持原创,坚持创新。课后研讨得到了导师和其他老师(同学)的肯定,我才放下心来。

教学目标的设定遵循导师的指导,切合这次专题教研的主题,我拟为"初步了解现代诗创作的思考定位""初步掌握现代诗创作的语言技巧""初步尝试创作现代短诗"。

"初步",这是学情决定的。因为即便是基础好的六年级学生,他们正式学习和写作现代诗的机会少,对现代诗的理性和感性认识都欠缺。

教学内容的确定也是基于以上学情。我选择了学生们可能比较容易理解的方面:思考的点位——融入事物的内部、兼有共性和个性、尽可能多地呈现现代人的生活场景和内心情思。语言的陌生化——通感、拟人、词语的反常搭配。

同时,我选用的具体诗歌也是理解难度较小的,且以我本人的原创现代诗(已发表的、已受专家认可的)为主,方便自己把握。作比较的诗歌,选用的是李白的古体诗、汪国真的现代诗,都是耳熟能详的。

当然,这不只基于学情,还受限于我个人能力。

在教学方法上,我注重以下四点:

(1) 注重举例。讲些现代诗理论,却不让理论满堂飞,侧重于学生的感性认识,让学生能下水游泳。用一首首深浅适宜的现代诗作品来讲解"现代诗创作的思维和语言",让学生可触摸可感知,甚至可动笔仿写。

(2) 注重比较。有比较就有鉴别。在与李白、汪国真的名诗作比较中,现代诗思维的根本遵循就凸显出来,学生也就容易理解把握,并且觉得现代诗其实很接地气,非常亲民。

(3) 注重读写结合。俗话道,光说不练假把式。所以,我在示例讲解当中,几次巧妙穿插了小练笔,并当堂进行展示点评,而我本人也拿出自己的作品佐之。这样的教学活动环节是积极有效的。

(4) 注重图文并茂。所有的图,都与教学内容紧密相关,绝没有无谓的点缀装饰,不会让图片干扰带偏学生的思考。比如,小练笔"写夜晚的路灯",出示的图片中的灯杆是弧形的,是据此来写的。

作业设计依然是阅读和写作的结合,让学生阅读老师已发表的现代诗作品,并试写一首关于街头电话亭等的现代诗。效果达到预期。

作者简介:

丁少国,诗人,上海市作家协会会员、语文高级教师、孟庆平语文特级教师工作室成员。曾获第四届上海市民诗歌节诗歌创作比赛一等奖。诗歌发表于《解放军文艺》《上海文学》《上海诗人》《诗潮》《辽河》等。有诗被评为中国诗歌网"每日好诗""中国好诗"。有诗入选《中国年度优秀诗歌》(2019卷、2020卷、2021卷、2022卷)(新华出版社)、《艺术·中外现代诗歌精选》(上海文艺出版社)、《2021中国诗歌年选》(花城出版社)等。已出版两部诗集。

(三) 课后研讨

听了无数的语文课,但真正充满语文味的课并不多。丁老师的课是好课,是真正的语文课,是现在最需要的也是最缺的语文课。他以自己的诗人身份以及诗歌创作体验,手把手地教学生;他用自己对文学的热爱,对语文的赤诚,对诗歌的情有独钟,点燃了学生对语文的兴趣。我羡慕这些做他学生的孩子,我相信他们将来无论走到哪里,都会记得一堂有关诗歌创作的语文课;我也相信将来他们无论走到哪里,都能从文学中得到心灵的慰藉和生命成长的力量。

丁老师的诗歌创作课,从感性中来,终点却是理性,仔细观察,抓取特点,为物象立言,丁老师说"万物皆有灵"。因此,他的诗歌创作课让孩子们明白,比拟修辞格不仅止于形象生动,比拟是物语,是主客体融合为一,是以物的眼睛看世界,物不是物,物也是人,物也会思考。因此,丁老师的诗,丁老师的课,沟通了感性与理性,从感性走向理性。

——郭玉清(上音实验附中语文教研组长、孟庆平语文特级教师工作室成员)

要用"生命"去写诗。这说法乍一看有些危言耸听,但却是我观摩丁少国老师课堂之后最真切的感受。

"也许你曾到过海边,也许你在荧屏、银幕上见过大海……请以'面对大海'为题,写一篇1000字左右的文章。"这是2002年上海高考的语文作文题目,也是近20年来高考作文离诗歌最近的距离。

随着高考作文以"立足现实""关注成长""哲理""思辨"等作为关键词,"诗和远方"与高中生渐行渐远。对于课本中的"诗歌",我们往往是以旁观者的身份鉴赏"意象""意境""手法"……总之,诗是别人的,情感也是别人的,我们评价下即可。

听了丁老师的课,我充分感受到指导学生诗歌创作的价值与意义。

选准立足点体验和思考,融入事物内部,听其心声,提高共情能力。丁老师指导学生结合关键词"草原""羊"写作练笔,引导学生关注事物之间的联系,学生写出了"墙的绿芽,等待垂青""草不变色,羊不更衣"……令人赞叹。

利用语言的陌生化,提高学生的语言表现力;通过通感、拟人等手法,带动词语的反常搭配。这些都是很好的策略。例如:"腕表中的秒针和分针,真像小脚丫在赶路",为学生突破了思维的局限,打开了语言新世界的大门。

在今后的教学中,指导学生运用自身的体验阅读和写作,将作为我诗歌教学的重点。

——于晶(上音实验附中高一语文备课组长、孟庆平语文特级教师工作室
　　成员)

有幸聆听丁少国老师的"现代诗创作的思维和语言"研究课,让有着创作现代诗爱好的我收获颇多。相较于写诗,我以为教人写诗更难一层,因为诗歌本身就是极有灵性的文学形式,难以捉摸。但正如主持人孟庆平老师所说,现代诗教学是极有必要的。我个人认为,现代诗的内核在于"灵感"与"冲动",而这两者正是初高中生的长处,故而初高中阶段应是现代诗创作教学的最好的阶段。既然如此,最关键的、迫切需要讨论的命题就是:如何教学创作现代诗?

关于这个问题,丁老师在课上提出:融入事物内部,倾听其心,代其立言;

兼有共性与个性;尽可能多地呈现现代人的生活场景和内心情思;用通感、拟人等修辞手法达到语言陌生化的效果。这些方法给了我颇多启发,尤其是"尽可能多地呈现现代人的生活场景和内心情思"这一条,我认为至关重要。

学生创作现代诗,不乏异想天开的灵感与剖白心迹的冲动,但他们缺少对外在事物的观察、体悟,缺少对生活的感知与反思,导致经常想要写诗,却找不到切入点。所以,结合丁老师所说,我认为应分两种方法来教初高中生。对初中生来说,他们有着无穷的想象力,但囿于遣词造句能力的不足,不敢写诗,那么我们可以用"拼贴诗"之类的活动来帮助他们,完成他们的诗歌。对高中生来说,他们有一定的遣词造句能力,主要教学的就是寻找抒情的切入点,我们可以用身边的事例来启发他们思考,引导他们观察、品读生活。

——陈致远(上海市长征中学语文教师、孟庆平语文特级教师工作室成员)

丁少国诗选及赏析

我所离开的地方

老屋记性不好,且当年没有笔墨来记录

缩在墙角的哭泣,早就无声无息

打碎的粗瓷碗,一片片地失踪

不能逆行于时光破碗重圆

邻居二桃子说起过这事,可他也离开了村子

一切叙谈,只好无限期搁置

门板破了

关不严,以前就是这样的

一只坚持自己生活方式的小鼠

宣称受不了老猫的无情,曾轻易地冲门夺路

半夜离家出走

菜园里,有母亲的许多宝贝
她受气时,更加疼爱萝卜白菜南瓜冬瓜
菜蔬欢腾,可劲地生长
别看我现在瘦骨嶙峋,那时我也常去菜园
胆子大,敢与冬瓜比一比谁更胖

想忽略一些小小细节,比如一条家养黑狗
跑出村口,翻山涉水,半路来接我
它背来一所老屋、一座村庄
它腾空而起,右爪搭上我的左肩
很明显,它已原谅我对病中老父的忤逆

忽地,它呜呜低鸣,因我久别不归而委屈
我所离开的地方,越发萧疏
我所去的大城小城,人已很多,不缺我一个

《我所离开的地方》赏析

很佩服丁老师,佩服像丁老师一样能把兴趣一直坚持、从不中断的人,因此,丁老师是一位优秀的老师,更是一位优秀的诗人。生活中能把这二者融合,获益的首先是自己,然后是学生。因此,丁老师的内心是充盈的,丁老师的学生是幸福的。

读丁老师的诗总是被他独特的比拟所吸引,读丁老师的诗也总是被他深沉的哲思所震撼。丁老师的《我所离开的地方》写出了无数离家游子的心声,一幅幅画面熟悉而又陌生,我所离开的地方不仅仅是一个地方,我所离开的也是一段过往,有我的童年、少年……有人、有物、有事、有情……

"我所离开的地方,越发萧疏/我所去的大城小城,人已很多,不缺我一个"。因为一个我,我所离开的地方变得萧条;也仅一个我,熙熙攘攘的大城小城不缺我一人;在那里我是我,在这里我也是我,但我和我,对于不同的地方却有着千差万别的不同。

——郭玉清(上音实验附中语文教研组长、孟庆平语文特级教师工作室成员)

《我所离开的地方》赏析

《我所离开的地方》将回忆与眷恋尽写于诗中,深沉而真挚。每一个成年人心中的乡愁,都在别人看不到的细节里,是破旧的门板,是菜园中的欢腾,是低鸣的黑狗……丁老师以细腻的笔触,将"离不开"与"回不去"写成动人的歌。

——杜蕾(普陀区政协委员、高级指导教师、孟庆平语文特级教师工作室成员)

《我所离开的地方》赏析

在时光的洪流里,原本熟悉的逐渐变得陌生和疏远,它慢慢退出了舞台,走出了我们的记忆,是心酸,是无奈,是遗憾,抑或是无声的呐喊?《我所离开的地方》从记性不好的老屋写起,以"老屋"这一具化的意象展开,随后一步一步走向细节描写。打碎的"粗瓷碗",破了的"门板",关不严的"门",或许正是在时间消逝中家乡变迁的见证,而这些细节是家乡的缩影,也是在不知不觉中被我们挥霍的日子。

曾经,我们就像是"一只坚持自己生活方式的小鼠",想以自己的方式远离家乡,"村庄,老屋"慢慢模糊,淡化成了回忆,诗歌中"老屋"的哭泣或许正是作者对记忆消退的无声呐喊。诗歌的结尾处,作者描述了离开家乡后所去的大城小城,是家乡离开了作者,还是作者离开了家乡,这种分离和遗憾,也让人感到心酸和无奈。看到这里,蓦然地想到了一句话,"回不去的才是故乡",我们飞不过沧海,也飞不过桑田。

——张赟(普陀区高级指导教师、孟庆平语文特级教师工作室成员)

剑门关

我站起来,几只文字从指尖跳下
沿山石行走,遇到白垩纪的丹霞
五千年的文字显得分外年轻
代我施礼,朝向剑门山崖

关楼前的山溪上午刚刚诞生
童音稚嫩,听着听着
我的文字又有了长者的慈祥

草丛里蚂蚁子孙繁盛,每一位都有文化
它们与我的文字情投意合互道吉祥
它们的祖先被剑门关的历史故事感动
口口相传,一代代传承不息

今天,它们围在我的文字身旁
七嘴八舌,要改变一下方式
让文字来做记录,发布在微博微信上
传递它们的心声:一座山背不动太多的刀光
没有埋伏的山谷才是山谷

《剑门关》赏析

"剑阁峥嵘而崔嵬,一夫当关,万夫莫开。""惟天有设险,剑门天下壮。""剑门天设险,北乡控函秦。"看到"剑门关"三个字,跃入我脑海的,就是这样的诗句。剑门关,由于两旁断崖峭壁,直入云霄,峰峦倚天似剑;绝崖断离,两壁相对,其状似门,故称"剑门"。提到它,人们常常归结于一个"险"字,这个"险"字往往又与"战争""杀戮"密不可分。而诗人丁少国另辟蹊径,用"我的文字"与"剑门"对话的方式,给我们呈现了一个历经沧桑、生生不息、充满温情的剑门关。"白垩纪的丹霞""关楼前的山溪"是剑门的前世与今生,"我"对它们既敬且爱。草丛中的蚂蚁是剑门的原住民,是历史的亲历者与见证者,更是剑门的代言人,"一座山背不动太多的刀光,没有埋伏的山谷才是山谷",意味深刻,令人回味无穷。诗人把自己融入事物内部,听其心声,为其代言。同时又用"几只文字从指尖跳下"这样的语句,通过语言文字的陌生感,让人们从司空见惯、习以为常的阅读理解中走出来,以新的眼光感受生活。

——于晶(上音实验附中高一语文备课组长、孟庆平语文特级教师工作室成员)

在成都宽窄巷子,遇到掏耳朵手艺

许多风,一股还未排出巷尾
另一股又被吞进巷口
凉热疾徐,皆各随其性

且不管,消化与吸收自有天意
须坐定,就着一把掏耳勺,它最懂我
采耳这个雅称,在收放铲刷之间
沦落为深入浅出的俚俗

尘沙掏出来了,风言风语掏出来了
新式旧派的表白也被挖出来

> 接下来,只需一把小掸子轻挥
> 且让成都随我休闲片刻
> 再不问心事宽窄

《在成都宽窄巷子,遇到掏耳朵手艺》赏析

丁老师的这首诗,以潇洒恣意的笔触将成都悠闲、惬意的生活画卷徐徐展开在我们的面前。"须坐定,就着一把掏耳勺,它最懂我",虽寥寥数语,却令我感受到畅游于宽窄巷子间,寻一方自由天地,享受坐定采耳的愉悦。那小小的采耳工具,那工具拂过的方寸之间,总能不经意地治愈人心。"尘沙掏出来了,风言风语掏出来了/新式旧派的表白也被挖出来",成都人的家长里短,欢声笑语尽在这工具的方寸之间。"只需一把小掸子轻挥/且让成都随我休闲片刻/再不问心事宽窄",成都的烟火气,那无拘无束、悠哉惬意的慢节奏生活,在丁老师的笔下描写得淋漓尽致,别有滋味。让人不禁想象漫步在成都的宽窄巷子,流连于古色古香的街景,享受采耳的乐趣,寻觅独特的天府之国所带给人的城市幸福感。丁老师的这首诗歌语言凝练,富有生活化的气息,字里行间情感真挚,不由令人心生共鸣。

——吴燕寅(上海市曹杨中学教师、孟庆平语文特级教师工作室成员)

> **霓虹灯**
> 一只兔在飞奔。几只豹在飞奔。
> 鸟在扑闪着彩翼……
>
> 吊装在商厦墙壁上,高过了行人的平视
> 走近,能听到它们呼吸的急促

> 示众了这么久,有谁知道
> 它们多想趁着夜色逃遁
> 或落在草原,或落在森林

《霓虹灯》赏析

"霓虹灯"是现代工业文明的产物,问世后便应用到大街小巷,尤其是店铺扎堆的步行街上,远远望去,霓虹灯层层堆叠,堪比雄壮之山脉。它绚烂的色彩与光辉,如此醒目,令商家为之着迷。

诚然,我们知道霓虹灯的好处,也知道它会给我们带来所谓的"光污染",但即便霓虹灯随处可见,我们对它的利弊也十分清楚,也很少有人为它写诗。如果要写霓虹灯,大多人也都会从批判现代文明的角度出发,很难挖掘出什么新意来。

而丁少国老师写霓虹灯,另辟蹊径,只用"示众"二字,就让人与灯融为一体——霓虹灯仿若有了生命,为自己被迫长年累月"示众"而沉重喘息,而看霓虹灯已经麻木到漠视的人们,又何尝不是长年累月被迫"示众"的霓虹灯呢?这正是丁老师着眼于生活,对现代城市人生活场景的呈现,对现代城市人内心情思的揣摩,又巧妙地将两者融为一体。

——陈致远(上海市长征中学语文教师、孟庆平语文特级教师工作室成员)

乐山大佛

> 绝世刀工,刻一座山
> 不属于你的,都让他们成吨成吨地凿掉
> 至于细微的纠葛,一两一钱地剔去
> 舍,硬是花费了九十年

因此,山成佛
眼前三江交汇,千年光阴浩荡奔流
挟持船,木楫左一下,右一下
哎唷哎唷生疼

刀,用四十年来沉思
盘腿,或者采用双脚自然垂地的坐姿
后一种方案独具优势

目不转睛,你的凝视,在有人落水时
简洁明快地抬脚,一个箭步
施以慈悲的手

补充说明: 修凿乐山大佛,前后历经 90 年。其间修建到大佛膝盖时,因故停工,40 年(一说 20 年)之后续建,最终完工。我们所见到的佛像,几乎都是盘腿而坐的,不过,乐山大佛造像时采用双脚自然垂地的坐姿。

崇明土布

（一）

跟从一把梭子,深入这张旧版地图
坐标清晰,沿着经纬线
可以拜见诸多的时间空间和场景
可以带回一粒粮食,高举在十字路口

步履匆匆,我和我的影子结伴而来

它,是阳光穿过我而筛出的朴素的精魂
此刻,它扑在这块布上,经脉连通了布的经纬
体内瞬间奔涌着母亲河的涛声
而我不得不抽身而去
迎战或屈从于俗世的纷扰

　　　　(二)
布上阡陌纵横,曾经鸡犬相闻

祖母拍了拍田垄,把春的暖气拍进去
这些竹笛的小孔就开出了棉花

纺车转动时钟,从白天唱到深夜
一分一秒的历史,纺入纱锭
沉甸甸的分量必然比劳累还要重几两几钱

棉花纺车都是木质的,所以
织机同是木质,我理解草木之间情深意重
就像祖母也是这片土地上的草木之花

凋谢后,归隐黄土
一根经线曾经牵回了她,依然坐在织机上

　　　　(三)
那根经线——草木纤维捻成的经线
——曾为我拉响了警报

蝴蝶背上的巨峰

轰然倒塌

获救后,我临风飞舞

一寸土布里,今夜

吹出了十尺的月光

母亲那个月夜的不眠

也预设了我一生的辗转反侧

坐在木椅上的老人

一条鱼曾被诡异的鱼竿钓走

河继续流,已流得这么长了

年华雾茫茫,瀑布扑跌

落差大,在轰鸣中聆听寂静

又在一弧彩虹中望见无色

雷电的声和影已向林子那一边遁去

阳光正在摩擦尖锐的咳嗽,一些惊恐变小变软

三月来了,木椅偶尔卷起时间

试着回到一棵树里,重新披挂枝叶

树的生长是为了等待一只鸟

鸟的歌声被录制在年轮的光碟里

待到被时间伐倒后,树的年轮
你我须要仔细查看

路灯
灯光似橘子打开内心
中环高架路上,车潮涌动

我气定神闲地踩油门,赶晚路
看见一支支灯杆,弯腰列队一路护送

多么谦恭,当它们向别人拿出光的时候

衣服之内
皮肤很乖,很听话
不露不漏。时间和凉风钻进去,磨它不休
只有脸和手胆大,泄露些许秘密

肌肉的酸痛,骨头怜悯地替它喊出一声声
咯吱吱,咯吱吱,却被全包围
许多尘世的耳朵听不见

一些欲望,看似千钧之力,猛禽猛兽般横冲直撞

> 被内衣第一时间捕获,关在里层
>
> 忧深似海,它也有最妥帖的隐居之所
> 心,拳头一样的尺码,足够它了

四、"历史人物纵横谈"母题读写同课异构教学专题研究活动

(一) 活动简报

2023年4月27日,上海市普陀区孟庆平语文特级教师工作室与张赟高级指导教师团队,联合上海市长征中学语文组,在长征中学共同举行"以史为鉴"母题下"历史人物纵横谈"读写同课异构教学专题研究活动。活动由孟庆平老师主持。

上海市长征中学的陈致远和徐茜朦老师,选择统编高中语文教材选择性必修中册第三单元"回到历史现场",分别从司马迁的《屈原列传》和班固的《苏武传》切入,在该校高二(3)班、高二(5)班执教了同课"历史人物纵横谈"异构的教学研究课。

陈致远老师精心引导学生借鉴司马迁从"立功""立德""立言"三个角度为屈原作传的方法,初步建立起评价历史人物的框架,然后为学生提供了新的学习材料——贾谊的《吊屈原赋》和班固的《离骚序》,在此基础上指导学生整理完善自己写的关于屈原的短评,在合作交流中完成学习任务单中预设的任务。学生依据史实,学习从多角度、按唯一标准来评价历史人物,提升了理性思维能力,展现了表达的理性品格,也增强了互助与合作的学习共同体意识。

徐茜朦老师悉心指导学生研读班固的《苏武传》,有序组织了紧密相连的三次学生活动,指导学生分别从纵向比较(基于不同的情节)和横向比较(基于

同一情节)的角度,借鉴班固间接评价苏武、张胜、卫律、李陵等历史人物的方法,了解历史人物的复杂性,学会用"扁平人物"和"圆形人物"的标准去评价复杂、丰富、立体的历史人物。学生在合作交流的学习过程中,鉴赏了班固的叙事艺术,领会了史家的历史观念,理解了史家对历史事件的认识,也同时借鉴了史家评价历史人物的态度和方法。学生在活动过程中展现了初步的学习共同体意识、理性思维能力和表达的理性品格。

在课后的集体研讨环节中,研修团队成员和长征中学语文组的老师们畅所欲言,充分肯定了陈致远和徐茜朦老师明显的成长进步与积极主动的探索精神,也在自由宽松的气氛中,就两位老师课堂的改进和重构纷纷提出了各自新颖的建议。

主持人孟庆平老师总结说,研修团队是一个民主和谐的学习共同体,工作室是大家一起快乐共舞的平台;他一向反对把教研活动异化为"表彰大会"或"批判大会",而大力提倡办成"讨论会"和"群英会"。他对研修团队和长征中学语文组的老师们表达的真知灼见,表示了充分的肯定。他说,当大家都这样敢于、善于、乐于表达不同想法时,就说明人人都在积极思考,个个都在真正成长。

最后,他提醒大家在这次同课异构教学专题研究活动后,要进一步研究三个问题:第一,如何恰当确定教学内容;第二,如何设计具有开放性的课后作业;第三,如何深度开发师生、生生课堂讨论交流环节的教育功能。

(二) 教后反思

我最初对"历史人物纵横谈"的设想是以时间轴为线索,"纵谈"历史人物,看身处"屈原困境"的贾谊有没有多种选择的可能性。但再三思索后我认为,作为一节单元活动课,应以学生为主体,把课堂交给学生来研讨、交流、展示,而非教师一味主导。在这节课上,我只用了十分钟不到的时间复习第一课时的知识点(评价历史人物的依据、框架、标准),而把剩余的时间都交给学生。学生尽管有些紧张,但大体上表现得很好,其中有两个小组所展示的内容和成果超乎我的预期。不足之处在于时间把控不准与对学生反馈的处理欠佳。今后,我将同时设置好学生展示超时的预案,以腾出足够的时间来给学生反馈。

——陈致远（上海市长征中学语文教师、孟庆平语文特级教师工作室成员）

我这堂"历史人物纵横谈"的单元活动课，从课文《苏武传》切入，设计相关学生学习活动，难度比较大，但这是一次很有意义的尝试。首先，我能够在深度研读文本的基础上，引导学生进行独立思考和个性表达，从而提升他们的思维层次。其次，学习活动形式设计得比较灵活，比较好地体现了学生的主体地位。学习过程中，学生在多样且相对灵活的活动中从不同角度发现了思考的方法，借鉴了其他小组成员的思考角度，从而实现了群体的良性互动。当然，也有遗憾。单元活动课的初衷是促进师生之间的思维互动，培养学生在文学表达方面的优良品质，但在实际的课堂活动中，学生表现与我的预期结果存在一定的距离。我觉得，教师在教学活动中的引导，始终具有较大的挑战性。今后，我将花更多的时间去打磨优化学习活动的设计。

——徐茜朦（上海市长征中学语文教师、张赟高级指导教师团队成员）

(三) 课后研讨

新课改强调探索教学的有效性问题，如何使有效性体现于课堂教学的每一环节，如单元活动设计的有效性、学习项目设计的有效性、问题设计的有效性等，都是值得我们探究的问题。两位年轻老师以精神饱满的姿态给学生以振奋，以"历史人物纵横谈"活动设计为路径，激发学生学习兴趣，提升学生思维品质，值得肯定。两位老师在教学中积极探索有价值的学习任务、有意义的学习项目，指导学生带着真实的任务学习，使学生拥有学习的主动权。陈致远老师从"立功、立德、立言"三个维度引导学生开展人物短评，有抓手；以小组合作的方式完善人物短评，有载体；贾谊《吊屈原赋》、班固《离骚序》等拓展资料的引入，有纵谈感。徐茜朦老师以"观察情节，展现作用"为主导，以叙事中呈现的差异性为导向，以同一情节不同人物的对比及同一人物不同情节的表现为活动设计，以"苏武是扁平还是圆形人物"的问题为驱动开展横谈，让学生主动构建起自己的知识经验,产生思维碰撞。当然,没有最好的教学,只有更好的课堂。历史人物纵横谈,重在谈与析,如果两位老师在教学中能更多关注学生的思考深度与问题阐述的条理性,那就更好了。

——张赟(普陀区高级指导教师、孟庆平语文特级教师工作室成员)

作为年轻教师,陈致远和徐茜朦老师敢在公开课时挑战"历史人物纵横谈"这样难度系数较高的综合探究课,让人非常佩服,可见他们在教学上勤于钻研、勇于拼搏的精神,这值得我们每位老师学习。

陈老师的课,前期应该做了很充足的准备,带领学生进行母题下的群文阅读,进而归纳出评价历史人物所需的关键要素,这样的教学既拓宽了学生的阅读面,又教会学生写作时如何夹叙夹议地论证。徐老师的课,通过细读文本,带领学生走进历史现场,走进纷繁复杂的人物,在对比中形成对历史人物的客观评价,这样深耕文本的教学方法很值得我们学习。

"纵横谈",既谈历史,又谈现实,让历史人物回归历史现场进行客观评价,把历史人物放在当下谈其现实意义。谈的意义在于从纵横看待人事中培养学生思辨性阅读与表达的能力,单就这点讲,我个人认为两节课还可再改进。陈老师的课给学生的方法非常好,但后期学生课堂实践部分创新性不足;徐老师的课细究起来不像把历史人物放在当下进行横谈,更像一堂人物赏析课。怎样才能让学生进行深层的思辨性阅读与表达,方法可能很多,也许从文本出发,以"主问题"为抓手,以冲突为契机,利用学生智慧,捕获有价值的问题,才会让思辨性阅读与表达更好地落到实处。比如,苏武前期的一心求死与后期设法求活是否矛盾?屈原自投汨罗值得吗?也许学生在解决这些问题时自然而然就会进行思辨性阅读与表达,就会回到历史现场进行纵谈,就会立足当下横谈。

——郭玉清(上音实验附中语文教研组长、孟庆平语文特级教师工作室成员)

陈致远和徐茜朦两位老师给我们展示了"历史人物纵横谈"母题下两堂非常精彩的同课异构单元活动课,总体表现让我们欣喜地看到了他们课堂驾驭能力的日趋成熟。两年来,通过认真参与孟庆平特级教师工作室的学习,通过在日常教学中不断实践摸索,两位年轻老师着实取得了不小的进步!

两堂课表现出不少亮点,也存在明显的不足。

首先,从两位老师的教案书写来看,教学目标清晰,重点、难点突出,包括学习任务群的设计也体现了一定的逻辑性,更让人惊喜的是,两位老师的书面表述十分专业,如陈致远老师对教学目标二的表述:"依据史实,多角度、唯一标准地评价历史人物,提升理性思维的能力,展现表达的理性品格","依据事实""多角度""唯一标准"几个短语,言简意赅地提炼了评价历史人物的原则和要求,充分契合思辨阅读与表达中所倡导的讲证据、有标准、求公正等具体要求。这样准确、严谨的书面表达体现了老师在备课时思考的充分和严谨,为实际课堂教学的顺利开展奠定了坚实的基础。

其次,作为活动课,最大的难点就在于教师如何通过有限且有效的点拨来引导学生自由表达。在课堂上,两位老师通过不同方式给学生提供了可操作性很强的评价路径:或通过学习任务单的设计,或通过循序渐进的学习任务群的引导,让学生在充分尊重相关史料的基础上,从不同角度有理有据地表达自己对历史人物的个性化评价。

再来说说有待改进的地方。

陈老师这堂课的主题强调了"以史为鉴"这一母题,可惜的是,直至课堂结束,学生的活动始终停留在评价历史人物之上,未能升华至"以史为鉴"这一高度。虽然有学生在发言时明确表达了他们在客观评价历史人物的同时,对于认识人生的不确定性、认识人性的复杂性等方面获得了启示,但老师并未能抓住这一契机加以拓展,留下明显的遗憾。

徐老师的课侧重引导学生赏析班固对苏武形象的塑造,这的确可以帮助学生加深对历史人物的理解,但这种理解更像是对班固眼中历史人物形象的认识,而非来自"我"的个性化甚至是带有批判性、创造性的评价。徐老师完全可以横向寻找一下其他的相关史料,以帮助学生在不同评价的碰撞中更好地提升思辨能力。

——程娟(上海市长征中学语文教研组长)

陈致远、徐茜朦两位老师的研究课都注重给学生搭建合理的支架,有效地引导学生提升思维。

陈老师先与学生一起将课内课外文本相互联系,引出不同史家、政论家对同一人物——屈原的评价。这样让人物评价显得丰富、全面、深入、公正。这样有差异性的评价,让学生接下来在小组内自主合作的人物评价活动有了很好的示范,暗示学生对人物评价可以从文本出发,各抒己见,进行有个性化的带有思辨色彩的评价。

接着,陈老师教给学生评价方法(评价角度、评价依据、评价标准),交给学生学习任务单(思维导图)。学生在支架的支撑下有序地对人物进行评价,小组合作交流,填写任务单,并在课堂上集中展示成果。思维训练力度很强,效果明显。

徐老师课堂教学推进清晰,三个板块形成有机整体。徐老师与陈老师一样,都很好地为学生搭建了思维支架,让学生有章可循,有"法"可依。"同一人物同样情节的差异性""基于同一情节不同人物的横向对比"(思维导图),这两个板块对历史现场中的历史人物进行了多维比较,有助于学生深层次地理解文中人物形象。

在此基础上,顺势推进,引导学生思考问题:"苏武是'扁平'还是'圆形'人物?""谈谈文中你发现的'扁平'或'圆形'人物"。

由此,整节课有了清晰的推进过程:不仅引导学生理解文章"写了什么",又能让学生明白文章是"怎么写的"。

——丁少国(上海市作家协会会员、高级教师、孟庆平语文特级教师工作
　　室成员)

陈致远和徐茜朦两位年轻教师,一纵一横,以《屈原列传》和《苏武传》中的屈原、苏武为评价对象,引导学生学写人物评价。陈老师以司马迁、贾谊、班固对屈原、苏武的评价为依托,引导学生抓住人物在历史事件中的"言"与"行",品评人物;徐老师则将苏武和处境相似的李陵、卫律相比较,探讨人物形象的"圆"和"扁"。构思巧妙且各有千秋。

但两位老师的课,都有些"品"多于"评"。对于历史人物、事件的评价,是议论文写作的基础,紧扣人物,用比较的方法,通过完成"学习任务单",是行之有效的训练方法。但对历史人物进行评价,要结合特定的历史年代与环境,同时还要有时代意识,站在当今时代进行思考,才能更全面、更理性。

另外,历史人物,特别是课本中的历史人物,是写作的最佳素材。时间、地点、人物、事件的概述,细节的把握,以及价值与影响的认定,在写作人物短评时,应该引导学生尽量追求完整。

——于晶(上音实验附中高一语文备课组长、孟庆平语文特级教师工作室成员)

本次我观摩和学习了陈致远、徐茜朦两位老师同课异构的"历史人物纵横谈"单元活动课。两位老师的课,教学目标明确,教学重点、难点突出,教学环节环环相扣。两位老师的课堂以学生为主体,学生参与度较高,且发言中也体现了学生思维的思辨性。

陈致远老师的课,以学习任务单为主要支架,引导学生从"功、德、言"三个方面,依托客观事实,对历史人物进行评价。陈老师在课堂中,充分以学生为主体,引导学生更全面客观地评价历史人物,学生在表达中也显得有理有据、公正客观,整堂课师生互动性很好。同时,陈老师也将课内文本延伸拓展至课外,将单元活动课的内容落实得扎实而丰富。

徐茜朦老师这堂课的教学过程层层深入、目标明确。从人物列传引导学生探讨历史人物的价值,既有同一人物同一情节差异性归纳,也有同一情节不同人物的横向对比,这样的教学设计有助于学生深入研读文本,进行思辨性探究。学生在谈到"扁形人物"或"圆形人物"时,能准确全面地分析不同的人物形象,从而把握对不同历史人物的情感态度。

这两堂语文单元活动课,虽然主题相同,但同课异构,教学内容各有侧重,展现了两位教师对学生学情的精准把握,以及两位教师精巧的教学设计构思,令我受益匪浅。

——吴燕寅(上海市曹杨中学语文教师、孟庆平语文特级教师工作室成员)

五、"倾听和表达理性的声音"母题读写教学专题研究活动

(一) 活动简报

2023年6月8日下午,孟庆平语文特级教师工作室与普陀区教研室,面向全区高一年级语文教师,在上海音乐学院附属安师实验中学,联合举行"倾听和表达理性的声音"母题读写教学专题研究活动。张赟、杜蕾高级指导教师团队应邀参与活动。活动由孟庆平老师主持,并特邀国家语文课程"新课标"制订组核心成员、全国统编高中语文教材必修下册主编、上海师范大学郑桂华教授对活动进行评点并作专题指导。

活动的第一个环节是观摩研究课。孟庆平语文特级教师工作室成员、上海音乐学院附属安师实验中学于晶老师,在全国统编高中语文教材必修下册第八单元教学的基础上,围绕"倾听理性的声音"这一核心任务,在工作室课题"理性思维与母题写作"框架内,在该校高一(2)班执教了读写结合的区级公开课"倾听和表达理性的声音"。

于晶老师引导学生回顾文本,梳理教材有关内容,倾听魏征、杜牧、苏洵、王安石等古代知识分子关注与思考社会现实的声音,聚焦文本内容的理性;在写作了"有意思"与"有意义"材料作文的基础上,聚焦表达方法的理性,组织学生以小组活动的形式,进行交流评价并合作修改习作,在活动中引导学生进一步掌握了理性分析问题的方法与技巧,提升了思辨能力。

活动的第二个环节是课后集体研讨。在于晶老师坦诚说课之后,研修团队和各校语文教师们一致认为,时下公开的研究课多为阅读指导课,少见作文指导课,于晶老师的挑战精神非常可贵,执教的"倾听和表达理性的声音"读写结合课具有明显的示范价值和探索意义。研讨中大家畅所欲言,在自由宽松的气氛中,还就于老师课堂的改进提出了各自的建议。

活动的第三个环节是郑桂华教授对活动进行评点并作专题指导。郑教授指出,从战略层面上讲,课堂和课堂研究问题,首先是教师和研究者的精神状

态问题。从这一层面上说,今天,于晶老师、课堂上的学生以及研讨活动中畅所欲言的老师们,表现非常优秀。因为良好的精神状态是一个大前提,没有这个大前提,其他问题都失去了探索的意义。从战术层面上讲,如何使课堂更有效是核心问题。她建议,为使作文交流评价和修改活动更加有效,使用工具"议论文写作练习评价量表"的设计,要尽可能科学,使评价目标结构化。她说,讲好"为什么",先要讲清"是什么",教师先要指导学生把概念阐释到位,把概念界定清晰。今天的话题"有意思"与"有意义"涉及两个概念,有较高的难度,建议高一学生最好从学习单一概念的阐释与定义开始,还可以把核心概念拆分成重要概念,先从容易的地方开始。最后她说,尽管理性表达是高难度的学习活动,但如果能够从易到难,从低到高,从浅到深,从窄到宽,从慢到快,那么持续而稳定的真正学习就会发生,写作教学也就会"更有意思"和"更有意义"。

最后是主持人孟庆平老师作总结。他说,今天的专题研究活动既具有人文价值,也具有科学价值。理性,是人类区别其他动物的显著标志;成长为一个理性的人,是一个漫长的过程;做到思辨有理性,实践有理性,是人生中一件很难的事情;指导学生阅读经典,倾听理性声音,学生将在耳濡目染中不断增强理性;引导学生表达理性的声音,在借鉴他人与自我表达的实践中,学生将逐步做到思辨理性与实践理性的两结合、双提高。他说,今天的活动,特别是郑桂华教授的评点和指导,为于晶老师、为研修团队、为区域内语文同行专业能力的进一步提升注入了新的动力。

孟庆平老师最后鼓励大家可以在活动后研读郑桂华教授关于写作教学的系列论文,以进一步延伸拓展这次专题研究活动。

(二)教后反思

部编高中语文教材必修下册第八单元的主要学习任务,是完成在真实情境下的思辨性阅读与表达活动。基于学生写作的实际情况,今天,我把教学重点定在"如何说理"这个问题上,即通过阅读文本,学习解决现实问题的理性思维方式,鉴赏文章的说理艺术,并学会在辩证分析与合理推断的基础上进行理性表达。

现阶段，我所任教班级的学生在写作上存在的问题，集中体现为堆砌素材、以叙代议，缺少对问题的理性认识和深入思辨。基于这种情况，我设计了"议论文写作练习评价量表"，给学生提供了一些理性思维的角度和方法，希望通过集体交流、合作修改同学习作的方式，来增强学生的思辨意识，提升写作技巧。课堂上同学们表现出很大的热情，取得了一定的效果，但也暴露出一些问题。

首先，写作能力的提高，很大程度上依赖于阅读和思考。在思辨性阅读中，阅读的准确性、明晰性与合理性，是判断阅读效果的首要标准。结论的对错、效果的好坏、效率的高低，都有一个客观的、公共的判断标准。这样的阅读，要求读者的思维处在思辨的理性状态，自觉地进行分析与论证、权衡与判断，而这些恰恰是我的学生暂时尚未达到的高度。

在日常阅读中，我们的思维常常处在杜威说的"非思维"的状态，信马由缰，自由散漫，读罢拉倒是一种常态。但思辨性阅读要求一种理性思维的磨炼，目的是获取知识或者解决问题，因此，阅读的终端，不该是杂乱无边的思绪，而应该是理性清明的判断与结论。在此基础之上，才会有有感而发、逻辑清晰的表达。这也是我的学生尚未达到的高度。因此，这将成为我接下来的教学重点。

其次，关于写作中必不可少的环节——"核心概念界定"。研讨中，郑桂华教授的评点和指导，深入浅出、细致入微，给了我很大的启发。正如她所言，我们的写作训练确实可以从"单个概念"到"一组概念"，从"添加修饰性词语"到"同义词近义词比较区分"，从概念的"内涵"到"外延"……重锤敲打重点问题，然后从文学短论、文学评论写起，从简单到复杂，从而有效完成思辨性表达的系列训练。

——于晶（上音实验附中高一语文备课组长、孟庆平语文特级教师工作室成员）

(三) 课后研讨

高中生作文，能否理性表达一直都是最重要的关注点，尤其是对高一年级的学生而言。他们刚刚从初中大量练习写人叙事类的文章转换到用自己的逻辑思维和思辨能力,来有效深入地表达自己的观点,在学习方法上,他们还没有找到较好的抓手。于晶老师今天的课做了一个非常有效的尝试。课堂上,学生的身份从一个被评价者,转换为一个评价者,而一张评价量表也为他们提供了评价的参考支架。这是一次"有意思"的尝试。课堂上学生的表现,让我们看到了于老师精心设计的这一节课的效果。这正如李镇西先生所说,"好课堂"就是"有趣"加"有效"。

近年来,随着个性化教育的理论研究和实践探索不断深入,针对写作教学,新课标提出了更高的要求:"写作力求有个性有创意的表达,根据个人特长和兴趣写作","能针对社会现象、生活现象,用议论的方式阐述自己的思想","在表达实践中发展逻辑思维","以负责任的态度陈述自己的看法,表达真情实感,培育科学理性精神"。如何引导学生在表达实践中,找到既能张扬个性,又能理性表达的方法,这看似矛盾的两方面,却恰好聚焦在"思辨性阅读与表达"学习任务群中,而如何在作文教学实践中将两者有机统一,则是我们每一个语文教师应该不断思考的问题。

路漫漫,于晶老师的研究课和课后的研讨活动,只是拉开了问题研究的序幕。

——杜蕾(普陀区政协委员、高级指导教师、孟庆平语文特级教师工作室成员)

部编高中语文教材必修下册第八单元主要的学习任务是:围绕"倾听理性的声音"这一核心任务群展开,注意领会作者观点及其现实针对性,把握其解决现实问题的理性思维方式,鉴赏文章的说理艺术,学会在辩证分析与合理推断的基础上进行理性判断,养成大胆质疑、缜密推断的批判性思维习惯。但现实是,高一阶段的学生或被外界的声音所困扰,丧失了理性判断的能力;或有思维能力,却无法用逻辑的语言表达。所以,理性判断和逻辑表达对于现阶段的高中学生来说,实在太重要了。

我们知道,高中议论文的力度是由文章结构层次所决定的,而结构是文章推理过程的外在表现。从思维方法上看,无论是对哪个论题的剖析,都应该遵循"是什么""为什么""怎么办"三个层次的思考逻辑。"是什么"需要在行文之初界定清楚概念的内涵和外延,而且要在论述的过程中一以贯之,不能偷换概念;"为什么"需要重点讲清观点成立的理由;"怎么办"是根据道理给予解决问题的方法。有这样三个层次的层层推进,才能彰显理性的辩证说理能力。

于晶老师在"倾听和表达理性的声音"的作文课中,设计和使用了"议论文写作练习评价量表"是亮点。它基于学生作文写作学习的难点,努力破解写作指导和写作过程单一、写作评价空洞等普遍存在的重点问题。它关注到作文中核心概念的阐释是否清晰准确、分析问题是否有理有据、说理过程是否逻辑严密等普遍存在的难点问题。于老师的探索,具有很强的现实意义。

——张赟(普陀区语文高级指导教师、孟庆平语文特级教师工作室成员)

聆听于晶老师的这节课,收获很多。

这节课从课内文本出发,梳理出内容理性和方法理性,筑牢了学生理性表达的基础。

我想,基于阅读的写作,一定是方向正、根基实的。果然,这节课由阅读进而推进到学生的写作训练。于老师上课前让学生依据她设计的评价量表,在小组内从内容和方法两个维度,对同学习作的"概念阐释""分析问题"环节进行分析评价。不仅如此,她还让学生在课堂上进行有针对性的讨论修改和集体交流。这样,阅读、写作和修改,环环相扣,内在关联紧密,循序推进有效。

各小组派代表分享交流成果时,言说,耳听,目睹,极大地增强和丰富了交流效果。交流过程中,每一小组都能得到展示成果的机会,使全体同学的分析交流更加充分深入,这就促成了分享交流成效的最大化。令我极为赞赏的是,小组的分析和修改,都有的放矢,精彩纷呈,我听着听着,不由自主地暗自叫好。而于老师在每一小组代表的发言之后,都巧妙地再点评,这更是点睛与升华!这样,教师与学生,学生个体与群体,形成全方位的良性互动与促进,最终很好地达成本节课的教学目标。

总之,这是一节优质课!

——丁少国(上海市作家协会会员、语文高级教师、孟庆平语文特级教师工作室成员)

于老师"倾听和表达理性的声音"的作文课,以小组活动的形式,让学生互相点评、修改作文,并以评价量表的形式帮助学生更准确、更有目的性地进行修改,这让学生真正做到了"倾听和表达理性的声音"。正如杜蕾老师所说,学生在课堂上经活动的形式完成了身份的转变,由平时的被点评人成为点评人,这样就大大提升了学生的学习兴趣。我难忘课堂上同学们竭尽全力为伙伴修改文章的模样。

在课后研讨中,郑桂华教授就于老师课提出了进一步改进的建议。她说,应给足学生活动的时间,可多分一些小组,让同学们更充分地展示自己,体现思想的差异,从而产生碰撞;针对量表,教师应思考"目标结构化"的问题,明确量表中体现了哪些要素,要素之间的联系是什么,在此基础上形成结构,那样可以让学生有更大的收获。郑教授的意见紧扣本堂课的实际情况,为我们提炼出进一步改进课堂的方法,让我收获良多。

——陈致远(上海市长征中学语文教师、孟庆平语文特级教师工作室成员)

有幸聆听了于晶老师的公开课"倾听和表达理性的声音",收获很多。

于老师的这堂课分两个环节。一是回顾课本,温故知新。这个环节展示了教材文本内容的理性、方法的理性,呈现了作文题目,并总结了写作中存在的普遍问题,即缺乏理性表达。二是开展小组合作修改、评价交流活动。这个环节分为修改习作"概念阐释"部分和修改习作"分析问题"部分。在这堂课中,于晶老师的引导很有导向性,条理清晰,思路明确。学生的发言非常精彩,有一学生的发言将"有意思"和"有意义"进行对举界定,留给我的印象非常深刻。

于晶老师的课题从学生中来,再到学生中去,由实践到认识再到实践,很有针对性。在课堂上,学生由被评价者变为评价者,表现出很高的学习积极性。

在课后的研讨中,老师们无拘无束地发表了各自的感受。郑桂华教授也给出了她的指导。她说,一个优秀的教师在课堂上要始终保持饱满的精神状态,做到"敬"和"诚";要讲究有效的课堂战略和战术。她的叮咛,让我深受启发。

——汤梦甜(上海市桃浦中学语文教师、杜蕾高级指导教师团队成员)

6月8日下午,在上音实验附中,我观摩了于晶老师的作文课"倾听和表达理性的声音"。本堂课内容充实,课件制作实用,教学效果非常好。作为一名新教师,我在作文教学方面还非常缺少经验,但听了于晶老师的课后,我有了耳目一新的感觉。我的收获如下:

一是课堂主体地位变换,就能激发学生的探究兴趣。本次课堂座位采用环绕式,以小组合作探究为主,并且选取了班级学生的作文加以评析,大大增加了学生的参与兴趣。于老师通过量表引导学生观察作文要素,并结合表格对同学作文加以修改,不同的小组表达出不同的见地,在合作探究中,"有意思"和"有意义"两个要素碰撞,迸发出许多令人惊喜的火花。

二是充分利用多媒体技术,可使问题直观化。在展示学生修改的作文时,于老师及时出示学生修改的部分和段落,用直观的多媒体帮助学生理解修改的过程和结果,这样既提高了学生的学习效率,又活跃了课堂气氛。同时,于老师的课件内容简洁明了,不会分散学生的注意力,这样就能让学生聚焦关键的问题。

——张婷(上海市桃浦中学语文教师、杜蕾高级指导教师团队成员)

于晶老师的课让我们看到基于"双新"背景下读写结合教学理念的新诠释。课堂通过"回顾文本、展示习作、评价修改、合作交流"等板块,四位一体,全部指向写作,以一次完整的写作任务作为最终的达成目标,贯穿其中的核心是"倾听和表达理性的声音"。

相较于以往的阅读材料,于老师更注重学生从内容与方法两方面关注理性的诠释,引导学生体会古代知识分子对国家命运的责任担当意识与文本所具备的较强的现实针对性。于老师的这堂研究课,推动我们在理念和实践上有了新的突破,为传统的读写结合打开了一扇窗。于老师在教学设计上为学生搭建了一个具体可感的脚手架,通过有层次、有焦点的写作训练,促进思辨性读写融合,相信在这样的坚持中,学生议论文写作的思辨能力一定会得到逐步提高。

——周梦卉(普陀区祁敏高中语文学科带头人研修团队成员)

如今现实世界的信息茧房,丝网缠杂,理性的声音常常被纷繁的叫嚣淹没。

正处于成长关键时期的高中生,往往无所适从,极容易受嘈杂声音影响。因此,于晶老师设计的这堂"倾听和表达理性的声音"作文评改课,对培养学生理性思维方式具有重要意义。我也从于老师的课堂设计中受益匪浅。

首先给我的启发是教学环节要具有梯度性。于晶老师首先引导学生从必修下第八单元文本出发,梳理"否肯句式""反向质疑""假设推理"等理性的表达方式,结合"有意思"与"有意义"思辨性作文题,以读促写;接着她指导学生从习作中"概念阐释"和"分析问题"两方面进行有针对性的评价与修改;最后她组织学生再根据所习得的修改方法和经验修改调整自己的文章。

"理性的声音"强调的是文本特质,"理性地倾听"强调的是读者的阅读素养;"理性地表达"强调的则是读者的思辨素养。于老师的教学过程从指导学生评价分析到组织学生动笔实践,调动的是学生阅读和思辨的双重能力。于老师的这堂课,梯度性非常明显,很值得我学习借鉴。

其次是教学过程中,于老师使用了作文评价量表,提供给学生"写作支架"。由此,习作指导就真正下沉到了学生的言语结构之中,评价量表就成为改善和优化学生思维的利器,成为推动写作能力提升的重要工具。看来,教学工具的设计和使用问题确实是一门大学问。

最后是语文教育专家郑桂华教授的评点和指导。郑教授针对"理性的声音是什么"这个话题提出了目标的结构化和有效性建议。她说,如何达成作文教学的结构化,首先要教会学生对议论文的核心概念进行阐释,除了提供具体可以操作的方法之外,还要设置写作的梯度:先学会界定一个概念,再比较界定一组概念,再进一步思考概念间的逻辑关系。郑教授所给的这些操作性很强的策略,我会在自己的作文教学中借鉴使用。

最难忘郑桂华教授在评点和指导中所说的肺腑之言:教师对待课堂永远要有敬和诚的态度。无论面对怎样的学生,都要保有教学的热情;要努力适应学生的发展,不断尝试多种教法,真正地帮助学生逐步提升语文学科素养。

我会把"敬"和"诚"二字,当作我教学之路上的座右铭。

——夏育妃(上音实验附中高一语文教师)

六、"在跨学科思考中提高思辨表达能力" 母题读写专题研究活动

(一) 活动简报

2023年10月19日,孟庆平语文特级教师工作室团队与上海市长征中学语文组,联合举行了"在跨学科思考中提高思辨表达能力"母题读写教学专题研究活动。活动由语文特级教师孟庆平老师主持。

工作室成员陈致远老师在长征中学高三(3)班执教了"在跨学科思考中提高思辨表达能力"的教学研究课。首先,陈老师用一道充满思辨色彩的作文题导入课题:"人的控物能力和自控能力发展往往不够平衡,有人说人类社会发展过程中自控能力比控物能力更重要。对此,你怎么看?请写一篇文章,谈谈你的认识与思考。要求:(1)自拟题目;(2)不少于800字。"然后,引导学生找出材料中的关键词,明确材料属性,界定关键词"控物能力"与"自控能力"的内涵,讨论当今为什么要思考"控物"与"自控"的话题。接着,组织学生在充分讨论的基础上,分小组展示思辨成果。最后,总结了在跨学科思考中应该注意的三个原则:跨学科思考的前提是掌握好本学科能力;跨学科思考需要坚持不懈的积累;跨学科思考重在"盘活"各学科知识点。

联系陈致远老师研究课的案例,主持人孟庆平老师就跨学科思考问题对研修团队进行了专题辅导。他重点谈了两个问题:一是什么是"跨学科"和"跨学科学习",为什么要学会跨学科(跨界)思考;二是如何在高考作文审题立意时引导学生进行跨学科(跨界)思考。他说,现行的分科教学,各门学科知识之间条块分明,各学科知识体系相对独立,许多学习者已形成单向度学习思考的习惯,缺少融合互通的能力,因而学习者对问题的综合思考和协调处理问题的能力出现诸多不足。而跨学科学习作为综合学习的方式之一,能够实现对分科教学的解弊,是对分科学习的补充、巩固和深化;当然扎实的分科学习是跨学科学习的基础,只有学好每一门学科的知识与方法,才能更有效地开展跨学科学习。他说,"在跨学科思考中提高思辨表达能力"的学习实践中,重点要提升逻辑思辨能力和辩证思考能力。

(二) 教后反思

我执教研究课之后,工作室及长征中学教研组的老师们就"在跨学科思考中提高思辨表达能力"的话题进行了充分的研讨交流。我在交流中反思如下:

第一,学生讨论阶段,原计划安排五分钟左右的时间,但在课上花费了近十分钟。实际教学反馈表明,学生仅用五分钟时间无法深入思考作文材料。我预设的时间明显不足。实践表明,只有充分的讨论和对话,才能促进学生的思考,加强课堂生成。

第二,讨论活动结束后,当场生成了许多观点,但比较繁杂。如果我能及时引导梳理这些观点,形成一个切实的、可复刻的方法(流程),学生或许能更好地感受到跨学科思考的模式。

第三,控物能力与自控能力的辩证关系,在不同的历史阶段有不同的呈现,这背后的原因可以深挖。在这堂研究课上,我虽有涉及,但迫于时间,未能深入。

第四,课后作业的设计可以改进。原设计为用跨学科的思考方式写一道新的作文题,但浪费了课堂中所生成的观点以及学生课前准备的大量素材。其实,以学生在课上的讨论交流为新的平台,利用新获得的观点与素材,重写作文,可能效果更好。

——陈致远(上海市长征中学语文教师、孟庆平语文特级教师工作室成员)

(三) 课后研讨

在高中语文核心素养中,思辨被赋予了极为重要的地位。学生不仅需要知识的习得,更需要通过思考的方法来实现知识的转化,形成自己的思想和观点,从而培养出高层次的思维能力。陈致远老师这堂作文研究课充分体现了以下两点:一是尊重学生主体地位。课前学生借助自身的学科所长,分别在历史、政治、心理等学科中搜索与作文要素相匹配的概念释义与佐证事例,课堂中每名学生能够比较好地发挥写作灵感及写作优势。二是任务驱动了跨学科思考的实施。针对作文话题,以何谓"控物能力"与"自控能力",今天为什么要讨论"控物"与"自控"等内容为学习任务,有力驱动了学生的思维过程,且问题本身涵盖了多学科的范畴,因此学生在学习中自然就会获得立体的知识,形成多元的解读视角。

——张赟(普陀区语文高级指导教师、孟庆平语文特级教师工作室成员)

陈致远老师的研究课"在跨学科思考中提高思辨表达能力",非常贴近"双新"背景下语文教育探索的尝试。也许是通过语文学科本身,没有找到更好的解决办法,或者是通过跨学科的实践,可以让学生更有效地达成语文学科的学习需求,我们才做这样的设计。因此,教师在进行教学设计时,首先要考虑我这样设计的目标是为了解决什么问题。在课堂上可以看到陈老师做了非常好的尝试,课前做了大量的准备工作。学生小组式的材料搜集,从哲学、科技、心理学、历史、政治等方面搜集了与作文话题相关的材料,并通过小组力量完成了观点的梳理,这是比较成功的合作学习。建议在小组分享项目的过程中,鼓励学生通过相互间的辩论,去进一步完善自己的观点。

——杜蕾(普陀区政协委员、高级指导教师、孟庆平语文特级教师工作室成员)

陈致远老师在"在跨学科思考中提高思辨表达能力"的高三作文指导课中,带领学生读材料,找关键词,找材料观点,明确材料的倾向性,然后在此基础上利用课前学生精心准备好的跨学科材料分组讨论,陈述自己的观点,并进行初步的辩论,又在教师的引导中发现自己的问题,完善自己的观点。这样的上课形式非常好,对于初入高三的学生来说非常有帮助。把多学科知识迁移到写作中,解决了学生写文章时无米之炊的困境。这是语文跨学科教学的一个成功案例。当然,在作文指导中,教师还应该引导学生思考如何在平衡上下功夫,这样才能显示出思维的深刻与辩证。讨论中,孟老师引入数学坐标概念,让人耳目一新,确实对思辨关键词的关系很有帮助。

——郭玉清(上音实验附中语文教研组长、孟庆平语文特级教师工作室成员)

陈致远老师"在跨学科思考中提高思辨表达能力"的研究课,让我感受如下:

在当前的高中语文跨学科学习中,需要明确高中语文跨学科学习应该以语文学科为基础,也就是说,高中语文跨学科学习利用其他学科的知识、方法、思维等元素,进一步深化语文学科学习,要做到从语文学科中来,到语文学科中去。

陈致远老师的研究课是一节有关素材搜集与使用的探索课,其中,哲学、历史、心理学、社会学等学科的素材搜集,为写作进行了充分的铺垫。

但针对"人类社会发展过程中自控能力和控物能力的关系",究竟是"达到平衡"或者"哪一方更重要",课堂上学生找不到适当的切入角度,只是结合现象泛泛而谈,还不能抓住"人类社会发展过程中"这一关键词来进行思考。而对于"有人说自控更重要"这个观点,也不能分析"为什么",这就涉及立足点的问题。是站在个人的角度谈自控,还是从社会群体的角度谈自控?是站在时间发展的不同阶段谈自控,还是泛泛地谈论自控?

——于晶(上音实验附中高二语文备课组长、孟庆平语文特级教师工作室成员)

陈致远老师题为"在跨学科思考中提高思辨表达能力"的研究课，主要目标是提升理性思维的能力，展现表达的理性品格，以及增强互助与合作的学习共同体意识。确实，跨学科思考在议论文写作中发挥着很重要的作用，如果坚持进行跨学科思考，确实能够提高学生的思辨表达能力。陈老师的这堂课给我很大的启发。

——汤梦甜（上海市桃浦中学语文教师、杜蕾高级指导教师团队成员）

跨学科教学是一种综合多学科知识和技能的教学方法，可以促进学生的跨学科思维和创新能力的发展。陈致远老师以"在跨学科思考中提高思辨表达能力"为主题，通过解剖松江区模考的作文题目，为我带来了新的启发。

第一，我进一步懂得了课堂的主体不是老师而是学生。陈老师从收集素材到课堂互动发言，全程让学生参与其中，发挥了学生的主体作用。第二，我从中进一步明确了语文教学的重要任务是培养学生语言表达能力和思维能力。第三，陈老师的课堂表明多样化评价是促进学生学习的重要手段。第四，课堂上陈致远老师逻辑清晰，时刻注意学生回答的内容并能做出较好的回复与评价。我认为本节课很好地达到了提高学生思辨能力的目标，但是老师给予学生的抓手还不足。

通过跨学科教学，确实可以拓宽学生的知识视野，培养他们的综合素质和创新思维能力。以后，在这方面我也会进行积极思考，努力尝试创设更多进行跨学科教学的情境。

——张婷（上海市桃浦中学语文教师、杜蕾高级指导教师团队成员）

七、"人与自然"母题读写教学专题研究活动

（一）活动简报

2023年12月7日，孟庆平语文特级教师工作室联合普陀区教研室，面向全区高一、高二年级语文教师，在上音实验附中举行了"人与自然"母题读写教学专题研究展示活动。活动由孟庆平老师主持，并特邀语文教育名家、上海市

特级教师、正高级教师、华东师范大学兼职教授、上海市建平中学书记郑朝晖对活动进行评点并作"提升解读教材的能力"专题指导。

张赟、杜蕾高级指导教师团队应邀参与活动。普陀区教育学院师训部主任赵群，上音实验附中校长刘璇、副校长马达元等全程参与了活动。

活动的第一个环节是观摩郭玉清老师的研究课。孟庆平语文特级教师工作室成员、上音实验附中语文教研组长郭玉清老师，在全国统编高中语文教材必修上册"自然与情怀"单元（第七单元）教学的基础上，围绕"感受'自然景观'中隐藏的人生态度与情怀"这一核心任务，在工作室课题"理性思维与母题写作"的"人与自然"框架内，在该校高一（1）班执教了读写结合的区级公开课"感受'自然景观'中隐藏的人生态度与情怀。"

郭玉清老师首先组织学生回顾该单元中郁达夫《故都的秋》、朱自清《荷塘月色》、史铁生《我与地坛》、苏轼《赤壁赋》和姚鼐《登泰山记》这五个名篇不同的内容、主旨和风格，引导学生去发现这五篇文章的共性：都有一个主观观察和记录的主体"我"，都存在一个被观察、被记录的客观对象"自然"——故都、荷塘、地坛、赤壁、泰山。然后引导学生梳理五篇课文中景、情、理之间的关系，发现五位名家对不同"自然景观"的不同处理方式，在不同"自然景观"上投射不同的情感态度。接着通过组织学生互评习作的方式巩固阅读与表达经验：阅读或写作写景散文，可赞美自然的神奇伟大，可从自然中获得理性的哲思，可借自然疗伤宣泄情绪，可从自然的启迪中找到心灵的药方，在这样的阅读与表达过程中，逐步学会与自然、与他人、与自我和谐相处，进而走出困境，收获精神的成长，提升生命的厚度和高度。最后，为使情与景更好地呼应、交融，为让景与理更好地相通、匹配，郭老师要求学生在课后进一步修改完善自己的习作。

活动的第二个环节是孟庆平老师作专题讲座"中国人的自然观与独特情怀"。他从《荷塘月色》之趣说起：本文第一段作者写自己坐在家中院子里乘凉，身边是妻拍着闰儿迷迷糊糊地哼着眠歌。作者心有千千结，为何不轻易地向妻儿排遣倾诉，而要"悄悄地披了大衫，带上门出去"，走向自然（荷塘）？——看来，即使是世界上最亲密的人也替代不了自然！

接着,孟老师从人与自然之间种种有趣的现象入手,和大家一起思考郁达夫、朱自清、史铁生、苏轼、姚鼐这五位名家与其笔下几处"自然"(故都、荷塘、地坛、赤壁、泰山)的关系,从而提出哲学思考:人与自然,到底是什么关系?然后孟老师集中阐述他的"中国人独特的自然观与情怀":"天人合一"的中国传统自然观,一直深深影响着人们,深深影响着中国文化,也影响着今天的语文教学。

他说,"以自然为中心"的中国艺术,在世界美学史上罕见;在中国艺术所体现的自然观里,最鲜明最突出的特点是它的理性内容和思辨色彩;中国艺术中的每一处"自然风景",都体现了一个独特的心灵世界。

活动的第三个环节是郑朝晖老师对活动进行评点并作"提升解读教材的能力"专题指导报告。他说,郭玉清老师、孟庆平老师及其工作室研究团队从点与面、昔与今、实与虚等维度研究"自然与情怀"的母题,非常有价值,也取得了明显的成效。

接着,他以全国统编高中语文教材必修上册"自然与情怀"单元(第七单元)的教学为例,提醒大家明确观念:课文,是教材中的课文。教材中的"课文"不完全是"作品";教材中的"课文"也不是简单的"文本";教材中的"课文"本质上都是"学材";教材解读必须从单元导语开始:要读出教材内容与课程标准的关系,读出教材内在结构中所呈现的教学价值,读出文本特点与教学要求之间的必然联系,读出学生在该单元、该课文学习中的重点和难点。

最后是主持人孟庆平老师作总结。他说,今天的专题研究活动既具有人文价值,也具有教学探索价值。在我国艺术家的笔下,自然是人格化的,艺术家是自然化的。许多杰出的中国艺术家在与自然的交流对话中,摒除凡庸,真正实现了精神上与自然的沟通共鸣而步入自由王国。今天,我们积极传承和弘扬中国传统而独特的自然观,感受中国古代智慧,品味千古中国情怀,探索"自然与情怀"的母题,其实目标只有一个:返本开新!

(二)教后反思

研究课上完了,但留给我很多思考。"双新"背景下的语文教学非常强调单元整体规划和整体教学,但我在教学实践中做得还不够系统。这次针对必修上第七单元的单元小结课,是我的一次实践,尽管存在的问题还不少,但我高兴的是自己终于在单元整体教学的路上迈出了扎实的一步。孟老师"中国人的自然观与独特情怀"的专题讲座,高屋建瓴地阐述了儒道释三家异中有同、殊途同归的自然观,让我对自然的理性认识又深入了一层。郑老师由第七单元的教学引出语文老师应该如何解读教材的问题。他反对盲目否定教材的做法,指出一个老师应该在承认教材有不足的前提下多考虑怎么利用好教材:首先要把教材对标课标,然后再看教材单元导语、教学提示和单元教学任务。我觉得,真的只有这样才能准确把握教材,真正读懂教材,解读好教材。

——郭玉清(上音实验附中语文教研组长、孟庆平语文特级教师工作室成员)

(三) 课后研讨

郭玉清老师"感受'自然景观'中隐藏的人生态度与情怀"的研究课,充分关注到文学作品中自然景观中所蕴含的人文精神与独特情怀,带领学生通过鉴赏描写手法,走进作家作品的深层次境界,这从阅读方法学习的角度来说非常关键。她积极引导学生深入挖掘作品中深厚的人文内涵,从环节设计到课堂落实,都可以看到她特别注重学生的主体地位。

孟庆平老师的"中国人的自然观与独特情怀"的讲座,引导我们从很独特的角度去解读文本,引导我们认真思考语文教学该如何更好地开启学生的智慧。郑朝晖老师"提升解读教材的能力"的讲座,对我们来说是一次极好的学习机会。郑老师提出,解读教材要读出教材内容与课标之间的联结点,读出教材内在结构中所呈现的教学价值,读出文本特点与教学要求之间的必然联系,读出学生在该单元、该课文学习中的重点和难点。如果在这些关键点上不断用力,相信我们解读教材的能力一定会得到不断提升。

——杜蕾(普陀区政协委员、高级指导教师、孟庆平语文特级教师工作室成员)

有幸来到上音实验附中,观摩了孟庆平语文特级教师工作室一系列精彩的展示活动。活动中,上音实验附中语文教研组长郭玉清老师首先给我们带来了一节以"感受'自然景观'中隐藏的人生态度与情怀"为主题的单元小结读写活动课。教学中,郭老师以单元课文研读为基础,引导学生从文本中不同的山水景观出发,联系自身经历,进一步体会自己眼中自然山水的风貌和意义,通过阅读、思考、写作等多个环节,充分调动学生身心,最终以微信朋友圈文案写作的别致形式,呈现了学生对自然的多元解读。

孟庆平与郑朝晖两位语文特级教师又给与会的我们带来了两场精彩的讲座。孟老师围绕"中国人的自然观与独特情怀"这一主题,通过列举诸多生活和艺术领域中人们面对自然的不同态度,进一步引发了我们对人与自然关系的深入思考,进而切实感受到我们中国人独特的自然观与情怀。郑老师"提升解读教材的能力"的讲座,更侧重教学视角。他以统编教材必修上第七单元为例,向老师们详细阐述了"课文"与"作品"的区别,强调教师在解读文本时,应先从单元导语的研读出发,在本单元背景下,充分挖掘不同"课文"独特的教学价值。感谢本次展示活动中各位老师、各位专家通过各自的实践和研究,为我们提供了许多有价值的思考和指导。

——程娟(上海市长征中学语文教研组长)

聆听郭玉清老师的这节课,收获很多。郭老师从单元导语出发,紧扣作品中的自然景物描写和人生思考,设定了精当的教学目标,巧妙地做了单元教学小结设计,并有序地展开活动,有效地挖掘了本单元五篇课文的教学价值。课前,她要求学生研读五篇文章的写景段落,完成学习任务单。课内,她针对学生完成情况展开师生互动,共同合作,进行了有针对性的讲评。在小结中,她辨析异同,引领学生很好地体会并掌握文本中景、情、理之间的关系和自然景观中隐藏的人生态度与情怀。

这节课并非止步于此,郭老师不仅注重引导学生对名人名篇的阅读、理解与吸收,而且要求学生在学习名篇的基础上将所学所得运用于写作实践,进行读写结合实践,读写相互促进。另外,郭老师尤其注重引导学生从"景"与"情"

之间是否呼应、交融,"景"与"理"之间能否更好地相通、匹配的角度来点评习作,真正做到了有的放矢。

——丁少国(上海市作家协会会员、语文高级教师、孟庆平语文特级教师工作室成员)

聆听了郑朝晖老师的讲座,我由衷地认识到教学中要重视教材中的单元导语。

单元导语是具有引导性和概括性的提示性材料,是教师制定教学目标,明确教学重点、难点的"引路人",是学生厘清内容主题与学习要求,进行自主学习的"脚手架"。单元导语让教师明确"教什么""如何教",让学生明白"学什么""如何学"。我们教师要顺"导"而教。由导语入手,找准学习要点,再据此解读课文,并参照"学习提示"和"单元学习任务",准确地把该单元划分到相应的学习任务群中,组织好"群文教学"。我们要指导学生依"导"而学。单元导语,作为一种引导性的学习材料,能够激发学生的学习兴趣,明确学习方向,指导学生学习自读课文。同时,单元导语又是在学生学习新知之前出现的一种概括性材料。通过新一单元的导语的引导,能够唤醒旧知,内化新知,为形成更高水平的理性思维奠定基础。教材中的单元导语,我们不能不重视!

——于晶(上音实验附中高二语文备课组长、孟庆平语文特级教师工作室成员)

观摩了郭玉清老师的研究课"感受'自然景观'中隐藏的人生态度与情怀"后,又有幸聆听了孟庆平老师的讲座"中国人的自然观与独特情怀"与郑朝晖老师的讲座"提升解读教材的能力",我对"自然观"与"如何教学自然观"有了新的思考。

孟老师由《荷塘月色》引出"自然观"的话题——作者心有千千结,为何不轻易地向妻儿排遣倾诉,而要"悄悄地披了大衫,带上门出去",走向自然(荷塘)?可见,在中国人的心中自然有着不可替代的地位,"人与自然"单元教学非常重要,那么我们又该以怎样的方式去教学呢?

郑老师提醒我们:要先研究清楚单元目标、单元导语,才能更好地设计教学环节。郑老师从课文安排的角度切入,研究编者意图,将本单元的人与自然的关系拆分成四种:以景写情、以情驭景、以景明志、借景说理。他这样解读教材,给我以很大的启发。在今后的单元教学中,我会多思考学程设置的意图、单元内部课文安排的用意。

——陈致远(上海市长征中学语文教师、孟庆平语文特级教师工作室成员)

听完孟老师"中国人的自然观与独特情怀"的讲座和郑老师"提升解读教材的能力"的指导报告,我收获颇丰。两位特级教师的讲座让我对中国文化和自然观有了更深刻的理解,同时也提升了我的教材解读能力。参与这次活动对于我来说是一次宝贵的学习机会,让我在学术上和文化方面都得到了很大的启发与提升。

两位特级教师的讲座让我进一步去思考中国人历来重视自然与人的和谐共生,崇尚天人合一的哲学思想。我发觉这一观念在我国古典文学中尤为明显,强调对自然的敬畏与尊重,追求人与自然的和谐相处。今后,在解读教材的过程中,我将积极引导学生深入挖掘文本中的中国传统自然观与独特情怀。

——周梦卉(普陀区祁敏高中语文学科带头人研修团队成员)

郭玉清老师为我们带来了一堂生动而富有启发性的课。她的课,让我对文本中自然景观的描写,以及必修上册第七单元课文中蕴含的人生态度和情怀有了更深入的理解。孟庆平老师的讲座,让我体会到人与自然密切而深刻的关系:中华传统文化注重天人合一的思想,物我两分而以物为主是崇奉天道;物我两分而以我为主则是追求自我;物我同一则是寻求超越。郑朝晖老师则以本单元为例,从读透新课标、解读新教材、尊重文本三个角度与我们进行了交流分享。总之,经过这次活动,我对文本里自然景观中所蕴含的人生态度和情怀有了更深入的理解与认识,解读教材的能力也得到了提升。

——李欣蝶(上音实验附中语文教师)

八、"人与他人"母题读写教学专题研究活动

(一) 活动简报

2024年3月28日,孟庆平语文特级教师工作室与上海市曹杨中学语文组,联合举行了"人与他人"母题读写教学专题研究活动。活动由主持人孟庆平老师主持。

工作室团队成员吴燕寅老师,在上海市曹杨中学初一(5)班执教了研究课《老王》。首先,吴老师快人快语导入课题:"在第三单元中,有许多关于'小人物'的故事,他们虽然平凡但都有着优秀的品格,今天我们所要学习的老王也是如此。请大家快速阅读课文,找出文中直接表达作者对老王情感态度的语句。"然后引导学生研读课文1—7段,感知老王的形象特点,思考老王的不幸具体体现在哪里。接着,指导学生研读课文8—22段,圈画文中具体描写老王的语句,思考作者和老王的关系,尝试用一句话概括事件的主要内容,体会作者的情感。最后,引导学生总结回顾阅读路径,布置课后练笔作业:"文章最后一段,作者将自己称为'幸运的人'。联系文章的写作背景,你认为杨绛是'幸运者'还是'不幸者'？简要谈谈自己的观点并阐述理由。"

在课后的研讨中,大家就"人与他人"的话题,就曹杨中学语文组"基于单元学习要求的单篇文本教学价值确立的实践研究"的课题,联系吴燕寅老师的研究课,进行了深入的研讨和坦诚的交流,提出了许多宝贵的意见。主持人孟庆平老师在此基础上,就教学材料、教学工具、教学策略、教学环节的选择与优化问题,进行了答疑与质疑。

(二) 教后反思

《老王》是部编版七年级下册第三单元中的一篇课文。单元中的四篇文章都聚焦"小人物",诉说他们不易的一生。《老王》是1984年文学家杨绛创作的一篇回忆性叙事散文,主要叙述了杨绛一家和老王交往的过程,表现了知识分子的良知和自我反省。文中的愧怍之情,是学生难以理解的内容。因此,我结合本单元的单元导语"从开头、结尾、文中的反复及特别之处发现关键语句,感

受文章意蕴",选择从课文的中心句入手,即"我渐渐明白:那是一个幸运的人对一个不幸者的愧怍"一句,引导学生先阅读文章的1—7段内容,用表格的形式从身体、生活、精神三方面归纳概括老王的"不幸"。

随后,我这样设计:引导学生圈画文中具体语句并思考——"不幸的老王在作者眼中是一个怎样的人?"梳理相关事件——老王给"我们"家送冰,愿意车费减半,冰大一倍,冰价相等;"文化大革命"开始,老王送钱锺书去医院,却不要拿钱;载客三轮取缔后,老王为主顾在三轮平板的周围装上半寸高的边缘;老王生病刚开始扶病到"我"家,以后托人传话等。学生能够据此总结老王的人物形象特点:虽然生活不幸,却是一个善良、仁义、老实的人。接着,再引导学生继续圈画与思考——在老王眼中,作者杨绛又是一个怎样的人?再梳理相关事件——别人对老王态度不好,"我"却常照顾老王的生意;"我们"给老王吃大瓶的鱼肝油治眼睛;送冰时不要老王减半收费;老王送钱锺书去医院,"我"一定要给钱。学生能够因此感知到:作者杨绛同情老王的不幸遭遇,对老王友善。

基于学生已有的认知,接下来我这样设计:引导学生继续阅读文章8—22段,感知作者的愧怍之情由何而来。引导学生圈画具体描写老王的语句并思考——这一部分中的老王是怎样的状态?他为何要在临终前送"我"好香油、大鸡蛋?通过关注对老王的肖像、动作描写,体会到老王病入膏肓、行将就木的状态。希望学生理解——老王在临终前送"我"的好香油、大鸡蛋,是他最珍贵的东西,饱含深情厚意,这一举动背后的情感已远远超过朋友间的情谊,表明他已把"我们"当作家人,在去世前他渴望得到精神上的关心和温暖,而非物质的关怀。希望学生理解——"我"对老王的态度,对于老王送礼的举动,回应都是礼貌的客套,用金钱来等价交换,甚至老王去世的消息"我"也是偶然得知,学生由此便会产生新的认知冲突——在这部分中老王把"我"当亲人,而"我"对老王的态度却还不及朋友之谊,只能算是"熟人"关系。在此基础上,再顺势引导学生回顾前文,去圈画暗示"我"和老王关系的语句,希望学生理解——作者反复提及"我"和老王的主顾关系,以及"我"坚持要给老王钱的举动,都在暗示"我"不经意间的身份意识和"我"与老王的阶级差异,这些都致使

"我"在与老王的交往中,始终是一种居高临下的姿态,缺乏真正的尊重,这也是"我"产生愧怍的原因。最后,引导学生关注课文 1—7 段和 8—16 段在表达方式上的不同,希望学生理解——1—7 段主要是平实的叙述,8—16 段则用大量的描写强化"我"内心的歉疚和遗憾,这是"我"对老王的一再追忆,以及内心的不断反思,显性地表达作者的愧怍之情,一个知识分子的反思和自省。

我感觉整堂课的教学环节基本流畅,我与学生之间的互动也较为活跃,但值得反思和有待改进的地方不少。课后工作室的各位老师给予了我许多专业性的建议和评价。

丁少国老师就《老王》一课的文本解读和语文组的老师们进行了深入的交流,他就文本中几处学生难以挖掘的语句,与我们交流和分享了他的教学思路,并就如何引导学生体会文中的愧怍之情,进一步提出了思考:杨绛该怎样做才能弥补自己的遗憾和愧怍?陈致远老师就教案中的课后作业提出了他的想法和建议:能否让学生联系时代背景深入体会杨绛的"幸运"和"不幸"?

可惜因为课堂时间有限,我在执教过程中未能将这样具有思维深度的问题在课堂上与学生进行讨论。在今后的教学中,我会更加注重挖掘这样有思维深度的问题。

杜蕾老师就课堂中"我"与老王之间关系的探讨,建议在新课导入环节就设置情境,引导学生明确"朋友""亲人"的关系以及这些关系所需要的一般要素,以便在研读文本的时候,使学生比较容易体会"我"和老王不对等的关系,以及关系中要素的缺失,从而能够深入体会杨绛愧怍之情的由来。此外,杜蕾老师还提出,可基于文本本身的特征,从散文"形散神不散"的特点,去探究课文 1—7 段与 8—16 段事件表达方式的不同。这一点也给了我很大的启发。

工作室的其他几位老师也提出了建议,尤其是他们所提到的初高中语文教学的衔接问题,更让我对日常教学有了新的思考与启迪。最后,孟老师在总结各位老师的点评和建议的基础上,针对我的教学设计方案和教学过程中的不足,开出了如何进一步细化和完善的药方。感谢工作室的伙伴们和我校语文教研组的老师们对我的热心帮助,使我在实践中获得了明显的进步与成长。

——吴燕寅(上海市曹杨中学语文教师、孟庆平语文特级教师工作室成员)

(三)课后研讨

吴燕寅老师执教的《老王》一课,是一堂优质课。吴老师从关键语句出发,与学生一起品读人物言行,对《老王》一文进行了深度阅读。为了准确理解本文写了什么,吴老师为学生提供了合理的支架、直观的思维导图,引导学生梳理老王的基本情况,以及作者与老王之间的交往经历,进而厘清了"我"与老王两者之间的关系,理解了由两者之间的身份差异所带来的"我"对老王的同情,是居高临下的同情,而非真正尊重的同情。体会到"我"只是一个给予者,对老王只有物质上(金钱)的帮助,并没有顾及老王的心灵渴求,这正是令"我"愧怍的原因;也明白了这愧怍之感,体现了作者具有刀刃向内、自我解剖、自我反省的可贵精神。在师生、生生合作过程中,共同探究出"我"在与老王的交往中从未走进老王的小屋,也没有在老王生病期间去看望他的"隐形"经历,这一点非常有利于深入理解本文的主旨。

吴老师也让学生理解了本文是怎么写的和为什么这样写。学生不仅理解了本文的详略安排,而且从不同材料的表达方式变化上,理解了1—7段与8—16段分别以叙述为主和以描写为主的差异,以及这种变化对表情达意的作用。这不仅有利于课文的阅读理解,而且有利于学生的写作迁移。

我本人也教过《老王》一课。曾设计过这样一个问题:"作者要怎样做,才能让自己不愧怍呢?"当时,这个问题颇能引起学生思考探究的兴趣。我这个设计,供吴老师参考。

——丁少国(上海市作家协会会员、语文高级教师、孟庆平语文特级教师工作室成员)

《老王》是杨绛先生的一篇写人叙事的经典散文,曾经是沪版高中语文教材中的篇目,这一次在初中七年级的课堂听到这篇文章的讲授,也是一种特殊的体验。吴燕寅老师在备课组的帮助下,规划课程目标,设计课堂结构,鉴赏人物塑造方法,引领学生深入探讨了人性、尊严和社会责任等主题,取得了很好的教学效果。

吴老师的教学设计巧妙地结合了文本内容与现实生活,通过提问、讨论等形式,激发学生思考。吴老师对作品中的人物性格进行了深入剖析,帮助学生理解老王这个角色的复杂性和悲剧性,引导学生认识到尊重和关怀弱势群体的重要性。在教学过程中,吴老师注重培养学生的批判性思维。她鼓励学生发表自己对人物的看法,并对不同观点进行比较和分析。这不仅提高了学生的语文素养,也锻炼了他们的思辨能力。当然,我也有两个建议。

第一个建议是:在问题设计中可从学生对"朋友""亲人"的认知要素入手,这样可以更好地帮助学生理解"愧怍"这一情感的来源。第二个建议是:可抓住文体的特征,根据明暗线索的设置,引导学生更好地去把握散文组材的特点以及人物形象塑造的手法,这样有助于知识点迁移,有助于解决今后类似文本阅读的障碍。

——杜蕾(普陀区政协委员、高级指导教师、孟庆平语文特级教师工作室成员)

首先,从备课角度看,吴老师的研究课体现了很强的团队精神。整个备课组以课题为抓手,依托课标和教材,从单篇教学与单元整体教学的关系出发,关注学习经历,观照教学评价,教研组、备课组、教师共同研究,一起发挥了团队的力量。

其次,从解读文本的角度看,整堂课体现了吴老师很强的文本解读能力。吴老师抓住"我"的愧疚,带领学生抓住文本中的关键细节,抽丝剥茧,层层深入,总结出"先是我把老王当朋友,老王把我当恩人;后来是我把老王当熟人,老王把我当亲人"。这样的对比,让学生很好地体会到了"我"的愧疚之情。

虽然对文本的解读很深入,但我觉得教学方法相对单调了一些。希望吴老师能在这方面做进一步研究,努力以丰富多样的教学手段去激发学生、吸引学生;也希望吴老师有更强的文体意识,努力引导学生学了这一篇会读这一类。

——郭玉清(上音实验附中语文教研组长、孟庆平语文特级教师工作室成员)

吴燕寅老师执教《老王》时,抓住了"一个幸运者对不幸者的愧怍"这句全文的文眼,把它作为整堂课的主问题以引领学生的学习和思考,从事件的梳理、人物描写的品味到人物关系的把握,循循善诱、层层深入、抽丝剥茧,把学生的思想境界提升到了一个新高度。这是一堂非常有价值的研究课,因为《老王》是一篇有特殊价值、值得深究的文本。首先是杨绛的自省精神。她的自省精神体现在她对自己与"不幸者"老王关系的深入思考上,核心是老王去世后她所表达的愧怍之情。这种愧怍不仅源于她在与老王的交往中未能给予他更多的人文关怀,更源于她作为一个知识分子,对自己在道德层面的严格要求和对社会责任的深刻认识。其次是杨绛的自我省察品质。她通过反思自己与老王的关系,认识到自己在交往中的不足之处,并对自己的冷漠和疏忽感到愧怍。这种愧怍并不是简单的自责,而是对知识分子应有的社会责任和人文关怀的深刻反思。她意识到自己在与老王的交往中过于冷漠,没有给予老王足够的关心和帮助。我觉得选择《老王》一文来研究"人与他人"的母题,研究在这个母题下如何进行"思辨性阅读与表达",是非常合适的、有效的。

——于晶(上音实验附中高二语文备课组长、孟庆平语文特级教师工作室成员)

吴燕寅老师上课的思路很清晰,以"写了什么、怎么写的、为什么这么写"为逻辑链,引导学生逐步深挖文章的内涵。吴老师的落脚点在引导学生对文章主旨的体悟:"纵观全文,作者的愧怍之情由何而来?文章想要表达怎样的思想感情?"探究后所得的结论是:"'我'的愧怍表达了作者作为知识分子的反思和自省。"我以为,吴老师很精确地抓到了问题的关键:杨绛的愧怍之情建立在知识分子身份的自觉与反省上。当然,我认为此处可以再深挖:杨绛自觉到知识分子身份,也因此而愧怍,那么她是以什么身份愧怍的?她放下知识分子身份了吗?

我认为吴老师的作业设计非常出色:"本文最后一段杨绛称自己为'幸运的人',请同学们联系本文的写作背景,谈谈杨绛是'幸运者'还是'不幸者'?"这个设计紧密联系本堂课的落脚点,且具有一定的升华作用。当然,我以为,学生读罢老师提供的写作背景材料之后,必然认为杨绛也是一个"不幸者",那么一个"不幸者"为何称自己是"幸运的人"?幸运之处为何?若认定杨绛与老王皆为"不幸者",那么这两者的不幸又有何不同?这是吴老师可以继续追问的地方,也是可以引导学生进一步思考的地方。

——陈致远(上海市长征中学语文教师、孟庆平语文特级教师工作室成员)

今天,吴燕寅老师执教《老王》一课,是我校"基于单元学习要求的单篇文本教学价值确立的实践研究"这一区级课题下的案例研究。《老王》一文,在七年级下册第三单元关于"小人物"的系列故事中。吴燕寅老师重点在两个方面进行了思考和探究:第一,明确《老王》一文在单元中的作用,逐层确定教学目标;第二,基于单元的结构关系设计《老王》一文的学习活动。本节研究课的内容,也与孟庆平语文特级教师工作室"人与他人"母题下"思辨性阅读与表达"教学专题高度契合。通过本次联合研修,我们达成了以下共识:

一是在单篇教学设计过程中,教师应从较高层次理解、研读教材,梳理、探究单元双线组元背后的整体意蕴,让单篇课文的教学与单元教学构成逻辑关联。

二是基于单元学习要求的单篇教学,要建立以单元目标为统领的整体教学理念,要深度研读单元教材内容,发掘人文主题与语文要素之间的联系,提炼单元的教学目标,并以此为引领,选取与单元目标一致的教学内容,彰显单篇教学过程中的单元整体意蕴,实现单篇教学目标单元化。

三是教学工具以及教学资源的运用,应该与教学目标以及整体教学设计保持一致性。

四是初中语文的课堂教学应该关注到初高中的衔接，要站在更高、更长远的角度来培养学生语文核心素养。

——刘懿（上海市曹杨中学语文教研组长）

九、"理性思维与高考作文母题写作指导"专题研究活动

（一）活动简报

2024年4月25日，孟庆平语文特级教师工作室与杜蕾、张赟语文高级指导教师研修团队联合普陀区教研室，面向全区高中语文教师，在上海市长征中学举行了"理性思维与高考作文母题写作指导"联合研修活动。活动由主持人孟庆平老师主持。

第一项活动是由孟庆平语文特级教师工作室成员、上海市长征中学陈致远老师执教"理性思维与高考作文母题写作指导"研究课。

陈致远老师首先以思想家、哲学家梁漱溟先生的名言导入课题，阐述高考作文三大母题"人与外物""人与他人""人与自我"；通过辨析上海市2024年春考、2023年高考、2023年春考三套试题中的三道作文题，明确研究重点：如何在三大母题的视域中立足"现代性"，通过辨析材料与命题，提高思辨表达能力，有条理、有创新性地表达自己的见解。

接着，陈老师组织学生辨析2024年虹口区二模作文题："有人说，人情世故是现代社会的立身之本。有人则不以为然。请写一篇文章，谈谈你对这个问题的认识和思考。"在界定材料中的关键概念"人情世故""立身之本"之后，明确写作所属的母题属于"人与他人""人与自我"。

在此基础上，陈老师组织学生进行课堂讨论：结合材料，思考先秦诸子如何看待人情世故？——或重视人情世故，或轻视人情世故。现代社会中人们如何看待人情世故？——现代社会崇尚科学、法律、公平正义、民主合作等新思想，传统的人情世故的功用已被弱化，虽然仍可辅助立身，却已非立身之本；今天在关注他人的同时还必须关注自己，在处理好人与他人关系的同时，还必须处理好人与自我的关系，修己以安人！

最后，陈老师布置作业：在课堂讨论与学习的基础上，课后完成 2024 年虹口区二模作文题的写作。

第二项活动是主持人孟庆平老师以一个饱含深情的题目"再回首，背影没远走"为切入点，回顾了研修团队两年多来的工作。两年多来，研修团队以校本化国家语文新课程为着力点，围绕提升学生语文核心素养的目标，积极打通语文教育教学与相关学科的关联，努力探索适合新时代、新课标、新教材的语文教育教学策略，深入开展了与研究项目相关的语文教育教学改革实践活动，努力为基地学校、团队成员以及区域内中青年语文骨干教师的专业成长搭建平台。两年多来，研修团队在语文教育教学领域所进行的各种探索和实践，是每一位成员对教育的热情与执着的体现。

第三项活动是微报告。杜蕾和张赟老师分别就"双新"视域下高中语文课堂单元活动开展新形式和跨学科实践的思考进行了分享。杜蕾老师作"'双新'视域下高中语文课堂单元活动开展新形式"的报告，强调了课堂单元活动在语文教学中的重要性，并介绍了一些创新的活动形式。张赟老师作"'双新'视域下高中语文跨学科实践的思考"的报告，从跨学科实践的角度出发，探讨了如何在高中语文教学中融入其他学科的知识和方法。

第四项活动是由上海市语文特级教师、正高级教师、上海市名师培养基地主持人、中国教师发展基金会"中学生批判性思维培养与思辨读写教学实践研究"课题组组长、部编高中语文教材编写者余党绪老师对活动进行点评，并作"关于母题写作与母题阅读"的专题指导。

（二）教后反思

执教"理性思维与高考作文母题写作指导"，我甚是紧张。"理性思维"与"高考作文母题"都是很大的话题，我一直担心不能驾驭。在孟老师的鼓励与指导下，我缩小研究范围，选择以"现代性"为思维立足点，切入"人情世故"（"人与他人"）母题，以探讨哲学思想对高考写作的启示。但母题写作应该如何教？对这个问题，课后我心中仍是疑惑的。

余党绪老师全程观摩了我的课，课后，针对这堂课涉及的母题作文教学，给出了他宝贵的指导意见，让我受益匪浅。余老师认为，母题是很有张力的，神话的母题就是文学的母题,文学的母题就是人生的母题,也就是教育的母题。对母题教学,应该有归因的思路,把握广泛的关联性,删繁就简,得出最核心的母题。而在归纳出母题之后,则需要在同一母题内进行比较,找出同一母题内的作品的不同之处。这样,就自然进入了理性思辨的领域。这一思路,对我今后更好地开展母题阅读与作文教学有很大的启发。

——陈致远(上海市长征中学语文教师、孟庆平语文特级教师工作室成员)

(三) 课后研讨

首先,陈致远老师在高三年级面临高考的关键节点,进行母题写作指导,很有针对性,很管用。高考作文题多有变化,但是万变不离其宗,本节课就是以"人与他人""人与自我"为母题进行写作指导。这样化繁为简,找出规律,循规律而为文,学生便会走在正确的路径上,容易抵达成功彼岸。正如余党绪老师在点评中所说"母题研究是删繁就简、提高写作效率的一个非常好的路径"。

其次,陈老师精于带领学生立足"现代性"来思辨。陈老师以"现代性"为立足点,以确定教学目标和教学重点,非常恰当。"文章合为时而著",当代学生须立足现代社会语境进行思考,方能有创新性地表达自己的见解,否则,不关注现代社会,与当下生活割裂,而只是"背诵""复制"古人言论,于发展中的当今现实无更多补益。所以说,陈老师带领学生立足"现代性"来思辨,非常恰当。

再次,陈老师引导学生在比较中展开思辨,这非常利于理性思维的培养和提高。陈老师先是比较辨析,后是举例详解,进而界定命题中关键概念,明确所属母题,在比较中落脚于"现代人""现代性"。陈老师举例详解,给学生以切实的抓手,避免了纯理论性指导的"悬空"。余党绪老师在点评中说得好:"母题写作最重要的思维方式就是比较,比较也是最基本的理性思辨。"

陈老师的这堂课正是如此。

——丁少国(上海市作家协会会员、语文高级教师、孟庆平语文特级教师工作室成员)

此次联合展示活动,是普陀区第六轮骨干教师团队最后一阶段的分享,而语文教学的挑战与实践一直在路上。陈致远老师"理性思维与高考作文母题写作指导"的研究课,深入浅出地讲解了理性思维在高考作文中的重要性,并结合今年高三模考中的作文题目,引导学生围绕"人与他人""人与自我"的母题进行思维搭建,有效指导学生运用理性思维来分析和解决作文中的问题,为研究团队奉献出新的智慧。余党绪老师对本次活动进行了点评和指导。他充分肯定了研究团队在选题方面的独到性与前瞻性,并就如何进一步深化研究提出了宝贵意见。他说,如果一个学生对世界有了总的理解,对高考作文的范畴有了总的理解,那我们就不用猜题,也不畏惧任何类型的高考题目。他的鼓励与指导,为我们进一步深化研究注入了新的动力。

——杜蕾(普陀区政协委员、高级指导教师、孟庆平语文特级教师工作室
　　成员)

陈致远老师的研究课"理性思维与高考母题写作指导",让我受益匪浅。陈老师的课旨在明确高考作文三大母题与"现代性"的思维立足点,通过思考、交流、讨论,增强辩证分析命题的意识,提升理性思辨的能力。这样的教学目标设置有高度,也很新颖。在以往的作文教学中,思辨性是老生常谈的问题,但怎么引导,怎么提升,教师在八仙过海、各显神通的过程中,往往把问题复杂化。陈老师却另辟蹊径,引导学生明确高考作文三大母题与"现代性"的思维立足点,站在"现在""现代"看高考作文,把一切问题、现象和话题简化,让学生在写作中不停留在琐碎的现象与问题上,而是从宏观上明白该谈什么母题,应站在什么角度去思考。这样,学生在审题立意时就能高屋建瓴,就比较容易写出有新意、有深度的文章。

活动中,孟老师回顾了工作室两年多来的足迹,让人感慨颇深。原来,我们所走的路虽不长,但我们在语文教学领域已经做了不少富有成效的探索和实践。我们从中看到了自己的收获和成长!

余党绪老师就陈致远老师的研究课作了深入浅出的点评和指导。他肯定了母题写作的意义和价值,让我们明白了在母题读写中应该如何落实思辨:

比较是一个很好的路径，比较中能够发现文化的不同、时代的不同，进而形成自己的判断，自然而然地提升理性思辨能力。

——郭玉清（上音实验附中语文教研组长、孟庆平语文特级教师工作室成员）

陈致远老师的研究课，为我们的作文教学打开了一种新思路。普通中学的学生由于阅读积累不足、思维习惯不佳等原因，思想意识常常停滞不前，认知无法有效提升，写起作文来，要么无话可说，要么仅是以旁观者的角度说上几句大道理。陈致远老师的研究课无疑给这些同学的写作提供了一个新的支点：思维立足点要放在"现代人""现代性"上。"现代人"的视角，是指用现代人的思维方式、价值观念和科技背景去审视和理解世界。在高考作文中，这种视角的体现尤为重要，因为高考作文考查的不仅仅是考生的文字表达能力，更是他们对现代社会问题的深入理解和独特见解。"现代性"不仅仅是一个时间上的概念，它更多地是指一种思维方式。现代人拥有更广阔的"现代性"视野，能够接触到更多的信息，也更加注重个体价值和多元文化的碰撞。因此，在高考作文指导中，我们应该像陈致远老师一样，积极引导学生跳出传统的思维模式，以更加开放和包容的态度去看待问题。当然，开阔视野、提高认知的工作，任重而道远，但"现代人"的视角、立足"现代性"，无疑是一个很好的支点。

——于晶（上音实验附中高二语文备课组长、孟庆平语文特级教师工作室成员）

陈致远老师的研究课"理性思维与高考作文母题写作指导"，让我对思辨性读写有了新的认识。陈致远老师围绕高考命题的三大母题"人与外物""人与他人""人与自我"，抓住高考作文题中的关键词，立足思维的"现代性"，为思辨性读写指导提供了一个全新的视角。

余党绪老师的点评和指导，让我受益良多，使我对"思辨性"的概念有了更深入的感知。他说，对于"思辨性"，教师不能简单地"一分为二"。确实，在以往的教学中，我们总是习惯性地引导学生简单地从正反两面去看待事物，而把握不准事物的本质属性。但余老师提到,很多时候我们要将问题放到具体的情境中去看,要在具体的情境中去辩证地看待问题,不能粗暴地非黑即白。这启示我在今后的教学中,要努力引导学生将问题放在具体的情境、语境、时代背景中去思考,看待问题不能片面和固化。这次研修活动,给了我难得的学习机会,使我深受启发。

——吴燕寅(上海市曹杨中学语文教师、孟庆平语文特级教师工作室成员)

陈致远老师的研究课,在"人与他人""人与自我"的母题中展开,结合高考作文题和模考题目,在宏观上对题目予以归类,很好地提升了学生的归类意识。孟庆平老师回顾和展示了我们在母题读写研究领域取得的丰硕成果,启发我们在语文教学实践中要努力化繁为简。余党绪老师结合自己多年的实践,对作文的母题研究给予了充分肯定,建议把母题写作研究与母题阅读研究有机结合起来。研修过程,干货满满,我们获得了很多启发。

——徐茜朦(上海市长征中学语文教师、张赟高级指导教师团队成员)

观陈致远老师的研究课"理性思维与高考作文母题写作指导",收获良多。听余党绪老师的点评指导,启发很大。研修活动激活了我的思考:为适应"双新"背景下的教学新要求,我们确实需要重新审视和调整教学策略,要努力将母题思维融入写作教学中,培养学生的母题意识,以提高学生的写作兴趣,提升写作能力。在这个过程中,教师的引导至关重要。

——汤梦甜(上海市桃浦中学语文教师、杜蕾高级指导教师团队成员)

本次"理性思维与高考作文母题写作指导"实践研究,让我比较充分地了解到母题作文教学的意义。一是能提升思维能力。通过对写作母题的深入分析和探讨,学生可以锻炼自己的逻辑思维能力和批判性思维能力,这对高考作文的写作具有独特的价值。二是能增强文化素养。高考作文母题往往与家国情怀、文化自信等深层次的文化主题相关联,这有助于考生增强对中华文化的理解和自信,培养书卷气和文化素养。三是能提高应试技巧。通过对历年高考作文所涉及的母题分析,学生可以掌握高考作文命题规律,提前准备和练习相关主题的写作,从而提高应试技巧和效率。四是促进情感表达。高考母题作文鼓励学生从个人经历和社会现象出发,表达自己在三大母题"人与外物""人与他人""人与自我"上积累的情感和看法,这样的写作更具有感染力和说服力。五是培养社会责任感。高考母题作文往往涉及人与他人、人与社会的关系,通过写作和思考,学生可以更好地认识到自己作为社会成员的责任和使命。其实,每个学生都有自己独特的生活经历和思考角度,都有自己熟悉的母题。母题作文为他们提供了一个展示个性和创造力的平台,为我们提供了一个新的写作方向和立意的出发点。在今后的教学中,我也会积极参与母题作文的研究,并把所得运用于课堂。

——张婷(上海市桃浦中学语文教师、杜蕾高级指导教师团队成员)

十、"对话世界,连接未来"

——孟庆平语文特级教师工作室赴上海金瑞学校考察学习

(一)活动简报

2023年5月25日下午,孟庆平语文特级教师工作室研修团队赴上海金瑞学校考察学习,受到总校长程红兵,副校长赵亮、李然等热情接待。研修团队聆听了程校长的专题报告"办一所'对话世界,连接未来'的学校",在所见所闻所思中开阔了教育视野。

围绕"如何将学校建设成一所现代化、国际化的未来学校?"这一核心问题,程红兵校长将上海金瑞学校的创校经历向工作室研修团队娓娓道来,并从一系列教育创新的实践中给出了自己的思考和回答。他说,所谓现代化,即精神入世,师生思想理念能够与时俱进,与时代发展同步;所谓国际化,即学校的教育思想、课程设置既植根中华,又放眼世界,能与世界先进同步;所谓未来学校,即基于面向未来的全新的教育思想、知识体系和人的成长规律,构建开放、互联、互通、智能的智慧世界,同时构建开放、包容、审美、文明的文化世界。

交流中,工作室主持人孟庆平老师说,作为教育学博士的程红兵校长,教育教学及管理经历十分丰富,是特级校长、语文特级教师,曾任上海市建平中学校长、浦东教育发展研究院院长、深圳明德实验学校首任校长,尽管他常常自谦地说自己是一名简单的"书生校长",但他其实是一位具有博大教育情怀的思想者。如今壮心未已,继续编织他瑰丽的教育梦想,出任上海金瑞学校总校校长和金茂教育研究院院长。他"对话世界,连接未来"的先进办学理念贯穿于金瑞学校建设、发展的点滴细节,体现在教学空间、环境设计等硬件设施里,更融入教师队伍建设、课程建设、教学管理等办学治学的各个环节中。同时,他关于"开放""差异""内驱力"等方面的深度思考,也给了工作室研修团诸多启发。

(二) 学习心得

5月25日下午,跟随孟庆平老师参观了具有国际化办学视野的上海金瑞学校,我们深深地被其大气、恢弘、开放的校舍所吸引,同时更被程红兵校长"办一所'对话世界,连接未来'的学校"的报告所震撼。程校长先进、开放、包容的办学理念以其独有的国际化视野,触动每一个聆听者的心灵。学校课程开放、课堂开放、师资开放,因为开放,所以包容,因为开放,所以先进。

学校开放的课程不止于课本,更在于走向社会、走向国际;学校开放的课堂不止于四十分钟,更在于孩子们无拘无束的"天问",而"天问"既是课堂的起点,又是求知探索的源动力;学校开放的师资打破了传统的师资限定:只要你足够热爱教育事业,只要你确实学有专长,就可以在金瑞成为传道授业解惑者。程红兵校长这样的魄力与理念,不由得让我想到了蔡元培"兼容并包"的办学理念。"兼容并包"成就了独一无二的北大,相信"开放包容"也将成就上海金瑞。

——郭玉清(上音实验附中语文教研组长、孟庆平语文特级教师工作室成员)

在参观上海金瑞学校的过程中,我深深感受到了学校对学生内驱力培养和提升的注重。首先,学校非常注重激发学生的兴趣和热爱。学校为学生提供了丰富多彩的课程和课外活动,例如艺术、音乐、体育、科学和人文学科等,引导学生在自己感兴趣的领域进行深入探究,从而激发出他们的热情和内驱力。在学校内,我亲眼看到许多学生在积极探索自己感兴趣的事情,让人好生羡慕。

学校还特别注重鼓励学生自主学习和思考。在教学和管理方面,学校采用了启发式教学和探究式学习的方式,鼓励学生进行自主思考和创新。在学校内,我见到许多教师引导学生主动提问,引发学生对世界的广泛思考。我看到学生们在探究的过程中,能够自主发现问题、提出解决方案,表现出难能可贵的自主学习和思考的能力。

学校更是注重培养学生的自信和领导力。学校为学生提供了许多独立思考和实践的机会。学生能够在学习活动中体验到自己的能力和价值,从而培养出自信和领导力,这非常有利于学生的健康发展。

——于晶(上音实验附中高一语文备课组长、孟庆平语文特级教师工作室成员)

有幸跟随孟庆平老师参观上海金瑞学校,聆听教育学博士、语文特级教师程红兵校长的报告"办一所'对话世界,连接未来'的学校"。程校长报告中的诸多理念,譬如"开放""差异""内驱力"等,让我受益匪浅。

程校长指出:"要办开放的学校,要让老师开放,最终目的,要让学生开放。"从基础设施的设计上来看,金瑞学校很好地贯彻了"开放"这一理念,学校建筑采用中国传统榫卯结构的理念,巧妙地使几栋现代化的独立大楼连接起来,中西自然融合。同时,门窗大量使用玻璃,让学生在读书时,时刻能够与大自然融为一体,感受到外部环境,关注外部世界,保证学生视野上的"开放"。

金瑞学校确实是一所具有国际化视野的学校,学校在办学精神、教学理念上全方位地贯彻了"开放"的理念——对老师的招聘不限于师范院校,特意录用具有各样工作经验的人,潜移默化地将社会各个方面的思想带到校园内,以保证学生思想上的开放。

程校长也谈到了学生的差异:"没有差异是不可能的,有了差异才有对话。"正因如此，程校长进行了教学上的一次很有价值的尝试，即实施差异化教学。学校根据学生不同的情况，安排不同的课程与学程——不仅在年级内部进行横向的差异化教学，还打通了各个年级进行纵向的差异化教学。金瑞的差异化教学策略，特别值得我们学习借鉴。

——陈致远（上海市长征中学语文教师、孟庆平语文特级教师工作室成员）

有幸随孟庆平老师前往上海金瑞学校参观学习，有幸聆听程红兵校长的报告"办一所'对话世界，连接未来'的学校"。程校长的报告带给我许多教学上的反思与启迪，让我重新审视自己固有的教学思维和教学模式。

我们常说"有教无类"，每一个学生都是独一无二的，学生之间难免有个体性的差异。而在我以往的教学中，我虽然也关注到了学生的个体差异性，设计了分层作业，但在一些基础模块的学习上，我往往会陷入"一刀切"的模式。老实说，在尊重学生个体差异方面我还做得非常不够。在今后的教学中，我将努力避免一些机械化、流水线式的操练，根据每个学生实际学情的不同，有针对性地帮助他们扬长避短，培养他们对学习的兴趣，树立他们对学习的自信心。

在报告中，程校长提到，要特别注重培养学生的想象力与逻辑思维。每个孩子都有想象力且各不相同，丰富的想象力是现代高科技也无法模仿与超越的能力。因此，我们要充分尊重每个孩子的个体差异，才能有效培养孩子的学习兴趣。

程校长还指出，学生学习的动力往往来自自身的内驱力，即学生强烈的求知欲和好奇心，而求知欲和好奇心又常常建立在学生对学习的浓厚兴趣之上。在今后的教学中，我会更加关注学生的个体差异，注重培养学生的学习兴趣，尊重每一个孩子的个体发展，切实做到因材施教，努力促进学生的全面成长。

——吴燕寅（上海市曹杨中学语文教师、孟庆平语文特级教师工作室成员）

十一、不远四千里，帮扶送真经

——孟庆平语文特级教师工作室送课送教至云南巧家

2023年8月21—25日，应"组团式"教育帮扶云南省巧家县工作组邀请，全国优秀作文指导教师、上海市中学语文特级教师、上海市写作学会理事、上海市普教系统语文名师培养基地导师、上海市普陀区民族联合会副会长孟庆平老师，携工作室成员，不远四千里，走进国家教育人才"组团式"帮扶学校云南省巧家县第二高级中学，开展真帮实扶的送课送教活动。

来自上海的、挂职云南省巧家县的县委常委、副县长华明来，对孟庆平团队一行表达了热烈的欢迎。在8月23日的工作见面座谈会上，来自上海的、挂职巧家县第二高级中学的栾承健校长作为活动的牵头人，介绍了此次活动的背景和意义。他说，此次上海市语文特级教师学科团队送教行动，是"组团式"教育帮扶巧家县工作组根据巧家县域高中教育教学实际而精心组织安排的，旨在以实际行动助力由中央组织部牵头的教育人才"组团式"帮扶工作，进一步增进东西部课堂教学的思维碰撞和经验借鉴，更生动直观地呈现国家课程改革和高考评价改革的新理念，促进巧家县高中教育高质量、跨越式发展。

巧家县教体局副局长马发升和巧家县二中党委书记杜升敏，表达了对孟庆平团队一行的热烈欢迎和真诚感谢，同时对巧家二中的教师们提出要求，希望他们能把此次活动中所学内化到自己的日常教学中，转变思想，改变理念，进一步提高课堂效率。校党委副书记何福钦、副校长陈元斌和杨正秋（昆明帮扶团队领队）也参加了见面座谈会。

活动期间，此次送教活动的领队、工作室领衔人孟庆平老师，在巧家县文化馆礼堂，为巧家二中高三学生代表和语文学科教师共300余人，作了"世本无界，善于跨界——'双新'背景下高考作文的跨学科思考例谈"的专题讲座。他根据巧家当地的教情和学情，从深研多年的作文教学成果出发，宏观上阐述了为什么要学会跨界思考，如何在高考作文审题立意时用思想家、哲学家的眼光进行跨界思考；微观上横向谈了2023年全国高考作文题审题立意的跨界思考,纵向谈了近年上海市高考作文题审题立意的跨界思考,深入浅出地为师生梳理出近年来全国高考作文跨学科发展方向和应对策略。

诗人、上海市作家协会会员、中国诗歌网上海频道副主编、高级教师丁少国老师在巧家县文化馆礼堂为巧家二中高二年级学生代表250多人,作了题为"现代诗创作的思维和语言"专题讲座。他从"融入事物内部,倾听其心,代其立言"三个方面,畅谈现代诗创作中应选准立足点来体验与思考;从"词语的反常搭配"中的三个角度解说现代诗语言的陌生化等具体路径。丁老师从受众认知层次出发,结合名家名篇和自己的代表作,深入浅出地解析,声情并茂地朗诵,案例丰富,可接受度高。讲座节奏调控合理,师生互动和谐自然,学生的回答和朗诵流畅生动,礼堂里生机盎然,诗意飘香。

工作室成员、上海市长征中学的青年语文教师陈致远老师,紧接丁少国老师展开同题讲座。他在丁老师讲座内容的基础上恰当延伸拓展,结合高中语文必修教材中的西方现代诗、自己所创作的诗作以及高考真题,进一步丰富了"现代诗创作的思维和语言"讲座的内容。他最后说"诗歌是敏感与冲动的结合体,而同学们正处于人生中最佳的诗歌创作阶段",鼓励大家热爱诗歌并积极创作诗歌。

团队成员、上海市长征中学的青年语文教师徐茜朦老师,就丁少国和陈致远老师的讲座,发表简洁、凝练、诗化的感想。她说:"丁老师文采斐然的分享,陈老师深入浅出的拓展,同学们现场精彩的表现,让台下聆听的我真没想到——在高楼林立间,隐现着这么多的诗人,日子原来还可以这么浪漫。丁老师和陈老师讲座的落幕,不是一个结束,只是诗歌创作的一次开场。"

活动期间,孟庆平语文特级教师工作室团队还通过推门听课、语文学科主题联合教研活动、学科专业讲座等形式,与巧家二中教师深入交流了语文教育教学中的经验和做法。

工作室团队在巧家二中推门听课基础上,以"'学习任务群'教学中'主问题'的设计策略"为主题,与巧家二中语文组以及昆明帮扶团队共50余名语文教师进行了联合教研。在活动中,工作室成员、上海音乐学院附属安师实验中学语文教研组长郭玉清老师,首先作了微讲座"'学习任务群'教学中'主问题'的设计"。郭老师将理论和课例有机结合,先对"主问题"的概念、特点、作用等进行讲解,然后辅之以具体的课例,阐述在"学习任务群"教学中如何发现、设计"主问题",如何有效落实"主问题",最后提出了建设性的意见。

工作室成员、上海音乐学院附属安师实验中学高二语文备课组长于晶老师,针对她所观察的巧家二中两位年轻教师的语文课,进行了点评交流。她建议在夯实基础、落实文本内容的基础之上,把课堂"主问题"和单元"主问题"的设计有机结合起来,努力做到各有侧重且相互关联。

联合教研活动结束后,工作室成员、上海市普陀区政协委员、普陀区少数民族联合会理事、语文高级指导教师杜蕾老师,围绕如何让"主问题"在真实情境中有效落实的核心,为巧家二中及昆明帮扶团队的语文教师作了"特定情境,思辨表达"的语文学科专业讲座。讲座中,杜老师从"发掘文本、辩证思考;发散思维、创新思考;群文阅读、启发思辨;智慧设问、开拓思维"四个方面,用生动的课堂实例,阐述了自己在特定情境中引导学生进行思辨表达的具体措施。她强调,教师设问必须观照学生的兴趣爱好、审美情趣,所设的"主问题"要能够引领课堂,有利培养学生的质疑能力和激发深度思考,教师不仅要善于设计"主问题",更要根据学生的反馈及时有效地进行追问。

云南巧家,在秀丽长江上游金沙江畔;申城上海,在壮美长江下游滚滚入海口处。万里长江水,一线联沪滇。此次"组团式"帮扶送教送课活动,将跨学科作文写作的意识、现代诗创作的思维和语言追求、课堂"主问题"意识、"创设真实的语文学习情境"等先进的语文教育教学理念带入巧家二中,为巧家二中的发展注入了新的动力,受到了师生的一致好评。这样真诚的"组团式"教育帮扶只是一个开头,将来还会有更多的上海教育团队带着热忱走进巧家二中。相信在不久的将来,云南巧家会发生一场静悄悄的教育革命。

十二、"汇学"不只是"会学"

——孟庆平语文特级教师工作室赴上海市徐汇中学考察交流

(一) 活动简报

2023年9月28日下午,孟庆平语文特级教师工作室研修团队赴上海市徐汇中学考察交流，受到特级校长、语文特级教师、正高级教师曾宪一校长的热情接待。研修团队在徐汇中学文化发展中心主任郑斌老师的带领下，参观了沉淀着170多年办学历史的徐汇中学校史馆，聆听曾宪一校长的专题报告"语文统编教材引领的新教学范式"，观摩了徐汇区骨干教师、徐汇中学王敏老师的研究课"基于文本的创设情境下的文言词解自命题"，在考察交流中开阔了教育视野。

围绕"如何启动认知，因材自学"的话题，曾宪一校长简要介绍了他主持设计的课题"语文统编教材引领下的新教学范式"。他说，语文统编教材引领语文课堂由传统的"以教为主"向"以学为本"的现代教学范式转型；在基本范式基础上，针对不同学习内容应该有相应的教学范式。他所整合构建的"以学为本"的认知启动式语文新教学范式，核心有三：一是遵循预学再教、能学缓教、观学思教、自学少教、以学评教的教学原则；二是结合教材来编排既符合学生认知规律，同时又体现语文核心素养的教学内容；三是指导学生采用记忆启动式"板块法"学基础知识，动机启动式"加注法"学文言文，情绪启动式"小先生课"学古诗词，推理启动式"问题化"学现代文，思维启动式"自能式"学写作。

王敏老师的研究课"基于文本的创设情境下的文言词解自命题"，呼应了曾宪一校长的报告，是对"语文统编教材引领下的新教学范式"的积极践行。

交流中，工作室主持人孟庆平老师说，参访创办于1850年的有"西学东渐第一校""中国各种学堂之标准"美誉的徐汇中学，有如阅读一部形象生动的中国近现代教育史书。曾宪一校长是教育名家，拓展和丰富了徐汇中学"汇学"的四境：荟学—会学—慧学—汇学。他所追求和倡导的"汇学"四境，为工作室研修团队的语文教师们打开了多扇智慧之窗。王敏老师的研究课很好地践行了曾宪一校长所倡导的"主动·合作·探究"式学习，充分体现了教法学法一体化。

（二）学习心得

很多高中学生在文言文学习上有一定的困难，可能是由于对文言文学习不感兴趣，抑或是缺乏较强的文言文基础，所以有一部分学生认为文言文学习是一件无聊的事，更有一部分学生认为文言文学习是一件让自己感到害怕的事。《普通高中语文课程标准》指出,古代诗文的阅读,应指导学生学会使用有关工具书,自行解决古诗文阅读中的障碍;重在提高学生阅读古诗文的能力。徐汇中学校长曾宪一的报告和王敏老师的研究课给了我们启示与借鉴。

曾校长"以学为本"的认知启动式语文新教学范式,遵循预学再教、能学缓教、观学思教、自学少教、以学评教的教学原则,符合学生认知规律,同时又体现语文核心素养的教学内容。王老师的研究课"基于文本的创设情境下的文言词解自命题",让我们意识到文言文教学不只是单纯的字、词和句的背诵,更不是机械式的记忆,我们应该帮助学生找到学习文言文的有效方法,激发学生的求知欲。文言文词解的自命题是基于学生在文本理解基础上对所学知识的融会贯通,是在没有工具书帮助下实现对词语在不同文言语境中的理解,学生习得的是"渔"而非"鱼"。同时,"点阵笔"这一技术应用模式体现了现代技术服务课堂教学改革实践的意义:课堂上学生使用点阵笔的书写过程实时显示在大屏幕上,在为老师调取典型解答,了解学生的完成情况提供帮助的同时,更便于学生展示交流各自答题方法和思路,实现了学生充分互动和思维再现,提升了课堂学习效率。

——张赟(普陀区语文高级指导教师、孟庆平语文特级教师工作室成员)

"成己达人,兴学兴邦——徐以成己,汇则达人;徐以兴学,汇则兴邦。"这是徐汇中学的校园文化。走在充满人文气息的校园里,参观徐汇中学的校史馆,我对这样一所上海市科创特色的高中有了更深刻的认识。

曾宪一校长为我们作了精简又深刻的讲座,为大家介绍了构建"以学为本"的认知启动式语文新教学范式,其遵循预学再教、能学缓教、观学思教、自学少教、以学评教的教学原则,给了我们极大的启示。

王敏老师的研究课"基于文本的创设情境下的文言词解自命题",很好地诠释了转换学习角度的重要意义。在自命题的过程中,学生对自创题目显示出很高的兴趣,同时在解释命题原则过程中,也展现了他们扎实的学习功底。

点阵笔在课堂的出现,也让听课成员耳目一新。便捷的录入和清晰的输入,以及关注到每个学生学习过程的技术,是可以借鉴的、提高课堂效率的一种新尝试。

——杜蕾（普陀区政协委员、高级指导教师、孟庆平语文特级教师工作室成员）

跟随孟老师走进百年老校徐汇中学，漫步古朴的校园，品读悠久的历史，参观各类真实情境的实验室，了解各种创新自主的研究课题，我想，在这儿上学的学生是多么的幸福！

曾校长的讲座让人耳目一新。曾校长针对统编新教材提出了"以学为本"新范式：预学提出问题—梳理核心问题—分组讨论分析问题—交流解决核心问题—质疑反思形成新问题。这一范式遵循预学再教、能学缓教、观学思教、自学少教、以学评教的原则，真正让学生成为课堂的主人，让学生在提出问题—解决问题—质疑中产生新的问题，这样的学习将思维的提升与个人的成长有机结合起来。给我印象最深的是曾校长所讲的语文学习更多是自悟：自悟来自自学，自悟又是学习的最高境界，是学得的最终检验。

王敏老师"基于文本的创设情境下的文言词解自命题"的研究课，是曾校长教育理念的一次实践。王老师先让学生根据练习题推导出文言词解题的做题原则，然后让学生就课文《鸿门宴》择词命题解题。这一教法非常新颖，让学生在真实的情境中巧妙地掌握了一词多义，准确地理解了课文内容。

徐汇中学之旅，一次学习之旅，一次开阔视野之旅。

——郭玉清（上音实验附中语文教研组长、孟庆平语文特级教师工作室成员）

观摩王敏老师执教的"基于文本的创设情境下的文言词解自命题"的研究课，是一堂难忘的课。

王老师先整理了近年来的高考词解的典型题型，对照课标，引导学生观察，发现题型及变形题的发展特点，明晰考点，并梳理出诸如"前后文的内容间逻辑""平时积累""关注通假字""关注某种特定语境""关注词性""关注句子成分"等解题的清晰路径。在此基础之上，学生们开始以《鸿门宴》一课中关键文言词语为抓手,尝试原创命题。活动具体为:限时三分钟,借助工具书,自主原创一道文言词解选择题;四人小组交流,推举一道最具创意且合理的原创命题;投屏,小组在全班汇报交流,现场作答与判定,现场解释命题思路。最后,别开生面地引导学生根据规律,发挥想象并思考:2033年上海高考的文言词解题型会是怎样的?并以《鸿门宴》中的词解为例阐述。整堂课思路清晰,操作过程流畅自然,步步推进,层层提升,佳境频出。既有高考典型题型的范例引领,又有探索梳理出的解题路径为导向;既有学生主动动手原创,又有小组合作探究与评选推举;既立足当下,又展望未来。课堂上,学生们交出令人满意的"试卷""答卷"。

这一堂文言文的教学课,非常契合曾宪一校长的"新教学范式"的精髓:引导学生独立命题,学生之间互相考核,互讲答案,互讲命题思路;极好地实践了"主动·合作·探究"学习方式,充分体现了教法学法的一体化。

——丁少国(上海市作家协会会员、语文高级教师、孟庆平语文特级教师工作室成员)

走进徐汇中学,浓厚的文化气息扑面而来。其欧式风格校园建筑,在繁华喧嚣的徐家汇商业中心,显得与周围林立的现代高楼格格不入,不费吹灰之力就能抓住过往行人的眼球。徐汇中学以"荟萃精华、广学博识的荟学;参悟规律、善于学习的会学;智慧养成、学以致用的慧学;古今传承、东西汇通的汇学"的"汇学"为校训,逐步形成"徐以成己,汇则达人;徐以兴学,汇则兴邦"的"成己成人,兴学兴邦"的"汇学"文化。"汇学"文化,在这所学校不只停留在校长口中,更呈现在校史陈列室,体现在校园景观设计上,学校制度建构中,师生言行举止间,令我感触颇深。

而曾宪一校长的报告和王敏老师的研究课,更让我对反向思维在语文教学中的运用有所思考。反向思维与传统的语文阅读教学思维有一定关联,但在指向方面是相反的。它能凸显学生的主体性,能让学生将自己的主观意愿在课堂上进行展示,换位思考,让学生从作者的角度面对语文阅读,面对考试。反向思维,能够对学生的创新思维进行激发与培养,能让学生通过对阅读内容的反向理解收获独特的阅读体验,从不同的角度理解文章的独特内涵。

王敏老师的教学研究课"基于文本的创设情境下的文言词解自命题",是非常有意义的探索。王老师以《鸿门宴》的文本为基础,要求学生在三分钟内,自主原创一道文言词解选择题。这是引导学生站在出题者的角度考虑问题,既培养了大局观,又提升了思维品质。

——于晶(上音实验附中高一语文备课组长、孟庆平语文特级教师工作室成员)

有幸跟随孟庆平老师参观徐汇中学校园。徐汇中学校园的每个角落均有精心设计,而这些设计,在聆听曾宪一校长的报告后,我才明白其中的用心。

曾校长的报告中令我收获最多的一点是:启动学生的认知——让学生成为命题人,而不是做题人。曾校长认为:"元学习是启动元认知了解并调控学习经验的过程。元学习能力主要包括确立自己的学习目标,选择达标最适当的学法,检测达标情况,总结达标的成功经验和失败教训,及时调节学法。元学习的最高境界就是自学,因为学习最终是自我觉悟。"语文教育应使学生"自能读书、自能作文、自为研索、自行解决","教师要培养学生的自学能力、习惯、精神"。再回想徐汇中学校园里的那些"小设计",我便觉察到,这些细节里无一不透露出对学生的关注和学生作为主体的自觉。

王敏老师的研究课"基于文本的创设情境下的文言词解自命题",带着学生一起分析题目,揣摩出题人想法,再结合课本内容,让学生来当命题人。王老师的这堂课,做到了让学生自能读书、自为探索、自行解决,若有机会,我很愿意给我的学生上一堂这样的课,让学生成为"老师",而我们,则可以学会当个"学生"。

——陈致远(上海市长征中学语文教师、孟庆平语文特级教师工作室成员)

我有幸跟随工作室的老师们一起参观了徐汇中学的校园,感受到徐汇中学深厚的文化底蕴。活动中我聆听了曾校长的报告,他将基本教学范式设定为:预学提出问题—梳理核心问题—分组讨论分析问题—交流核心问题—质疑反思形成新的问题。这其中曾校长强调了预学的重要性,我非常赞同曾校长的观点。预学是以学生为主体,预学的过程实际是帮助学生在已有知识的基础上,进一步形成对新知识的思考与探究,它是学生思维成长过程中的基石。预学能使学生从被动学习转为主动学习,有助于激发和提高学生学习的内驱力。

观摩王敏老师的"基于文本的创设情境下的文言词解自命题"研究课,也给我的文言教学提供了很大的启迪。无论是初中还是高中,文言文阅读始终是学生语文学习中比较困难和薄弱的环节。学生对文言文学习不感兴趣,文言知识积累不足,对于文言字词的理解较随意。而王敏老师的这堂课,帮助学生总结和归纳文言词解的方法:联系前后文内容;文言词语积累;关注某种特定语境;关注词性和句子成分;创设情境;等等。王老师的目的是引导学生将语言规律运用于学习实践,在由解题转为自主命题的学习活动中获得了更加充分的成长。

——吴燕寅(上海市曹杨中学语文教师、孟庆平语文特级教师工作室成员)

作为杜蕾老师的工作室成员,我跟随着孟庆平特级教师工作团队参观徐汇中学并观摩教学,获益良多。曾宪一校长认为语文统编教材应引领语文课堂由"以教为主"向"以学为本"的教学范式转型:一是遵循"预学再教、能学缓教、观学思教、自学少教、以学评教"的教学原则;二是结合教材来编排既符合学生认知规律,同时又体现语文核心素养的教学内容;三是指导学生采用记忆启动式"板块法"学基础知识,动机启动式"加注法"学文言文,情绪启动式"小先生课"学古诗词,推理启动式"问题化"学现代文,思维启动式"自能式"学写作。曾校长的报告激发了我对语文课堂探索的兴趣。王敏老师的研究课"基于文本的创设情境下的文言词解自命题",则呼应了曾校长的报告,引领学生在实践中探索文言文的学习方法,让我看到了语文课堂更多的可能性。

——汤梦甜(上海市桃浦中学语文教师、杜蕾高级指导教师团队成员)

徐汇中学是上海市一所历史悠久的名校。我在参观过程中感受到了它的独特魅力。老师不仅注重学业成绩,更注重学生的品德修养和社会责任感,培养出了一大批综合素质高、有社会担当的优秀人才。同时,作为一所有着100多年历史的学校,徐汇中学承载着丰富的历史文化底蕴,校园建筑保留了很多古典元素,让人感受到历史的厚重和传统的价值观。最令人惊讶的是学校一流的设施为学生提供了广阔的学习和发展空间,有助于培养他们的创新精神和实践能力。

在徐汇中学观摩文言文词解公开课,是一次非常有益的学习经历。我发现王敏老师主要通过因材自学的方式引导学生,课堂以学生为主,让学生了解文言文的独特魅力,引导学生自己去探寻解题方法。这样的课堂回归学生的方式增加了学生的学习兴趣,也深化了我对文言文的理解,让我对曾校长所说的因材自学有了更具体实在的理解。

——张婷(上海市桃浦中学语文教师、杜蕾高级指导教师团队成员)

十三、江水抱城流,群峰围山舞

——孟庆平语文特级教师工作室应邀参加全国名师工作室论坛

江水抱城流,群峰围山舞。2024年7月28—31日,来自全国各地近700名专家学者和名师工作室成员齐聚美丽山城重庆,在西南大学附中成功举办了第二届全国名师工作室品牌建设论坛。上海市普陀区孟庆平语文特级教师工作室主持人孟庆平及部分教师代表应邀参加了此次论坛,并在评比中获得四项殊荣。

本届论坛以"把名师工作室建设成为教师专业成长的文化栖息地,把品牌建设论坛打造成为名师工作室发展的加速器"为目标,聚焦"新使命、高质量、促发展"的主题,内容丰富,成效明显。

29日上午,国务院政府津贴获得者、天津市红桥区教师进修学校徐长青副校长主持开幕式。重庆市教科院院长蔡其勇、西南大学附属中学党委书记欧健、《当代教育家》编辑部主任丁翌,分别代表东道主、承办单位和协办单位作大会致辞。

本届论坛上,《名师工作室成员的45项修炼》一书新书发布会隆重举行。西南大学出版社张发钧社长致辞,主编胡继飞教授代表作者团队,对新书的写作缘起、内容与体例、主旨与特点等进行了简要说明和评荐。

论坛主旨报告随后举行。首先是教育部基础教育司原司长、国家副总督学王文湛教授作"学习'二十大',建设教育强国——全面提高教育质量是新时期名师的重要使命"的专题报告。他从"假如我是孩子"和"假如是我的孩子"两个角度切入,对教师、班主任乃至校长的素质要求作了详细阐述。他充分肯定了名师工作室在促进教师队伍建设方面的重要作用,真切希望做强做大全国名师队伍。关于"如何搞好课堂教学",他提出五点建议:一是要认真阅读和把握教材,二是课堂上要当导演而不是当演员,三是要注重启发式教学,四是要面向全体学生,五是要苦练教学基本功。他认为教师要具备传统的四个基本功:漂亮的板书、生动的课堂语言、积极的精神状态和科学合理的家庭作业设计。他指出,校长强则学校强,教育思想是办学的灵魂,教育质量是办学的生命,校长最好是教育家或者应该成为教育家。他强调,立德树人始终是教育的根本,并提出"学会做人、学会生活、学会劳动、学会学习、学会审美、学会健体"这"六个学会"的树人思想。

西南大学原常务副校长宋乃庆教授、北京师范大学博士生导师赵德成教授、华东师范大学课程与教学研究所副所长吴刚平教授分别作主旨报告。他们分别从教育政策、好教师标准、教学评价一致性、课堂教学改革等角度,为新时代教育高质量发展定位把脉,和与会者分享了他们的真知灼见。

论坛邀请正高级教师、兰州市教科所高国君所长,教育学博士、西南大学附属中学张勇校长,天府七中拔创课程院王占娟副院长,正高级教师、深圳红岭中学教师发展中心吴磊主任这四位教育专家,围绕如何通过名师工作室品牌建设促进区域教育高质量发展的主题展开讨论,聚焦名师工作室建设的问题关键。

来自全国不同地区、不同学科的15个名师工作室在论坛上进行了品牌和特色创建方面的展示,展示了各自的品牌理念和实践智慧。

论坛邀请五位卓越名师共同探寻教育家之路的专业发展历程。深圳市罗湖区教科院陈小波副院长,广东省嘉应学院教科院院长范远波教授,教育部新时代教学名师培养对象、贵阳市第三实验中学叶学义副校长,四川省成都市天府新区教科院刘兵副院长,天津市滨海新区汉沽一中潘怀林校长,这五位卓越名师和与会者一起分享了他们通往教育家之路上的成长故事。

本届论坛上,一批知名的工作室分别被评为"全国特色品牌名师工作室""全国有影响力名师工作室"和"全国科研十佳名师工作室"。31日上午进行了命名和表彰,让一批卓越名师走上了教育大舞台的正中央。其中,上海市普陀区孟庆平语文特级教师工作室荣获"全国有影响力名师工作室"称号,工作室主持人孟庆平获评"卓越主持人"。工作室成员、诗人、上海市作家协会会员、语文高级教师丁少国老师的教学设计"现代诗创作的思维和语言",被评为全国"优秀教学设计案例"。工作室成员、语文高级教师、上音实验附中语文教研组长郭玉清老师的教学设计"感受'自然景观'中隐藏的人生态度与情怀",被评为全国"优秀教学设计案例"。

"重庆山水醉人景,浩荡长江在眼前"。本次在历史文化名城重庆成功举办的论坛,是论坛成立之后的第二届。论坛上,我们在聆听与交流中进一步感受到教育改革的"时代足音",加深了对"一个人带动一群人,一群人带动一批人,一批人带动一代人"责任的认识。

2022年5月,全国"名师工作室品牌建设论坛"在北京成立。2023年8月7—8日,首届全国名师工作室品牌建设论坛在历史文化名城兰州举行。连续两届论坛的成功举办,为全国名师工作室品牌建设打下了坚实的基础。愿全国名师工作室品牌建设论坛越办越丰富,越办越精彩;愿工作室中志同道合的伙伴们,似山城下奔腾的江水,一路沿江向东流,一起绕山乐起舞。

第五章 思辨性母题读写教学设计与实践课堂实录

一、"概念界定：逻辑思维的起点"课堂实录

孟庆平

（2023年11月15日）

（一）初识概念界定

师：同学们，我们已经训练过好几次议论文写作了，基本上写得"像样"了。但有的同学在写作议论文的时候还存在一些问题，比如说对题目中的关键词和核心概念把握得不够准确，分析得不够到位。今天，我们就来聊聊议论文写作中概念分析的问题。我们拿到一个作文题目，首先会思考什么问题？

生：如何确立文章的立意。立意好了，文章就可以写得比较顺了。

生：我会首先考虑立意的角度，什么角度写可能更好，别人可能没想到。

师：一个同学先想到的是"意"的问题，即观点，一个同学考虑的是"新"的问题，想别人所未想。但是，不管是立意问题还是角度问题，还有一个前提条件是你对题目中的关键词语是如何理解的，你对相关概念是如何界定的，只有在这个概念界定的基础之上，你才可能从某个角度确定文章的立意，写出或深刻的或新颖的思考来。

（播放PPT）

概念，是逻辑学的术语，它是通过揭示事物的特点或本质来反映对象的一种思维形式。任何一个概念都包含内涵和外延两个方面，内涵是事物的本质

属性在概念中的反映,说明概念所反映的事物究竟"是什么",外延是指具有概念所反映的本质属性的事物的范围,说明概念所反映的事物"有哪些"。

举个通俗的例子,比如"文学"这个概念,它的本质属性是使用语言,是语言的艺术,所以从内涵来讲,文学就是语言的艺术。文学的外延又有哪些呢?这又有不同的分类标准了,如果从体裁来分的话,有诗歌、散文、小说、戏剧等;如果从不同语言或地域来分,有亚洲文学、欧洲文学、非洲文学、拉丁美洲文学等;如果从不同的创作时间段来分,又有古代文学、近代文学、现代文学、当代文学之分。我们还可以按照不同的标准继续分类下去。

(二)如何界定概念

师:对于议论文的写作,关键是要揭示其内涵和分析其外延,对于作文的分析与思辨特别重要,因为概念分析是逻辑思维的起点,也是写作中分析论证的前提和基础。我先给大家两个话题,大家先用几分钟思考该如何分析。

(播放 PPT)

1. 空间

2. 狂

(几分钟后)

生:"空间"可以这样分类——有大的空间,如宇宙空间、社会空间,也有小的空间,如校园空间、个人空间。我倾向于选择"社会空间"来写,这样材料可选择的余地更多,也有话可说。

生:还可以这样分——有相对形象的空间,如地域空间、住房空间,也有抽象的空间,如心灵空间、情感空间。我觉得"情感空间"更能写出深度。

师:很好,也就是说,我们把概念分得越细,选择的余地就越大,沿着刚才第二位同学所说的"心灵空间"再深入一步的话,可以考虑从生命的要素来划分,把它分为无生命的空间和有生命的空间。比如史铁生的《我与地坛》就可以融合进去,史铁生打造了一方他自己的生命空间,在杂草丛生的地坛,在他儿时曾住过的四合院,他静静地享受生活的况味和生命的意义,我们每个人都有自己的生命的空间,我们一旦发现,也就有了自己生命的寄托,也就有了生命的意义。

好,对于"狂"这一话题,我们又是如何思考的呢?

生:"狂"有几种意思,一是指精神失常,二是指猛烈、声势大,三是指纵情、无拘无束,四是指狂妄和骄纵。写这篇作文,我会选择最后一种意思,来分析当今社会上有些人狂妄自大和蛮横骄纵的心理及种种表现,进而指出这导致的后果,从而阐明"狂"要有资本,只要有利于他人有利于社会,"狂"一点也是不应该被全盘抹杀的。

生:我会由表及里地分析"狂"。"狂"的表层意思是纵情、无拘无束和狂妄、骄纵,但有的人的"狂"实际上是"真",是自我真性情的流露,是"众人皆醉我独醒"的特立独行。

师:说得好!"狂"之一字看似恣睢简慢,实际上道尽了人心中的不羁豪放之情,而真正的狂,并不在于身体形态的狂放,而是出于秉承信念并坚信前路的从容狂傲,是满怀自信而不动摇的特立独行。你们刚才主要是从揭示"狂"的内涵出发来思考分析的。对于"狂",的确从内涵分析的角度来思考更容易写出真知灼见。当然,如果从分析外延的角度将"狂"分类,也未尝不可。"狂"有智者、善者之狂和庸夫之狂之分,智者、善者之狂是洒脱大气的,是胸有文墨的淡定,不是声嘶力竭的叫喊、疯癫疾狂的言行,而是由内而外散发出的品格与情怀,如屈原,如孟子,如李白;而庸夫之狂便是只习得"狂"之表面形态,欲以此来掩盖自己空洞无知的内心。当然,这里我们还是得运用内涵分析来揭示不同的"狂"的不同实质。

好,下面我们来总结一下,在议论文写作过程中,对于关键词和核心概念,我们要及时界定,如何界定,就是一要定性,二要定量。

(播放 PPT)

定性,就是分析内涵,弄清词义,确定概念中最适合自己写、最有价值的某一内在属性。定量,就是分析外延,选择特定的对象写作,使文章有具体的适用范围。

下面请同学们再思考一个问题:对概念界定一定要像"下定义"一样科学、准确而严密吗?我们可不可以灵活一点,表达对概念的理解?

生:议论文写作不可能对概念解释得非常科学、非常严密,我觉得可以根据自己的理解来分析，甚至可以用否定的方法，从反面来明确这个概念"不是什么"，否定得越多，也就愈接近这个概念的真正内涵。

师：你能不能根据刚才我们分析的两个话题举个例子？

生：（沉默片刻）比如刚才老师您对"狂"的补充其实已经是这种方法了，如果再补充一下的话……可以这样表达：真正的"狂"不是性格不羁的洒脱豪放，不是恃才傲物的恣睢简慢，而是出于秉承信念并坚信前路的从容狂傲，是满怀自信而不动摇的特立独行。

师：说得好，连用了两个"不是""而是"，先否定排除了"狂"的一些特征，再强调肯定了真正的"狂"的含义。你有没有发现，你刚才用了一种特殊的句式？

生：是判断句。

师：对，是判断句，"……是……"是判断句的基本类型，揭示概念的内涵，其实判断句是最好的形式，但是，从写作表达的角度来说，我们又不一定局限于"……是……"这一固定的格式，我把它叫"常式句"，还可以使用"变式句"，比如"不是……而是……""既是……也是……更是……""与其是……毋宁是……"等等，都可以用来表达对概念的理解与分析，而且比单一的常式句更细密、更深入。总之，揭示概念的内涵，我们不妨打造属于自己的判断句。

生：老师，我想到了另外一种好的方法。

师：好，受到了启发对不对？说说看。

生：运用比喻手法来界定概念也未尝不可。通过比喻可以把抽象的概念化为具体的形象，这样还不容易偏题，也容易寻找恰当、准确的论据。对于"狂"我倒还没想到好的比喻，前两天我读到一篇谈论"理性和热情"的文章，写道："热情是鼓满船帆的风，风过大，会把船帆折断，但没有风，船就不能前行。可见，热情给人生之途注入无限动力，而理性是明亮的灯塔，若没有灯塔的指引，极易迷失方向。"通过"风"和"灯塔"的比喻，作者就把"热情"和"理性"的概念界定清楚了，两者关系也清晰明了，这样也很容易找到恰当的论据了。

师：看来你把平时的"读"运用到今天的"写"上来了，很不错。

生：老师，我也想到了另外一点，就是列举相似概念，通过比较，进一步深化对论述中心的理解。比如前段时间我们学习《拿来主义》，鲁迅为了阐明"拿来主义"的主张，在文章前半部分分析了"送去主义""送来""送去"等的实质与危害，自然地引出"拿来主义"的主张，这就使观点很鲜明了。

师：很好！刚才你说到鲁迅的《拿来主义》，让我想到了鲁迅的另外一篇杂文《中国人失掉自信力了吗》，文章前半部分对"自信力""他信力"作了充分辨析后，又引出了"自欺力"这一概念，三个词语极富冲击力，也极富思辨性，将当时国人自欺欺人的心态揭露得淋漓尽致，从而得出"说中国人失掉了自信力，用以指一部分人则可，倘若加于全体，那简直是诬蔑"的鲜明主张。关于概念辨析，是很能让文章深入思辨的一种方法与途径，以后有机会我们再深入学习。

刚才同学们已经思考交流了很多概念界定的方法，不仅从语言形式的角度，而且从思维方法的角度，都是很好的成果，希望对大家以后写作议论文有帮助。老师总结一下大家刚才的意见：

（板书）

1. 学会打造属于自己的判断句（常式句和变式句）；
2. 比喻也是一种不错的界定概念的方法；
3. 列举相似概念，学会比较分析、深化论述。

（三）界定概念的基本要求

师：最后我们再看一个问题——界定概念要注意什么呢？

生：概念界定时表达要具体，分析时不能含糊其词、模棱两可。

生：对概念的理解前后要一致，外延不能随意扩大或缩小，否则文章也就没有了说服力。

师：是的，这就说明，概念界定，清晰而稳定是最基本的要求。

（播放PPT）

一是要清晰，概念的意义要明确，基本义、引申义，或者比喻义，要表达清晰、具体，不空泛。**二是要稳定**，选择了概念的某项意义，写作中就要将此贯彻始终，不能变来变去，不能混淆概念。

我们看两个例子，大家读一读，看有什么问题：

（播放 PPT）

例一

席慕蓉说："生命是一条奔流不息的河,我们都是那个过河的人。"在生命之河的左岸是忘记,在生命之河的右岸是铭记。我们乘坐着各自独有的船在左岸与右岸穿梭,才知道——忘记该忘记的,铭记该铭记的。

行走在人生路上,我们笑看窗外花开花落、叶枯叶落,静观天外云卷云舒、风停风起。在路上,我们经历着太多太多悲喜交集的事,在生命之河的航行过程之中,我们学会了忘记该忘记的悲欢之事,学会了铭记该铭记的点点滴滴。

——《在铭记与忘记的两岸》

例二

球王贝利踢进第一千个球时,记者问他:哪一个球踢得最好,他回答"下一个"。作家王蒙出名以后,有人问他:哪一部小说写得最好,他回答"下一篇"。羽毛球运动员韩健成了世界冠军之后,有人问他:哪一场打得最好,他回答"下一场"。他们之所以能取得优异的成绩,我认为很重要的一个原因,就是他们不满现状,不断进取,不断奋斗。

毛泽东、周恩来年轻时,也是因为不满现状,所以立下改造中国、改造现状的宏伟志向,投身革命斗争。

——《小议"下一个"》

生：第一个例子中,究竟什么是"该忘记的",什么是"该铭记的",缺乏具体的阐述,内涵不清,外延也不明,根本不可能进行合理的判断推理,只能让读者一头雾水。

生：第二个例子中,两段中的"不满现状"显然内涵不一致,前者指不甘心停留在已达到的水平或已取得的成绩上,后者指痛恨当时的社会现实。

师：对,我们说,概念内涵不清和混淆概念都是写作议论文的大忌,希望我们在写作中一定要避免。好,这节课我们先讲到这里,下节课我们写作文,题目请看屏幕,要求注意立意的角度和巧用概念界定。

（播放 PPT）

名与利,是人之所欲也,不经求索得之,人生无味也。名利身外物,取舍在人心。名利圈似一座围城，是看淡名利在城外隐居，还是追名逐利在城中显达，这几乎是贯穿每个俗世中人一生的人生课题。

请以"走过名利圈"为题，联系实际，谈谈你的体会与思考，不少于800字。

教后反思

这篇实录比较完整地呈现了议论文写作过程中如何对关键概念作界定的指导。

概念是思维的起点，没有概念便不能形成判断和推理，由此来看，写作议论文进行概念界定是逻辑思维的起点，在指导学生进行议论文写作之初，养成学生进行概念分析的能力是日后他们全面提升分析思考能力的重要基础。本课后是学生的写作，一周之后又上了作文讲评课。结合课堂的具体讨论与课后的写作及讲评，围绕"如何界定概念"这一核心问题展开，形成了如下问题链：

问题在哪里：作文题中的关键词和核心概念把握不准

⬇

如何界定概念：学会作定性分析和定量分析

⬇

概念界定还有何具体要求：要清晰、要稳定

⬇

具体运用中容易出现什么问题

⬇

如何根据概念界定的要求修改自己的习作

从学生课后的写作情况和课堂作文讲评之后的修改情况来看，教学还是达到了预期的效果，尤其是在概念的内涵稳定而清晰方面都达到了要求；在对关键概念作深入分析和进行概念辨析时少数写作能力比较强的同学能做到，其他同学可能需要假以时日在持之以恒的训练中逐步提升。

> 本实录有一个亮点,就是作概念界定时要求学生"打造属于自己的判断句",在这一环节的活动中我提供了一个语言支架,就是提供判断句的"常式句"和"变式句"来拟写判断句,进而揭示概念的内涵,这是一个思维活动,同时也是一个语言实践活动,当然课堂中提供一个表格工具给学生可能更为清晰。
>
> 这节课的容量很大,如果把这节课细化为四节课:"学会对概念进行定性和定量分析""学会打造属于自己的判断句""关键概念要保持前后一致""学会作概念辨析加强思维深度",那样效果可能更好。因为在议论文写作的过程中,这四个方面的问题着实是学生的写作难点和痛点。

二、"'穿越历史的对话'——高中语文单元作文指导"网络课堂实录

杜 蕾

(2022年3月31日)

师:各位同学好!中华文化经典与中华先贤,是一个非常重要的读写母题。通过必修下册第一单元的学习,我们体会了古代先贤对社会与人生深刻的思考。单元中一个个鲜活的历史人物,一段段生动的历史故事,一道道闪亮的思想之光,可以说无不令人感慨,给我们带来了无尽的启示。我们希望设定这样一个场景,假如我们可以穿越,有一个和古人相遇的机会,你有什么样的话想和他们交流?如果写作以此为主题的作文,你打算怎样去构思?很多同学说不知道怎么下手。今天,针对这些情况我就给同学们一些方法指导,帮助大家来完成这个作文的构思。

我们先回顾一下。在这个单元里我们都认识了谁,哪一位给你印象比较深刻;同时告诉我们,如果真的给你机会去穿越,你最想和谁相遇。哪个同学先来说一说?孙瀚铭同学在吗?

生：我先来说一说吧。在这个单元中我们遇到了孔子还有他的弟子,还有孟子、庄子、烛之武、项羽等人,其中我对孔子印象最深,因为孔子作为万世师表给我们的贡献非常大。他为了传播他的政治思想,周游列国14年,历经艰难。我现在想穿越回去,跟他说一说他的政治理想传播几千年、经久不衰的情况。我对他当年的想法很感兴趣。

师：你特别想告诉孔子他当年所经历那些困难和坎坷是值得的,是这个意思吗？给他一个认可,很好。但如果你真的想要穿越,你一定要带着一个目标,带着一个问题,在和他相遇的时候来解决这个问题,达成这个目标。不管你带过去的是你要说的话,还是想要问他的问题,都要有一个清晰的认知。王欣妍你说说看,你想和谁相遇？

生：我想和孟子相遇,理由就是在《齐桓晋文之事》中,他说服齐宣王治理天下行王道,实行仁政不成,但是他没有放弃。我想穿越回去跟他学习辩论的技巧,亲身去感受一下亚圣的风骨,并且告诉他,他的仁政思想流传到了现在,成为正道。

师：你说很想和他学辩论的技巧,说明读文章时你感受到了他的辩论的风采。我觉得你刚才说到的愿望,一是能够见识他的风骨,二是你还想去向他讨教,希望在你成文的时候能够把这些事完成。

刚才是简单地做了单元回顾。我相信每个同学都会确定一个希望相遇的对象。接下来大家想一想,针对设定的这样一个写作目标,如何做才算是把目标达成呢？

师：第一,我们要提炼先贤对社会、对人生、对历史的思考,无论你与孔子相遇、与孟子相遇,还是和司马迁相遇,一定要从我们所学过的经典文段当中去提炼。第二,刚才王欣妍提到过了,就是她也想见识一下孟子的风骨。在这一点上,我们要在自己的文字中树立起你理解的那个古人的形象。每个同学都会有自己想见到的人,要在自己的脑海中塑造他的形象,那么,是不是应该在自己的文章里面把你所理解的人物形象塑造出来,让我们也看一看这个人物有什么不一样的地方？第三,我今天想要着重和大家一起学习的,是我们怎样通过创设一个情境,在这个情境当中,你和古人在时光隧道中相遇了。你有什么样的思考？你希望和他有什么样的交流？第四，我认为我们本次作文的最高目标就是你能够在与古人交流的细节当中，把你的思想以及他的思想凸显出来。评价作品也好，评价事件也好，评价人物也好，你要从中汲取到为你所用的能量，让你的文字能够体现自己的独特个性。

师：按照刚才的问题我们一起来搭建文章的构思框架。首先，开篇要设计一个穿越的场景，你是怎样穿越的？有好几种形式，建议你走进历史故事中。比如，你进到了烛之武劝说的环境中；比如，你进到了鸿门宴的现场。当然还有第二种形式，就是你邀请古人来到现代，让他从那个历史时空穿越到今天。

其次，当你设计好了穿越场景，要对人物形象有一个认知，侧重表达你独立的认知。我们常常说文字有很多的想象空间，在这部分中你可以描写你印象中的人和你真的见到他时的情景，你可以想象一下那个画面应该是什么样子的。

最后就是要创设一个与某个先贤交流的情境。这个情境应该是文章的主体部分。在这个情境当中，我们要完成的任务是，通过你抛出问题以及与先贤交流对话，来搭建一个一个的层次，把你本次的写作意图表达清楚。这个部分围绕某个历史人物的经历、围绕事件本身，从中去提炼你所感悟到的生活及生命的启示。后半部分要写你和古人的这一次对话到底有什么价值。要立足现实表达自己独立的思考。

我给大家梳理了文章大致的构思框架，最重要的当然还是如何创设交流情境。借助这样的机会，今天我想给大家介绍三种创设交流情境的方法。一种是融入式交流，一种叫评价式交流，还有一种叫引用式交流。我们先看一个视频，是比较典型的融入式交流场景。

> **视频画面：**
>
> 撒贝宁：晚辈撒贝宁是来自两千多年之后的一个读书人，特来拜见夫子和诸位先生。

> 古人：两千多年以后？那是什么光景啊？
>
> 撒贝宁：那是一个人人可以读书的时代。
>
> 古人：夫子，此事非虚，弟子亲眼所见啊。人人可以读书，那是我向往的。你们现在读什么书啊？
>
> 撒贝宁：我在读《论语》。夫子和诸位先生的言行以及思想在后世集合成为一部典籍，称为《论语》。《论语》的思想是中华民族精神和智慧的源泉，影响了后世两千多年啊，我们从小就读。
>
> 古人：那你从《论语》里读出了什么？
>
> 撒贝宁：读到了人生追求，仁以为己任，修己安人，提高自己的修养，让更多的人得到安乐。
>
> 古人：好，你读得好。还有呢？
>
> 撒贝宁：我们还读到了中庸之道，己所不欲，勿施于人。己欲立而立人，己欲达而达人，努力做到推己及人。
>
> 古人：这些都是夫子教导我的。后生还有吗？
>
> 撒贝宁：我们读《论语》还读到了如何为人，应当孝悌忠信、温良恭俭让。
>
> 古人：你读得太好了。夫子，您追求的大道传下去了。是啊，君子忧道不忧贫，现在我没有什么可以忧虑的了。撒君，可否让夫子和诸位同门一起看一看这《论语》在后世的流传？
>
> 撒贝宁：这正是我此行的目的。夫子及诸位的思想学说在后世被称为儒学。

师：这段视频来自《典籍里的中国》。这个场景，我把它定义为融入式交流场景。这个设定，其实就是撒贝宁穿越到了孔子正在讲授的一个现场。它的好处是，可以直接将他所读到的这位先贤重要的观点作清晰的提炼，在这样的场景中作直接的表达。

看了这段视频，我们会发现，在交流过程中撒贝宁所说的每一句话，都属于这个经典作品里的核心思想。从融入式的交流过程中去提炼先贤的观点，是可以完成我们的写作任务的。

第二种是评价式交流场景。依然要做穿越设计,但所设计的情境不仅仅是为了提炼作品或者人物的核心思想或观点,而是为了给予评价。

> **视频画面:**
>
> 司马迁:先生是有大勇气的人,我司马家世代史官,青史未就,死,以为不孝。
>
> 撒贝宁:所以您说,人固有一死,或重于泰山,或轻于鸿毛,用之所趋异也。
>
> 司马迁:昔日周文王被拘禁之时,推演《周易》;夫子在久困之时编著《春秋》;屈原被放逐赋《离骚》;左丘双目失明著《国语》;孙子被残害,剜去髌骨,写出《兵法》……我横遭祸事,身躯已残,但青史不可废。敢问足下,此书当我司马迁再活一世否?
>
> 撒贝宁:堪称万世不朽。

师:这是撒贝宁和司马迁的一段对话情景。大家有没有发现,在这段对话当中,并没有提出什么问题,但是我们可以听得出来,司马迁说古人经历坎坷命运后是如何坚持下来的,他说自己青史未就,怎么敢去死呢?最终他泪流满面地说了一句,"这本书能当我这一世否?"在这一段设计的场景中,撒贝宁就给了《史记》一个非常高的评价,也给了司马迁个人非常高的评价。

这个场景高于前面我们所说的融入式交流,因为在融入式中你只是提炼,而在评价式交流场景中,你需要对历史人物、历史作品作出相应的评价。这种场景设计,我特别希望大家在作文当中去考虑。

第三种是引用式交流场景。当你觉得自己的评价没有那么到位时,该怎么办呢?历史上有很多人,曾经对这位先贤的思想或观点有过非常经典的评价,我们可以引用在自己设计的场景中。

> **视频画面：**
>
> 　　古人：此人名叫孟轲，后世尊他为孟子，他传承儒学，并将其发扬光大。"生亦我所欲也"，"二者不可得兼，舍生而取义者也"。
>
> 　　孔子：我说过杀身成仁，他说舍身而取义，好啊！《论语》要在世上长久流传，应与时偕行，不强作结论，留给后世解读评说。
>
> 　　古人：此人名叫郑玄，是在您600多年之后的汉朝儒生，他为《论语》的内容做了注解，方便世人的学习。
>
> 　　孔子：做学问应该是这样。"国以民为本，社稷亦为民而立"，国家以黎民为根本，也是为黎民而设立，说得好啊。他是谁？
>
> 　　古人：这是在您1600多年之后的儒学重要传承人，生于南宋，叫朱熹，他用了将近40年时间为儒家经典作注。
>
> 　　朱熹：天不生仲尼，万古如长夜。
>
> 　　古人：朱熹对夫子极为仰慕。
>
> 　　孔子：过誉。
>
> 　　古人：后世读《论语》的人，还不仅仅是华夏子孙。您看这位西方古人说"我在东方著作中找到一位智者，他在两千多年前便教人们如何幸福地生活"。
>
> 　　孔子：他是谁？什么人？
>
> 　　古人：此人名叫伏尔泰，是在您2000多年之后，法国一个著名的启蒙思想家，《论语》的思想启发了伏尔泰。"己所不欲，勿施于人"，应该成为所有人的座右铭。
>
> 　　古人："己所不欲，勿施于人"，这个思想在18世纪末还曾被写进法国的《人权宣言》。但是《论语》在世界范围内的传播远不止于此，《论语》的思想传到了朝鲜、韩国、日本、越南、俄罗斯、美国、英国、德国等很多的国家。据不完全统计，到目前为止，《论语》在全世界有40多种语言的译本。在2019年，法国把他们在1688年出版的首部《论语》导读的法文版原著作为国礼送给了中国。您和您的学生当年周游列国，现在《论语》带着中国古代

的思想和智慧周游世界了。

孔子：确实没有想到《论语》影响了那么多人的。

古人：正如夫子所言，德不孤，必有邻。

师：这一段引用式交流，是轻松一点的方法。要求是你一定得掌握更多的资料，你一定要在查找资料的基础上，把更多感兴趣的历史人物对某先贤评说的语句进行汇总，经选择后，加入交流场景中。这种引用式交流的好处不言而喻，它们来自各个时代众人之口，对这位先贤、对这个事件的评价本身是极具价值的。

师：大家如果采用引用式交流的话，一定要去查找资料，在查找的过程中进行汇总、分析和提炼，然后在文章里恰当加入。之前我给大家布置过这样的任务：如果你和烛之武相遇，在这个片段里你问他——你怎么做到了在危难之中挺身而出？如你和项羽相遇，在这个片段里你问他——你放虎归山之后有什么样的想法？如果你和孔子相遇，或者孔子真的来到了当代中国，他会怎么想呢？

今天，我们先找几个典型的例子来展示，你更喜欢哪一个小组的设计？你觉得这个设计的亮点是什么？你能看出它的设计属于三种方法当中的哪一种吗？

首先请韦小达组作展示。

生1：我韦小达穿越到了春秋时期。走在路上，一位魁梧壮汉见我穿着奇异，拦下了我。

生2：你是何人？

生1：我是一个来自2 000多年以后的读书人。请问你是？

生2：吾乃仲由，你也可以叫我子路。

生1：莫非你就是孔夫子的得意弟子子路？

生2：不错，正是在下。

生1：不知您可否引我拜见夫子，此乃吾毕生之所愿。

生2：哈哈哈，无妨，你跟我走吧。

旁白：我跟随子路来到了儒家众弟子求学之地，场中已有三位先生。这三位分别是曾点、公西赤、冉求。此时孔子进入，坐到主位之上，众人纷纷行礼。

生3：这位年轻人是谁，我可曾见过？

生1：夫子，我是来自2 000年以后的读书人，特来拜见夫子，向夫子请教。

生3：好，有朋自远方来，不亦乐乎。快快请坐。

旁白：孔子看向众人。"以吾一日长乎尔，居则曰，不吾知也，如或知尔，则何以哉？"

子路率而对曰："夫子，我觉得我可以。"

公西华对曰：夫子，不知你的理想是什么？

生3：近年来，我周游列国，向各国君主推行仁与礼，主张以仁政治天下。我希望治理出一个大同的社会，品德高尚、有才华的人担当大任，人与人之间诚信和睦，人们安居乐业，不再为生计发愁。可惜没有人愿意推行我的主张。

生2：夫子不必忧伤，你的理念被你的弟子们编成了《论语》，2 000多年后的今天仍为人们所传颂。

生3：当真？我的观点在2 000年以后，还有人记得？

生2：真的，100多年之后，出现了一位名叫孟轲的人，他继承了您的衣钵，他根据您的仁政思想进一步提出了"民贵君轻"的思想，2 000年以来虽有波折，但您的思想仍然传承了下来。

生3：好，太好了，我这么多年的努力没有白费，我的思想传下去了。你说你来自2 000多年以后，不知你生活在一个怎么样的时代。

生1：夫子，我们的社会已经与您希望的大同社会相似了。您说天下为公，我们实行人民代表大会制度，一切权力属于人民。官员们秉持着为人民服务的理念工作，政府大力打击贪污腐败，一切工作都公平、公正、公开。您说选贤举能，用有所长，我们所有的孩子都要接受九年制义务教育，以提升学识与品德，并由两次面向所有人的考试中考与高考筛选出人才，以接受更好的教育，成为高等人才。另外，我国已经消除绝对贫困，并正在向共同富裕稳步迈进。现在,每个人都可以发挥自己的智慧,每个人都有无限的可能。

生3:好,好啊,我的理想实现了,可惜我是无法亲眼见证了,可惜,实在可惜。

生1:夫子,您一定要坚定信念,继续传播自己的理念。但行好事,莫问前程。您的理念必将穿越2 000年后的时光,与我们相会。夫子,我在未来等您啊。

师:非常好啊。优秀的地方大家都看到听到了。我看到留言区里面很多同学已经在鼓掌、在评价了。接下请徐芷伶小组来作展示。

生:我开始跨过时间的轮回,走进历史的画卷,推开历史之门扉。

我身着一袭闲装,走进一处茶馆,见有两人相谈甚欢,只听得孟子说:人生一世,仁义当先,不论是寻常市井人家,还是君王贤贵,都应该遵循这个道理。君之视臣如手足,则臣视君如腹心。孔子道:倘若君王视臣民如草芥,该当如何?那便是君王之过。倘若只为一己私利,不顾天下,则臣民视君王当如敌。

不等孟子应答,我轻摇手中扇,接下了话茬,正对上孔孟的目光:您二位以为如何?

孟子收回目光,笑言:不错,君视臣以礼,则臣侍君以忠,君臣相处,当如此才好。

我在孟子后言:是了,君臣如此,国也应当强盛。既然您有此见解,不知对于治国是否也有一些想法呢?

我和善地转身面向孔子:不如先问问您的看法。

孔子道:关于治国,我认为为政以德,礼与德是建立在法治之外的治国之道。若是只用刑法的囚笼困住百姓,则他们永远不会知道受到惩罚以外的羞耻。

孟子道:我认同您的以德治国。不过我觉得不应只从君主的角度言,民为贵,社稷次之,君为轻,治国当以民为本,以民为先,以民心为所向。

我道:二位的想法我非常赞同,不过我也有些别样的见解。既是以民为本,也不可完完全全以民为所有之根本。不否认臣民之进谏需要虚心听取,但君王也不可只一味听取而不作思考,若有小人趁虚而入,以罪恶之谏言牵君王之手足,则可能亲手造就灭国之祸。

语毕,三人不言而笑。窗外晚霞余晖落,皎月承接了那一片深蓝的天……

师:徐芷伶的文笔,很具有古风的意境,营造了孔子和孟子,包括她自己共同出现的一个幻境。在这个幻境当中,我们看到,在倒数第二段,徐芷伶有自己的一段理解,对孔孟之道的理解。我不多作评价,留给同学们在留言区里说。接下来我们看看罗珺仪小组的。

生:眼前的课上老师正在讲解着《庖丁解牛》。一阵困意袭来,我眼前忽然模糊,脑里嗡嗡不停,一阵过后,视线终于清晰,但老师却消失不见了,取而代之的竟是一间老房。一位古人模样的庖厨挥舞着快刀,正割着肉。是梦?我困惑地揉揉眼,面前虚幻的真实感只传达给我一个信息,我穿越到庖丁的时代了。我上前瞧瞧,只见庖丁专注地解剖着一头牛,刀刃游走过的地方,没有丝毫阻碍。他用手绕着一弯又一弯,用再顺利不过的方式,将牛的筋骨皮肉分离。他身上散发出专注与自信。等了一会儿,庖丁才注意到我。

"孩子,你从何而来?"我支支吾吾,无法解释这奇妙之事,他却指了指我手中的课文《庖丁解牛》,"这不是记载我的故事吗?"我兴奋地答道:"正是。反复实践,掌握客观规律,做事才得以游刃有余。老师是这样教我们的。"

"呦,真没想到我能受此嘉奖。在我看来,解剖牛是我一辈子的老本行,要如何将这件事做到出色,想必只有多加练习。牛呀,大自然呀,是亘古永存的,我无法改变它。我一直在试着了解它,掌握它,完善我的技能。"他笑着谈道,并拿出几把陈旧的刀子,"我也曾磨坏刀具,现在不一样了,这把刀好多年没换了。"

"有个词叫匠人精神,这话也能用来形容您的品质。"

"过奖了,孩子。这些事是我微不足道的经历,但愿它能帮到你,记得要注重积累,体会技能娴熟之道。"

感谢一词未道出口,我就被拽回21世纪的时空。我下意识地猛然抬头,回到课堂,手握着课本,回味着穿越的经历。我明白,上课不瞌睡,积累一点一滴知识,便是对庖丁之言最好的答谢。我拿出笔记本,给它换上了"积累本"的名字。一日复一日地把脑子里的想法整理出来,把听到的、学到的总结进去,它渐渐变皱变旧,变得有灵魂。

师:非常感谢罗珺仪,她穿越到庖丁解牛的现场,而且她在后面的段落中叙说了这次穿越的价值。我们最后看看柳苏桓小组的。

第一幕

生1:某日傍晚,月黑风高,司马迁正埋头写着《史记》。

生2:人固有一死,或重于泰山,或轻于鸿毛。项羽这样的人,是重于泰山还是轻于鸿毛呢?他居功自傲过了五年,最终使自己的国家灭亡,不仅死在东城,还没有觉悟,不肯责备自己。这是他不能称霸的原因啊。如果我是项羽,我一定会成为楚霸王。

生1:司马迁写着写着,眼睛一闭,昏倒过去。

第二幕

半日,司马迁忍痛从桌上爬了起来:"头怎么那么痛?我这是在宴会上,而且我怎么是项王那样的装扮?"

生1:此时的司马迁正觉得一切都非常奇怪,自己怎么会在一场宴会上,怎么穿着项王一样的衣服,甚至周围怎么还有那么多看似很熟悉的人?恍惚了一段时间之后,司马迁顿时明白了,自己已经穿越到了鸿门宴中,而自己也正是当时的项羽。

生3:今天发生了什么事,搞那么大阵仗?

生4:今天您邀请沛公来参加您的宴会,怎么会不知道呢?

生1:既然我已经来到了当时的鸿门宴中,那我一定要改正项王当时的错误,改变鸿门宴这场变局,改写历史。

生4:大王和沛公饮酒,没有什么可以娱乐的,请让我舞剑助兴吧。

生5:一个人舞剑多没意思,带上我吧。

生4:我就知道你要来找我,你给我看。

旁白：项庄拔出剑起舞，项伯也拔出剑舞起来，常常像鸟张开翅膀一样用身体掩护刘邦。项羽都看在眼里，于是他招了招手，叫范增过来。

生1：亚父，想必这些你也看在眼里，应该多去派一些士兵守住门口，不要让某些人坏了我统治中原的好事。

生5：好，我去多叫些守卫，让他们不要让人进入这里。

第三幕

张良到军营门口找樊哙。

生6：事情怎么样？

生7：很危急，现在项庄拔剑起舞，他想要杀死沛公，那我马上进去救大王。

旁白：于是樊哙拿着剑，持着盾冲入军门，拼命地推开两边的士兵。过了许久，樊哙还是因为精疲力竭而被士兵挡在了军营外。张良眼看着樊哙进不去，只好只身返回。

生6：张良，回来了就赶紧喝酒吧。

生7：哦，那我就敬一杯。

旁白：张良在敬完酒之后，小声对刘邦说，沛公，此地不宜久留，项王正准备让项庄以舞剑的名义来刺杀你，我们找个借口赶紧离开吧。

生4：好，那我们早点离开吧。

旁白：此时项羽意识到刘邦和张良两人有些不对劲，便起身说——

生2：我知道你等会要离开，但是请你做好决战的准备。回想以前，秦朝修改了它的政令，各路豪杰蜂拥而起，你争我夺，数也数不清。然而我从未懈怠，仅三年时间，率领齐、燕、赵、韩、魏、楚六国诸侯，灭掉了秦国，瓜分天下，封王封侯，政令全都由我发出，然后自号为霸王。自古以来，像我这样的人还不曾有过。你背弃于我，舍弃关中之地，自立为王。我埋怨诸侯背叛自己，自夸战功，施展个人的聪明，认为霸王的功业要靠武力征伐。现在看来，我那时候还真是幼稚。刘邦你今天自从进入鸿门宴，就是一派谎言，我再也不会听你的狡辩。我们的兄弟情谊就此断绝。你等着，刘邦，我一定会称霸中原，完成我的统一大业。

旁白：刘邦见自己处于下风，脸色发白，欲先走。

过了几年，项羽果然战胜了刘邦，自称楚霸王，天下繁荣，百废俱兴。

关在监狱中的刘邦始终没有想到，鸿门宴中的项羽并不是真正的项羽，而是后代的司马迁。

师：感谢柳苏桓团队这么多人助阵，让我们看到了一段司马迁的穿越，并且以他的聪明才智改变了历史的过程。还有李湘湘一组，因为时间的关系没能展示。她的更特殊，把古人邀请到了现代，把刘邦和项羽分别请到了现代的现场来进行访谈。我们把李湘湘写的访谈放到明天的课堂上展示。

今天，我们课堂只展示了一部分内容。最后，我想说的是，历史上的先贤，他们的思想穿越了上千年之后，依然是熠熠生辉的，这便是生命的价值和方向，是无穷无尽的宝藏。

在这里，我也希望我们每一位同学都能够通过学习中华文化经典与中华先贤思想，遇见光，追随光，也成为光。今天的这节课就到这儿，同学们再见。

教后反思

必修下册第一单元五篇文章涉及的母题是诸子学说与史传经典，单元学习任务要求中提到，阅读先贤作品，要体会他们对社会、人生及历史的深刻思考，要充分理解先贤思想，立足现实，自己思考，要学会质疑，鼓励探究。在这样的读写母题中，我参考央视节目《典籍里的中国》，设计了这一节"穿越历史的对话"的写作指导课，旨意是为学生的写作思维拓宽方法：在写作中落实单元任务，品先贤思想、评历史故事、寻文明之光；学会情境创设式写作，完成单元任务中对"个性化"观点阐述的要求；引导学生表达个性认知，使写作思路清晰深入。

预设的写作目标是：提炼先贤对社会、人生、历史的思考；树立起自己理解的古代人物形象；通过情境创设的方法，立足现实，表达独立的思考；从细节中见思想，于评价中汲能量，在文字里塑自我。

根据这样的目标设定，我积极为学生搭建思考的阶梯，设计了"主问题":"假如我们可以穿越,有一个和古人相遇的机会,你有什么样的话想和他们交流?"并以此为基准,形成作文框架。集中指导"交流情境"创设的方法,通过视频演示,带领学生了解"融入式交流""评价式交流""引用式交流"等样式。学生当堂完成了情境设计,并进行了现场演绎。方式的创新,使学生的思维得到有效激发,促进了单元读写任务的落实。

为了有更好的参与度,我采用了小组合作展示的方法。线上授课确实少了一些面对面的互动,但是,也为语文课堂的广度提供了新的突破点:课堂空间被扩大,师生的互动出现了新渠道。

语文课堂是一个具有巨大能量的载体,真正让其充满活力的是教师的投入与精巧的设计。"双新"视域下,高中语文单元读写活动设计是一项具有重要意义和价值的教学工作,也是一项具有挑战性和创新性的教学工作。

我们应该加强对语文新课程新教材的理解和研究,根据学生的实际情况和需求进行单元活动设计,关注学生的年龄特点、心理特点、学习特点和个性差异,了解学生的兴趣、爱好、特长和需求,根据学生的不同水平和类型,进行有针对性、有层次、有个性的单元活动设计;要根据教学的实际情况进行单元活动设计,注重对单元活动设计的过程和结果进行反馈与评价。经过这样不断努力,相信高中语文单元活动设计的质量和效果一定会不断提高。

同伴点评

杜蕾老师本节公开课的课题是"穿越历史的对话",以部编版教材必修下中的第一单元为基础,对学生展开单元作文的指导教学。

课堂伊始,杜老师以这样一个作文题作为导入:"在第一单元古代文化经典作品的学习中,我们体会了先贤对社会、人生、历史的深刻思考,一个个鲜活的历史人物、一段段生动的历史故事、一道道闪亮的思想之光,无不令人感慨,更带给我们无尽的启示。假如可以穿越时空,你会和他们如何交流呢?请以'穿越历史的对话'为题,写一篇不少于800字的作文。"

杜老师巧妙地通过"浅谈你都认识了谁,哪一位是你印象最深的人物?""如果你穿越历史,你最想与谁相遇,为什么?"这两个"主问题",去了解学生对本单元古代经典文化、历史先贤人物的掌握情况,帮助学生回顾第一单元所涉历史人物事迹。在引导学生明确写作目标和写作构思框架之后,杜老师设计了几个情境,供学生参考:"烛之武为什么危难中肯挺身而出;项羽放虎归山后的内心;孔子了解当今中国后的感慨;如果庖丁来劝学;假如孟子和孔子喝茶交流;路遇刘邦,你会说什么?……"

这几个问题情境的设立,让我大受启发。在"中华传统文化经典研习"任务群中,如何落实学习任务,如何让学生更好地学习文言文、品味品读中华传统文化经典,这是很大的问题,也是很难回答的问题。杜老师所用的情境设立法,我觉得能够很好地解决这个问题。由老师给出几个可供选择的方向,引导学生打开思路,知道如何去代入历史故事,如何品读经典文本,同时不让思路局限于这些情境,并鼓励学生个性化写作。学生在写作过程中,会反复地去阅读文本,这样对文本的理解也就更深了。杜老师的这种读写结合、以写促读的新思路,给了我很大的启发,让我收获颇丰。

(孟庆平语文特级教师工作室成员　陈致远)

专家点评

各位老师好,非常高兴有机会跟大家在线上一起作探讨。杜蕾老师的课确实颇有新意,我们从中学到了不少东西。这堂课绝对是一堂好课。

工作室主持人孟老师反复强调这只是一堂常态课。那么我们就从常态课的角度来说一说，来看一看它的优势在哪里。第一个优势我觉得这堂课非常清晰地呈现了它的整个逻辑过程，这个逻辑过程非常重要。一堂好的语文课应该在课堂教学当中有一个非常精细的思维逻辑过程。我们可以看出，杜老师的这堂课，一开始就是通过一个"主问题"，让学生回顾这个单元的一些知识，他们在单元中所学到的一些内容。

如果穿越，你最想遇见谁？为什么？这个问题其实就唤起了大家对相关知识的认识和理解。课堂的第一个环节是回顾先前的学习内容，这是很重要的基础性的东西。第二环节是展示学习目标，目标出来以后，接下来就是方法的指导。指导分两个方面，一个是框架，即对文章框架的指导；另一个是指导学生怎么来创设交流的情境。

最后一个环节是评价目标的达成情况。整个环节我觉得是很完整的，逻辑线条非常清晰。课堂设计过程当中，我们特别注重课堂能不能增值，在这个意义上，目标和最后的达成，就是对课堂的评价。所以，我觉得从常态课的角度来讲，目标已达成，整个逻辑线索非常清晰。

其实，这不仅是一节常态课，它还有一个非常重要的特征，我称为实验课。实验课的意义在哪里呢？实验课的意义就在于它非常清晰地体现以下几个方面：第一，它实验什么？首先是课堂形式，它给我们呈现的是这样的一种新状态。第二，即使它只是一节录屏课，但总体效果还是非常可观的，还是非常值得肯定的。无论是老师的声音还是学生的表达，无论是文字与画面的呈现，还是对整堂课的整体把握情况，客观效果都是非常好的。从录屏课的实验角度来讲，这堂课今后是不是还可以再考虑线下的呈现？第三，它还有一个很重要的实验，就是读写结合的实验。读和写的结合，一直是语文教学中经常谈到的一个问题。怎么把读和写有机地结合起来，把所学到的内容和写作结合起来？很多的读写结合基本上是围绕着写作方法来进行的。比如说，我们学了一篇文章的写作方法、写作技巧，然后让学生仿照这篇文章的写作技巧、写作方法来写作一篇新的文章，这是一种读写结合。杜老师的读写结合则是侧重内容上的。在内容上，我们学了孔子、孟子、庄子相关的内容，学了司马迁相关的内容，学了其他古代作家、古代思想家相关的内容，这些内容怎么转化成学生写作的内容？这样一个方式我觉得是很有意义的。用穿越的方式，体现了古和今的有机转换，把原本是古和今不能够相遇的，现在变成可以相遇的情景。

古今转换、古今衔接和古今对话，杜老师做得非常好。学生在学到相关古代先贤的思想，学到古代文学家的相关内容之后，怎么转化成自己文章的内容，这是很重要的。这一点我觉得杜老师的实验是非常成功的。在肯定这堂课的基础上，如果说这节课还可以再继续发展提升的话，我觉得也有一些空间。

课上有一个环节我感觉还是有点违和的。是哪一个环节呢？第一，前面杜老师做了非常多的指导，写作目标的指导，文章框架的指导，以及交流情境创设方法的指导，这些指导完了之后，就呈现学生的作文样品，那么作文样品很显然是在这个指导之前写的，是指导之前的作品，它就不能够体现各链之间的逻辑的关系。当然，这也是教师在课前做了很多辅导工作的结果。因为是网络课堂，课堂展示之前辅导的一个结果，这样也是可以理解的。第二，从课堂教学的整体情况来看，因为受制于线上，老师和学生之间没办法面对面进行交流，这个局限性导致教师和学生真实对话没有体现出来，导致师生之间的活动形成平行关系，在平行关系中，先老师说，后学生说，老师和学生没有内在的交流对话，彼此是并行的，是分割的。第三，堂课上，学生对古代先贤的思想也罢，对他们的文学作品也罢，基本上停留在复述的层面上，第一步当然必须了解先贤的思想，然后再复述。如果站在更高的层面上去理解，不但要复述古人的一些思想，更要有一点真正意义上的对话。因为既然相遇，就有了对话机会，可谈谈我的看法、我的见解，甚至我的质疑、我的疑问、我的商榷……应该有这样一个发展空间。

当然，总体上这堂课是非常成功的，也让我学到了一种很好的教学方式。

（教育学博士、语文特级教师　程红兵）

三、"理性思维与高考母题写作指导"课堂实录

陈致远

（2024年4月25日）

（一）明确高考作文三大母题与"现代性"的思维立足点，辨析新题

师：在高考语文当中，作文无疑是重头戏。大家也都知道，写作的第一步，也是最重要的一步就是审题立意，但是不少同学往往不知道如何去审题，怎么去立意。

今天，我们就从"理性思维"和"高考母题"两个方面来探讨一下审题立意上的思路。首先，我们要明确：高考作文考什么？

看到现在各种各样的作文题，很多同学会有疑惑，摸不着头脑。高考作文到底要考什么？一会儿考科技，一会儿考人文，到底要考什么呢？其实高考作文的命题也是有母题的。国学大师梁漱溟先生很早就说过：人这一辈子必须处理好三种关系：人与物、人与人和人与内心。这也就是我们高考命题的三大母题：人与外物、人与他人、人与自我。

可以说，几乎所有的作文题都包含在这三大母题之中。我们不妨来验证一下，看看这两年上海市的高考作文题。

2024年的春考作文题："对已有知识的综合，是创新吗？"它涉及哪一个母题呢？"已有知识"对于人而言，无疑是一个外物，处理和已有知识之间的关系，包含在处理"人与外物"关系的母题之中。但它同时还涉及一个母题，如何

运用外物,这取决于我们自身,每个人的运用方式是不同的,所以它也涉及"人与自我"的母题。

再看 2023 年高考作文题:"一个人乐意去探索陌生世界,仅仅是因为好奇心吗?"同学们觉得它涉及哪些母题?

生1:(金怡雯)涉及人与陌生世界,包含在"人与外物"的母题之中,当然还涉及"人与自我"的母题。

师:对,很好。它还说到了好奇心。这道题目中的"陌生世界",当然和"人与外物"有关,但是更重要的是去思考我们为什么会乐意去探索陌生世界、它的内在动力是什么——这也就是"人与自我"的关系。

再看 2023 年春考作文题:"有人说,所有重要的东西在很早以前就已经提到过了。你是否认同这一观点?""重要的东西"指向"人与外物"的关系,当然,"早就提到过了",谁提的? 应该是他人提的,也就涉及"人与他人"的关系。

辨析了这三道高考作文题目之后,我们化繁为简,俯视高考作文,发现了母题,并且母题可以简化为三个。但是有的同学要问了:"知道这个有什么用呢? 我知道三个母题,也能辨析它属于哪一个母题,但怎么写?"这个时候,我们就需要找到一个恰当的思维立足点去切入作文题。母题毕竟只是一个范围。那么,这个思维的立足点是什么?

我们再来看这几道作文题中标红的三个关键词:"创新""乐意去探索""在很早以前"。怎样可以算作是创新呢? 为什么会乐意探索呢? 是不是所有重要的事情都在很早以前就解决了呢? 根据这三个关键词,你觉得命题人在引导我们思考什么呢?

生2:(包依晨)我觉得是一种发展的思想,不论是创新,还是为了新事物的产生去探索,都基于我们自身的主观能动性,然后去解放自己的思想,去探索外物,探索自身,探索人与人之间的关系。包括"很早以前"就提到过的重要东西,"很早以前"到现在,时间在发展,人和外物都在发展。

师:嗯,创造一个新的东西,它应该是没有过的东西。比如说,我们创新一道菜品,创新番茄炒蛋出来,除非你的炒法跟别人都不一样,不然这个能叫创新吗?

生2：不能叫创新。

师：没有过的东西、不知道的东西，它才是创新的探索。你会在自己家探索吗？不会吧？家这个环境对你来说是很熟悉的，它是一个已知的环境。那我们要探索的是什么？是未知的东西，对吧？"很早以前"人们是不是把所有事情都解决了呢？

生2：不一定。

师：那么是不是有一部分事情还没有得到解决？那么什么时候去解决它？在很早以前没有解决的这些事情怎么办？不解决，搁置在哪里？

生2：靠后人解决。

师：对，靠后人解决。这个后人有可能是我们的后人，也有可能是我们自身，对吧？也就是说，我们看白居易说"文章合为时而著"，其实这三个题目都引导我们去思考当下，甚至是未来，也就是我们所说的"现代性"。

我们思考一个问题，我们的思维立足点一定是现代，即坚持以现代人的眼光去看待这些作文题目。

在明确了三大母题和现代性这一个思维立足点之后，我们来看这样一道题目："有人说，人情世故是现代社会的立身之本，有人则不以为然。"这个题目我们该如何审题、立意？首先，我们来看看它属于哪一个母题？

生3：（张奕嘉）人与他人。

师：对，人与他人，人情世故嘛。人情世故，现代社会还有吗？

生3：人与内心，是去遵循这个人情世故，还是说自己要有自己的主见？

师：嗯，如何处理人情世故？也就是我们对人情世故的看法是怎样的？因为这里有一个词叫"立身之本"。你靠什么在社会上立身？你要处理的是人与自我的关系，也就是说这个题目所属的母题侧重于"人与他人"，但也涉及"人与自我"。

这个题目当中的关键词很好找，一共有三个："人情世故""现代社会""立身之本"。首先对这三个概念我们要有一个定义，对它们进行界定。什么是人情世故呢？

生4：（张馨悦）社会中处理和他人关系的手段和方法。

师：你觉得它的情感色彩是怎样的？它是一个中性词、褒义词，还是贬义词呢？

生4：我觉得是有点贬义的。

师：有没有人觉得它是个褒义词？

生1：有些人知道人情世故，所以他处事很圆滑，不会得罪人。

师：你觉得不会得罪人挺好的，对吧？他们如何能够做到不得罪人？

生1：要知世故。

师：什么叫"知世故"？等于没解释。"人情世故"等于"知世故"？

生1：处理事情很得当就是"知世故"。

师：对，很妥当。你要知道人情世故，首先你要知道别人在想什么。

"人情世故"本身应该是一个中性词，即为人处事的方法和道理，它并不带褒义或者贬义的色彩，但是我们可以辩证地去看待这样一个词。有的人认为人情世故只是一种很功利性的处事方法，它明显带有一点贬义色彩，这好像也是我们当代年轻人的普遍看法。但是也可以把它理解为重视和他人的情感联系，能够站在别人的角度去考虑问题，并且能够关怀别人的价值观念。所以，它也可以是一个褒义词。

那么什么叫立身之本呢？

生5：（贾长鑫）就是人作为群体性动物，在社会中立足的资本、本钱、根本。

师：群体性动物？那么狼群也是群体，羊群也是群体，对它们来说立身的资本是什么？本钱是什么？

生5：它们自身弱肉强食的手段、拳头。

师：那我们也是靠拳头、靠手段？

生5：我们比它们高级。我们也有拳头，有自己强硬的地方，但还有可以花更少的力气去解决问题的手段。

师：你刚才说到了群体，我为什么要说狼群也是群体，羊群也是群体？其实更准确来说，我们人类应该是群什么样的动物呢？

生5：人类群体有"羊群"，也有"狼群"。

师：你指企业文化中狼羊混杂？你要想在哪立身？

生5：在社会中。

师：对，那我们是群什么样的动物呢？

生5：我们是群社会性的动物。

师：我们是具有社会性的，我们的立身应该是在社会上立身，而能够让我们在社会上立足的这样一种根本品质叫作立身之本，对吧？有异于常人的根本品质，你才能够得到别人的认可，你才能在社会上立足。

当然现在很提倡张扬自我的个性。但是，你要实现自我价值的重要前提是什么？是你要得到别人的一种认可。你在社会上能够有一番作为，你才能得到别人的认可，你才能实现自我价值。

好，辨析了这两个概念之后，我想问一个问题：人情世故是不是立身之本呢？

其实这个问题不是我今天才提出来的，在轴心时代，就已经有古代的先贤们讨论过这个问题了，请大家结合我下发的补充资料思考一下：东西方哲人是如何来看待人情世故的？

(二) 课堂讨论：思考如何看待"人情世故"，描述"现代社会"的特征

师：这些人大家应该不陌生，他们说的话你以前有没有了解过？你也可以想一想，哪些哲人的想法是有相似之处的？你也可以对他们的想法进行一下归类。

生6：(汪嗣涵)我想说孟子。他说："得道者多助，失道者寡助。"他是针对君王说的：如果君王施行仁政，那么就能得到更多的帮助；但如果施暴政，那就不可能得到帮助。如果我们把孟子的思想放到这道题目里面来看，就可以这样理解：如果你更好地利用人情世故，那么当你需要帮助的时候，你就能够有足够的后备资源和朋友来帮助你；如果你没有很好地运用你的人情世故，那么当需要帮助的时候，人家也不会帮助你。

师：那么，孟子强调了什么？我选择你，你也选择我。我帮不帮助这个得道或失道的人，是我选择他；但同时他也要选择谁来帮助我，不是照单全收。无论说是多助还是寡助，孟子是不是都强调了一个"助"字？也就是俗语当中

说的"一个篱笆三个桩,一个好汉三个帮",总得有个人去帮助他,他一个人完成不了一件事情。那么你说说,对于人情世故这样一件事情,孟子是怎么看的?

生6:孟子觉得我们应该更好地利用人情世故,不要脱离于社会而存在。

师:要重视人情,是吧?

孟子说人要互帮互助。同为儒家,孔子则强调要爱人、要知人、要利人、要达人、要安人,"己所不欲"的事情"勿施于人"。你看孔子几乎每一句话都在强调人,而这个人指的是他人。孔子是在说:你时刻要关注自己和别人的关系啊!

也就是说孔孟,儒家学派,对于人情世故,对于人与他人的关系,是非常重视的。那么对于道家,老庄怎么理解"人情世故"?

生7:(鲍乐遥)老子认为:"鸡犬之声相闻,民至老死不相往来。"大家不要有紧密联系。

师:到老死了也不要互相看望,大家自己在家里宅着挺好的。那庄子呢?

生7:庄子认为大家不需要有很多的联系,最好忘记彼此。

师:各自安好,对吧?

生7:不想管世俗的是非,他人的是非,要有自己独立的精神。

师:很好。大家注意,庄学后人对庄子的评价,说庄子可以做到独与天地精神往来。他强调的是一个"独"字。对于庄子而言,孤独是一个很高的境界,不是一般人能够做得到的。

老庄的想法,似乎很符合我们现代年轻人的想法——不要有太多的社交。孔子说"仁者,爱人",我们现在都是"i人",不是"e人",最好各自在家待着,你不要找我,我也不要找你。所以道家对于人情世故这件事情,其实是持有一种轻视的态度,轻视人情。他们甚至都觉得不要交往了,那么他们还能重视人情吗?

西方的这三位哲人,他们关于人情世故的观点是什么呢?

生8:(严乐芸)我认为他们的观点是人应该处于社会之中,人与社会是密不可分的。

师:很好,这个讲到了点子上。无论是苏格拉底、马克思,还是贝希尔,他们都强调人的社会性。他们不告诉你,我们应该重视人情世故还是轻视人情世故,但是就告诉你一点:人跟社会是不可分离的。

他们认为对待人情世故的态度,不是重视,也不是轻视,但是你必须关注人情世故,对于人与他人的关系,你不能漠视,这是很重要的一点。因为我们跟社会无法分离,要关注人情啊。

东西方哲人,有的重视人情,有的轻视人情,有的不表态,但都告诉你要关注人情。那么对于我们而言,我们该何去何从,如何取舍呢?我们应该重视还是轻视人情世故呢?所以对于古代先贤所开出的一些药方,我们是要有选择的——我们要去思考哪些我们可以用,哪些我们不能用。这种选择,我们应该结合现代性来思考。

首先要搞清楚什么是现代性,这是一个很大的概念。前面说"人情世故"和"立身之本",都是直接下了一个定义的,让大家一起来讨论"人情世故"是什么,"立身之本"是什么。但是"现代社会",我到现在还没有解释,因为这个概念太大了。

考试的时候,这么短的时间内碰到这么大的一个概念,你无法直接给出一个定义的时候该怎么办?我们可以采取描述的方法,尽可能多地从各个角度、各个方面去描述出"现代社会"是一个怎样的图景,它具有怎样的特征。那么现在请大家结合我所发的学习材料,四个人一组共同描述一下现代社会的特征是什么。

生 9:(邹劼晟)我看这么多现代哲学家,最"现代"的两个人,一个是王德峰,一个是韩炳哲。

王德峰的观点是"资本和技术是一对孪生兄弟",有点继承了马克思的观点,认为资本家、资产阶级跟工人阶级之间存在剥削关系,他认为劳动是对工人这个主体的异化。

师:对,很好。他讲到了一个"异化"的概念。

生 9:那么再看发展到现在的情况,费孝通也比较现代,他主要是偏重乡土社会和现代社会的区别。他强调现代社会的现代性跟过去不一样,它是流动性的,更多了一些跟过去不一样的契约精神。不再是那种长老权力、横暴权力,现在人更相信人与人之间的商业信誉。

然后到韩炳哲,他又讲了一个功绩社会。我就觉得这个可能比之前马克思的那些观点更符合现代,因为毕竟现在不是过去那种工业革命时期了。我们现在每一个人都处于一种过多追求功绩性的状态,形成了一个过分的积极社会,这反而就导致了一种疲倦、一种厌倦。韩炳哲把现代人心里面的冲突指出来了——你过分积极反而会导致一种厌世主义,也就是"倦怠"。

"倦怠"这个概念,就会回归到我们之前所说的人情世故,即人与他人之间的关系。人们会产生一种倦怠感:我只会去专注于我要去达到的目标,从而忽视处理人与他人的关系。

这也是为什么现在很多年轻人觉得人情世故没有必要。因为对我实现个人的目标来说,它太多余了。所以会产生倦怠社会,然后在这种倦怠社会中人与人之间就越来越封闭,个人失去了容纳他人的能力和空间。

但是在这个材料之外,韩炳哲又提到另外一种倦怠感,又有点像之前的老庄思想——是一种表面看似消极无为,但是它倡导把人们从劳作当中解放出来,主张人应该有一段什么都不干的时间。在这种情况下,人的灵感反而被激发出来了。

师:你读过韩炳哲的《倦怠社会》,是吧?

生9:是的。

师:刚才邹劼晟同学讲的这些,大家听明白了吗?他的思路很跳跃,我来总结一下,大家看是不是这样。

他结合了费孝通、马克思所讲的理论,结合了王德峰所说的话,还结合了韩炳哲的思想,他几乎把所有的材料全部囊括进去了。他认为我们的社会一步步发展过来,是从最早的"身份社会"到后来的"契约社会",然后再到后面的"异化"现象很普遍、高功利性的社会,而到了现在则变成了"功绩社会"。

他觉得社会是这样一步一步演变到现在的,所以邹劼晟同学得出的结论是:韩炳哲所说的"功绩社会"最贴近于现代。但是"功绩社会"能不能够代表"现代社会"呢?它是不是"现代社会"的全部?我觉得不是。

韩炳哲提出了他的看法。他认为功绩社会是一种积极的社会,它带来了一种高效能，这是应该肯定的一点。但同时，它也带来了过度疲劳和倦怠感。当然他的著作《倦怠社会》后面也补充了另外一种"倦怠"，大家可以回家之后再去阅读一下。所以韩炳哲所说的"功绩社会"，并不是一个褒义的概念，也不是一个贬义的概念，还是辩证地来看待现代社会的。

大家可以再看看王德峰与马克思这两人的理论，他俩也是一体的——资本和技术是一对孪生兄弟。刚才邹劼晟看出了马克思这一段话，所讲的就是"异化"这个理论。人被异化了，这当然是反面的，但是同时人也因为技术的发展，因为资本的增值，从而享受到了更便利的生活。

所以，综合这一系列的材料来看，并不是说现在社会一定是一个好的社会，或者是一个不好的社会，不能一棍子打死。其他同学还有没有别的想法？邹劼晟刚才讲了那么多，但是他唯独跳过了韦伯，其实"现代性"这个观点韦伯讲得很清楚。什么是"现代性"？

生10：（应子骏）我是从现代社会的信息技术大发展这个角度来切入的。现代社会在互联网出现之后，现在人的关系可以说一步一步更加紧密了，但同时又有一种在现实中更加疏远的感觉——在现实中可能还是个沉默寡言的人，但在网络上就整个人爆发出来。他把自己的观点都很自由地表达出来，这得益于网络的高效性。

同时我们也看到韦伯说的"个人必须决定，在他自己看来，哪个是上帝，哪个是魔鬼"，他的意思大概就是说我们要有自己的价值判断。但价值判断在现在的网络社会是很难得的，因为在网络社会我们很容易就随波逐流了，尤其是现在年轻人过早接触网络，在自己的个人价值观还没有形成，还没有过多的社会经历的时候，我们就能够从中轻易获得他人的很多经验、他人的价值观，那么我们就容易被异化，或者说容易被误导，容易被带过去。

而且网络还有一个比较可怕的东西叫"信息茧房"。如果说你浏览这个信息，你觉得有点道理，继续去浏览了，那它可能就一直推送向你这一类信息，你可能就被固化了。在你还没有通过实践获得你的意识，获得你自己的观点之前，就已经给你搭出了这么一个由他人观点组成的茧房，所以会导致人的思维上的、价值观上的"异化"。

师：你刚才其实提到了这么一点：现在我们这个网络时代，其实让我们把一些所谓的绝对正确的理念去除了。在科学祛魅之后，正如韦伯所说一切终极而崇高的价值，已自公共领域隐没。

当然，这也给我们带来了一个很自由的、可以选择的世界，我们可以自由地选择自己喜欢的、自己崇尚的价值观，价值观变得很多元。但同时，刚才应子骏同学也说到了一点：有的时候我们往往不知道选什么而去随大流，别人说什么就是什么；或者我们其实暗中被科技所操控，形成了一个信息茧房却不自知。所以，这也给我们带来了很多困惑和迷茫。

于是，我们可以从这些材料概括出现代社会的一些特点：

我们现在是一个崇尚科学、法律、公平正义、民主合作等思想的社会，这在费孝通所写的《乡土中国》的《血缘与地缘》这一篇章当中，很明确地指出了。

同时科技的发展提高了生产效率，它是有利的，但也出现了严重异化的现象，这个对我们来说是有弊的。

追求功绩社会带来了高效能，这是好的，但是也让我们产生了过度疲劳和倦怠感，这是不好的。

高度的流动性造就了"原子化的个人"——这是沃尔泽的观点。现在社会关系是很自由的，你想去哪就能去哪，但同时也是很脆弱的，因为他想不去也可以不去，想结束这段关系就可以结束这段关系。

我们身处这个被科技祛魅的世界，韦伯说，价值是多元化的。我们充满了自由的感觉，但同时也增加了我们的困惑和迷茫，所以关于"现代社会"，我们不能一概而论——跟古代社会比，它就是好的，或者说，就是不好的。人们总是喜欢去美化过去、丑化现在，但其实现在也是有利有弊的。

（三）以"现代性"为立足点思考命题——"现代人"如何看待"人情世故"？

师：那么在描述出了现代社会的特点之后，我们就要站在现代人的角度，以"现代性"来看待人情世故。我们可以怎样去立意呢？

刚才邹劼晟同学提到了，现在的年轻人往往觉得人情世故好像没有什么太大的价值，没有太大的用处。但是我们能不能够完全扔掉人情世故，再也不去管人情世故？大家就像庄子说的一样，像老子说的一样，天天待在家里面关着就好,老死不相往来,可以吗?

从苏格拉底到马克思,直到我们当下,包括韩炳哲、费孝通,他们都提到了人与他人的关系——"人与他人"是一个永恒的命题。所以我们不应该也不可能完全否定人情世故,这是我们必须要明确的一点。

我们不能抛开人情世故,那么应该如何去看待人情世故之于当今社会的作用?现代社会崇尚的是新思想,科技的高速发展让我们越来越追求高效,同时它弱化了血缘、弱化了人情,社会已经发生了一些改变。正如邹劼晟同学的分析,我们已经过了血缘社会的阶段,那么人情世故还有它的用处吗?

在血缘社会中,人情世故或许是非常重要的一点,它很有可能就是立身之本。但是我们现在的社会已经发生了转变,传统的人情世故的功用已经被时代弱化了,但是你不能说它完全没有用。它当然不是立身之本,但是可以辅助你去立身。现代社会的高度流动性,破坏了稳定的社会结构,让我们处在了一个从血缘社会到地缘社会再到功绩社会不断转变的过程中。

血缘社会已经过去了,但是血缘依然存在。所以人情世故不能完全扔掉,它还有一定的用处。同时我们也产生了一个新的问题:现代人在时代的浪潮当中,该何去何从?这是个新的问题,它更强调我们应该关注什么。

生 11:(石一婷)我们处在这个社会当中,虽然拥有了自己的自由,我们可以选择自己未来的走向,但还是有限的自由,不能因为你获得了这种自由,你就可以凭自己的主观性决定该往哪里走。就算这个时代的所有人都往这里走,你也要有自己的判断能力,有自己的方向,而不是跟着人群走。

师:要有自己的判断,要有自己的方向,这也是我们现在一直在强调的一点——关注自己,张扬个性。一开始我们就说了,这个作文题除了属于"人与他人"的母题之外,它还关涉"人与自我"。

但是要注意:关注自我的目的是什么?在给大家的资料当中,孔子说过这么一句话,"修己以安人"。"修己"当然是关注自身,提升自己,但是目的是"安人",是能够处理好与他人的关系,所以关注自己的目的是关注他人,关注他人的前提是关注自己,自我与他人是不可分离的。

这也就是为什么这道题目既涉及到了"人与他人"的母题,也涉及到了"人与自我"的母题,很多同学可能容易忽略这一点。我们也懂得一个道理:一个不爱自己的人去爱别人是很恐怖的一件事情。这个"爱"当然是指"大爱",很多情况下我们都可以用到这句话。你首先要学会爱自己,然后你才能学会去爱别人。

我们来小结一下,这节课大家经过讨论、交流获得了三点共识:

第一,我们要时刻关注到三大母题和"现代性"的思维立足点。

第二,对古今中外哲人的思想、智慧,我们要拿来,但是要经过思考后选择性地拿来,不能直接照搬。

第三,我们要始终坚持以现代人的视角来辩证分析命题,辩证的角度很重要。

教后反思

执教"理性思维与高考作文母题写作指导",我甚是紧张。"理性思维"与"高考作文母题"都是很大的话题,我一直担心不能驾驭。在孟老师的鼓励与指导下,我缩小研究范围,选择以"现代性"为思维立足点,切入"人情世故"(人与他人)母题,以探讨哲学思想对高考写作的启示。但母题写作应该如何教,对这个问题,课后我心中仍是有疑惑的。

余党绪老师全程观摩了我的课。课后,针对这堂课涉及的母题作文教学,给出了他的宝贵的指导意见,让我受益匪浅。余老师认为,母题是很有张力的,神话的母题就是文学的母题,文学的母题就是人生的母题,也就是教育的母题。对母题教学,应该有归因的思路,把握广泛的关联性,删繁就简,得出最核心的母题。而在归纳出母题之后,则需要在同一母题内进行比较,找出同一母题内的作品的不同之处。这样,就自然进入了理性思辨的领域。这一思路,对我今后更好地开展阅读与作文母题教学有很大的启发。

> **同伴点评**
>
> 首先，陈致远老师在高三年级面临高考的关键节点，进行母题写作指导，很有针对性，很管用。高考作文题多有变化，但是万变不离其宗，本节课就是以"人与他人""人与自我"为母题进行写作指导。这样化繁为简，找出规律，循规律而为文，学生便会走在正确的路径上，容易抵达成功的彼岸。正如余党绪老师点评时说"母题研究是删繁就简、提高写作效率的一个非常好的路径"。
>
> 其次，陈老师以"现代性"为立足点，确定教学目标和教学重点，非常恰当。"文章合为时而著"，当代学生须立足现代社会语境进行思考，方能有创新地表达自己的见解，否则，不关注现代社会，与当下生活割裂，而只是"背诵""复制"古人言论，于发展中的当今现实无更多补益。所以说，陈老师带领学生立足"现代性"来思辨，非常恰当。
>
> 再次，陈老师引导学生在比较中展开思辨，这非常利于理性思维的培养和提高。陈老师先是比较辨析，后是举例详解，进而界定命题中关键概念，明确所属母题，在比较中落脚于"现代人""现代性"。陈老师举例详解，给学生以切实的抓手，避免了纯理论性指导的"悬空"。余党绪老师在点评中说得好："母题写作最重要的思维方式就是比较，比较也是最基本的理性思辨。"
>
> 陈老师的这堂课正是如此。
>
> （上海市作家协会会员、孟庆平语文特级教师工作室成员、语文高级教师 丁少国）

四、"倾听和表达理性的声音"课堂实录

于 晶

（2023年6月8日）

师：今年的3月28日，余华在澳门城市大学作了一场名为"文学中的现

实"的主题讲座。当谈到写作的成功之道时,余华说,其实没有什么成功之道,就是一个字"写",而且是不断地写,但是写的前提是一定要阅读,而且一定要读好书。余华向在座的大学生推荐了鲁迅的小说《风波》,推荐了西班牙作家马里亚斯的《如此苍白的心》,还有哥伦比亚作家马尔克斯的《霍乱时期的爱情》等。

当然在中外这么多伟大的作品中,有很多非常好的作品值得我们去读,但对我们高中生来说,最好的书其实就在我们身边,在我们的教材里。前一段时间我们学习了部编语文教材必修下册的第八单元。这个单元属于"人与人""人与己"的读写母题,收录了四篇作品,分别是魏征的《谏太宗十思书》、王安石的《答司马谏议书》、苏洵的《六国论》,还有杜牧的《阿房宫赋》。这几位仁人志士自觉承担匡世济民的责任,或积极建言献策,或勇于变法图强。他们忧国忧民,心怀天下,坚守道义,敢于担当,令人崇敬。我们今天就一起来倾听这些名家理性的声音,并且学习如何表达我们理性的声音。

(一)回顾文本,温故知新

师:我们一起来回顾所学文本。在前一段的学习当中,我们听到了怎样的理性的声音?我们发现,在思考人与人、人与社会、人与家国的关系时,这四篇作品都体现了古代知识分子对国家命运的责任担当意识,而且这四篇作品也都有很强的现实针对性。同时在这些作品当中我们还学到了理性的表达方法,那么不知道大家还记不记得我们在写作训练的过程中,也跟大家提过这些作品中所呈现的理性的表达方法。

(播放PPT)

同学们看一看这个页面当中出自苏洵《六国论》的这句话:"六国破灭,非兵不利,战不善,弊在赂秦。"这一句话在表达上所用的句式,同学们还记不记得?这是否肯的句式,先用"非兵不利,战不善",把六国破灭的原因从"兵""战"的角度进行否定,再用肯定的表达揭示出"六国破灭"的原因是"弊在赂秦"。

此外,我们在《六国论》当中还阅读到"或曰:六国互丧,率赂秦耶?"这是什么手法?对,反向的质疑,也就是去预判别人可能对自己的质疑,从而使论证更严密。

接下来还有"向使三国各爱其地,则胜负之数,存亡之理,当与秦相较,或未易量"。这是什么样的推理方式?假设推理。我们发现,在学习这个单元的过程当中,我们不仅倾听到了理性的声音,还学习到了理性的表达方法。如果能用阅读中学到的这些方法来指导我们的写作,在阅读当中提高写作的能力,那就再好不过了。我们也做了这样的一个写作训练,我们一起来回顾一下。

师:有人说,"有意思"让平淡的人生有了灵动的亮色;也有人说"有意义"让平凡的人生绘上了厚重的底色。作为新时代的青年,你对此有何感悟,有何思考?请自选角度,自拟题目,写一篇不少于800字的文章。

这次写作,我们是期待大家能够在作文里面表达自己理性的声音,并且使用理性的方法。但是在批阅的过程当中,虽然也发现有很多值得肯定的思想火花,但大家在理性的表达方面还有很多不尽如人意的地方。首先,我们一起来看看其中比较有代表性的一些作文。这篇的标题叫《"有意思"还是"有意义"?》。现在,请同学本人来给我们读一读作文当中两个比较精彩的片段。

生1:片段一:生活或许是平凡且平淡的,但只要你仔细品味,你便会发现许多有趣的灵魂不可磨灭的意义。我认为,人的一生不能只在各种各样"有意思"的乐趣中度过,也不能只被沉重的意义堆满,而应该是在"有意思"中寻找到"有意义",在"有意义"中感觉到"有意思",两相结合,融为一体,这样的一生才是明亮且有价值的。

片段二:或许有人会说:"人的一生就只有这么些年,总花时间在做'有意义'的事情上,太不值得了。不如多做些'有意思'的事情,让自己开心。"这样的想法是肤浅和狭隘的。假如我们一味沉浸在一些浮于表面的、没有价值的、短暂而低级的乐趣中,缺少深入思考的过程,日复一日,我们的头脑会变得越来越简单,缺少内在,只会一味追求肤浅的感官刺激,就如当今社会泛娱乐化的通病,那么我们的一生就很可能被荒废,在碌碌无为中度过。

也许还有人说:"所有追求浅表的乐趣都是对生命的浪费,我们应该让有意义的事填满人生。"其实,这也是过于极端的立场。"有意思"也是人生不可或缺的组成部分。

师:大家看一看,在这篇作文中,我们是不是倾听到了理性的声音,感受到了理性的方法？通过前面我们对《六国论》的回顾，哪位同学能够发现这篇作文中的亮点？

我认为人的一生不能只在各种各样"有意思"的乐趣中度过，也不能只被沉重的意义堆满，而应该是在"有意思"中寻找"有意义"，在"有意义"中感觉到"有意思"。这里面她使用了怎样的理性的表达方法？或者说我们听到了怎样的理性的声音？

生2：她使用了否肯句式来表达观点。

师：也就是说她在表达时有所肯定，也有所否定，是不是这样？我们发现她思辨"有意思"和"有意义"的关系时，还有这样的一句话：我们应该在"有意思"当中寻找"有意义"，在"有意义"中感觉到"有意思"。从这两句话当中，你倾听到了她怎样理性的声音？

生2：她认为有些事情看上去是对立的，但两者其实又是相辅相成结合在一起的。

师：除此之外，大家也看到了在后面一个片段里，作者做到了关注现实，她说在现在这个时代社会上有一个比较常见的现象，那就是对娱乐的一种极致的追求，这就是所谓的泛娱乐化，什么都可以拿来调侃。这种对"有意思"的极致追求真的"有意义"吗？很多为了搞笑而做的修改，反而破坏了事物本来拥有的内涵，这样做真的好吗？

（播放PPT）

比方说有位同学写道："有意思"和"有意义"是不同的，"有意思"带有主观差异，也就是不同的人对"有意思"的事物的判定结果是不一样的，或者说评价标准是不一样的。他认为"有意义"基本上是大众所共同认可的，对自身或对他人有影响的一些事物。也就是说他认为"有意思"是有主观色彩的，人与人的看法不同，而"有意义"往往体现了一些基本的、共同的认知或者是评价标准。

还有一位同学说：我觉得"有意思"不应该只是确幸的瞬间，还应该包括生活中的酸甜苦辣。这些都是同学们在作文中表达出来的理性的声音。

我们再来看一下另一位同学的写作片段。和前面同学不同的是，他很好地使用了论据:"在这个经济发展迅猛的时代,经济实力成了不可忽略的一点,不少人在这样的环境下,便会以成功定能力,以输赢定人生。可这样说未免有些绝对,我们成就自我,可以是陶渊明似的归隐安逸、悠闲自得,也可以像袁隆平一样为人类奉献一生,如奋斗在一线的教育工作者一样教书育人。这些看似平凡的人生,实则温馨美满,充实安逸。"这些都是同学们在自己的作文当中所展现出来的智慧的火花,是理性的声音,而且还运用了理性的表达方法。当然,我们的作文中也还存在着一些需要进一步提升的情况。

(二)评价修改,合作交流

师:接下来,我们进入到今天这节课的第二个环节。今天课前的时候,同学们已经依据我们设置的量表,从内容和方法两个方面,对这篇习作的"概念阐释""分析问题"部分进行了分析评价,并完成了自己的修改。现在我们分小组讨论10分钟,一会儿请每一个小组派一个代表来分享交流成果。

希望大家集思广益,把最能代表本小组水平的交流成果呈现在我们面前。希望同学们侧重于"概念阐释""分析问题"中的一个方面来修改这篇作文,当然也可以从不同的角度修改,展现不同的结果。

生3:我们认为,这篇文章在关注现实和假设推理方面有所欠缺,所以我们也就作了以下的修改:

"有意思"的生活让生命有了灵动的底色。时下社会对于"有意思"的追求反映了"乐趣"是当今世界极为重要的"软件",可是问题也接踵而至,"泛娱乐化时代",我们为了追求多巴胺的分泌而全然不顾约定俗成的底线,导致哗众取宠的社会现象层出不穷,人们在低级的乐趣中丧失了自我,将生命的意义抛诸脑后。"有意思",诚然有趣好玩,但背后却也有极端享乐主义的风险。一味追求"有意思",忽视了人生意义,难免走上虚无主义的歧途。同时,随着社会高速发展,人们追求的娱乐方式也会日新月异。此刻手中最"有意思"的事物,若干岁月后是否就失去了它本来的作用呢?那时我们回望过去,又可以在"有意思"的过往中寻觅出多少"有意义"呢?而真正有生命力且伴随我们一生的,应该是"有意义"、有价值、能给我们带来成就感的事情。

青蒿素发明者屠呦呦、杂交水稻之父袁隆平、探界者钟阳,他们穷其一生做出了对世界的无双贡献。于社会而言,他们推动了时代的发展。于个人而言,荣誉与赞美如约而至。也许有人说,平凡如我,恐怕很难像他们一样有如此成就,那么在"有意义"的追求中挖掘乐趣,做一个有趣的人,用丰富的知识、智慧的思想去做平凡且"有意义"的事,也许是一种不错的选择。

以上汇报的是我们小组的修改结果。岑嘉怡同学在我这个汇报的基础上还有一些相应的补充。

生4:"有意思"是停靠生命之车的润滑剂,"有意义"是指向标,是生命之车的终点。"有意思"和"有意义"并不是割裂的,为了目标日复一日的奋斗,为社会发展作出"有意义"的选择,给略显单调的生活加一点色彩,都是必要的。如果我们专注于某一个领域,经过长期的努力,不仅会培养自己的能力,甚至会在此领域有所成就。如谷爱凌,她热爱滑雪,经过不断练习取得成功,不仅为国争了光,也实现了自我价值,她成功地将"有意思"变成了"有意义"。

师:从第一组两位同学的汇报中,大家可以看出他们对这篇作文的评价有他们的角度和认识。我觉得组长马子涵同学利用我们课本当中袁隆平、钟阳、屠呦呦这样一些了不起的人物作为写作素材,这种读写有机结合的方法是非常值得肯定的。

生5:首先我们结合量表对这篇作文进行了评价,发现它的内容有所缺失。我们小组针对第一个任务"对核心概念是否有阐释"进行了讨论。以下是我们小组的讨论情况:

首先,核心概念是"有意义"。我们的讨论结果是:"有意义"其内容更侧重于结果,而"有意思"可以突破我们实现结果的过程。其实两者是各有利弊的。我们可以借鉴《六国论》的表达手法,运用"有人说,也有人说"的表达模式。

我们的修改内容是:有人说,如果生活如同孩童般的世界,肆意飞扬,无忧无虑,多好。也有人说,生而为人,我们人生就应该有所追求,碌碌无为那就是"没意义"的人生。而我认为,其实我们可以有一个"有意思"且"有意义"的人生。若只追求"有意思",的确会带来不少快乐,但在这之后会因为没有做什么有意义的事情而感到空虚。如果只追求"有意义",那么我们又会感到单调和疲惫。"有意思"是指有趣,是指能让自己感到快乐的事。从表面看,"有意思"和"有意义"似乎是对立的,若追求其中之一,一定会抛弃另一个。但在科比心中,两者都能体会到,"有意思"且"有意义"。所以,"有意思"和"有意义"本质上是对立统一的,也是相辅相成的。所以我们的结论是,"有意思"和"有意义"其实各有其侧重。我们在作文开头的时候就要尽量以客观的方式去对它们进行辨析和评价。

师：刘今奕小组的发言,特别侧重于两者之间的比较,认识到了它们的差别,他们还在这篇作文的基础上,运用了科比这样一个例子,应该说从阐释核心概念的角度表达了他们理性的声音。

生6：大家好,我是第三组组长蒋毅赟。我们先根据这个量表对这篇作文的优缺点进行了分析。首先这篇作文是有论据、有分析的,但是作文中没有关注到现实,也没有假设推理。请陈祎同学作更详细的说明。

生7：我觉得,既然是帮助修改,首先要保留这些论据,以及表达的语气。

我来读一下我的修改：也许有人会问马克思,你只是因为觉得社会主义好玩,才去研究社会主义的吗？"有意思",分为浅层乐趣和深层乐趣。世人所追求的乐大部分都是小乐与独乐,而马克思追求的是大乐与众乐,即"先天下之忧而忧,后天下之乐而乐"。"有意思",就是不能停留于浅层次的乐趣,"有意义"才是更深层次的趣味。

师：陈祎同学今天的表达非常出色,而且我由衷地感觉到他的这个修改从实质上来说,让我眼前一亮,感到很欣喜。我们在课本中学习了《马克思墓前的讲话》,所以他使用马克思的事例作了分析。他说,"有意思"分为浅层次的乐趣与深层次的乐趣,指出世人追求的"乐"大部分是"小乐",而且还是"独乐",而马克思追求的是"大乐""众乐"。"小乐""独乐""大乐""众乐",这四个词语真的是让人眼前一亮,而且表达非常准确。他对素材的处理,既有对事例本身的概括和评价,也融入了他对乐趣和意义的评价标准。在这个过程当中,他说浅层次的快乐是感官刺激上的短时间的愉悦,而深层次的快乐则是"有意思"与"有意义"的结合,这才是"大乐""众乐"。

李艳萌小组准备得怎么样？

生8：好。我们小组发现这篇文章在论证方法上不够完善。经过讨论之后,我们增加了一些假设推理。请王张棱同学来朗读一下我们修改的内容。

生9:我来朗读一下。假如我们的人生只做"有意思"的事,就好比我们的人生画板上只有鲜亮的调子,但没有底色的铺垫,那些亮色会随着时间的流逝而逐渐暗淡,最终只剩一片灰白。比如《阿房宫赋》说秦国有倚叠如山的"燕赵之收藏,韩魏之经营,齐楚之精英",但处在安乐的氛围中,秦始皇忘却了他作为君王的意义何在,最终导致"戍卒叫,函谷举,楚人一炬,可怜焦土"的败局。孟子所说的死于安乐,就是这个道理。也许有人会说,"有意义"常常枯燥乏味,又怎么会"有意思"呢?诚然,对这部分人而言,所谓"有意义"往往包含着大道理和使人无法提起精神的标签。但在我看来,所谓意义,原本就沾染着每个人各自的色彩。苏轼政治上并不成功,但其文学和书画上的成就谁人能及呢?陶渊明归隐田园的意义,谁又能忽略?平凡如我,只要脚踏实地,不断超越,同样意义非凡。

人们在意"有意义"是可以理解的,但我们不应该为了"有意义"而去"有意义",正如我们不应该为了读书而读书,而是应该以丰富自己为前提去读书,这时我们就应该将"有意义"和"有意思"结合起来,为枯燥乏味的生活注入新的活力,将功利沉重的社会变得更加"有意思"。"有意思",为人生添上亮色,"有意义",为人生绘上底色,两者共同构成了人生美丽的画卷。如果我们只看重做"有意义"的事,会在仰望他人的同时加重自身的压力,局限自身,人生无味。如果先从"有意思"开始,发现自己的兴趣,进而发掘自己的才能,从而成就自我,就可以把"有意思"变为"有意义"。

师:我替这个小组解释一下。因为他们拿着好几位同学的修改结果,哪个都舍不得放弃,然后又来不及抄写,所以在这个过程中就有了这样一个拼盘式的发言。但是,我们还是可以从中看到很多同学智慧的火光,听到不少理性的声音。

最后,我还是想请这篇作文的作者来说两句,表达一下你们小组的修改结果。

生10:我们小组认为,关于"有意义"和"有意思"两者,如果我们的人生只"有意义",那我们的人生也可能枯燥乏味,但是如果我们的人生只"有意思"而

"没有意义",那又会显得狭隘肤浅。我们小组的意思大概就是这样。

师：希望这节课之后，我们能够多读书，读好书，在阅读过程中多多倾听理性的声音，在写作过程中积极地表达理性的见解。

教后反思

部编高中语文教材必修下册第八单元的学习，宏观上属于"人与人（社会、家国）""人与己"的读写母题，主要学习任务是完成在真实情境下的思辨性阅读与表达活动。基于学生写作的实际情况，今天，我把教学重点定在"如何说理"这个问题上。即通过阅读文本，学习理性思维方式，鉴赏文章的说理艺术，并学会在辩证分析与合理推断的基础上进行理性表达。

现阶段，我所任教的学生写作上存在的问题，集中体现为堆砌素材、以叙代议，缺少对问题的理性认识和深入思辨。基于这种情况，我设计了"议论文写作练习评价量表"，给学生提供了一些理性思维的角度和方法，希望通过集体交流、合作修改同学习作的方式，来增强学生的思辨意识，提升写作技巧。课堂上学生表现出很大的热情，取得了一定的效果，但也暴露出一些问题。

首先，写作能力的提高，很大程度上依赖于阅读和思考。在思辨性阅读中，阅读的准确性、明晰性与合理性，是判断阅读效果的首要标准。结论的对错、效果的好坏、效率的高低，都有一个客观的、公正的判断标准。这样的阅读，要求读者的思维处在思辨的理性状态，自觉地进行分析与论证、权衡与判断，而这些恰恰是我的学生尚未达到的高度。

在日常阅读中，我们的思维常常处在杜威称的"非思维"状态，信马由缰、自由散漫，读罢拉倒是一种常态。但思辨性阅读要求的是一种理性思维的磨炼，目的是获取知识或者解决问题，因此，阅读的终端，不该是杂乱无边的思绪，而应该是理性清明的判断与结论。在此基础之上，才会有感而发、表达清晰。因此，这将成为我接下来的教学重点。

其次，关于写作中必不可少的环节——"核心概念"的界定。研讨中，郑桂华教授的评点和指导，深入浅出、细致入微，给了我很大的启发。正如她所言，我们的写作训练确实可以从"单个概念"到"一组概念"，从"添加修饰性词语"到"同义词近义词比较区分"，从概念的"内涵"到"外延"……然后从文学短论、文学评论写起，从简单到复杂，从而有效完成思辨性表达的系列训练。

同伴点评

高中生作文，能否理性表达一直都是最重要的，尤其是对高一年级的学生而言。他们刚刚从初中大量练习写人叙事类的文章转换到用自己的逻辑思维和思辨能力，来有效又深入地表达自己观点的学程上。在学习方法上，他们还没有找到较好的抓手。于晶老师今天的课做了一个非常有效的尝试。课堂上，学生的身份从一个写文章的被评价者，转换为一个评价者，而一张评价量表也为他们提供了评价的参考支架。这是一次"有意思"的尝试。课堂上学生的惊喜表现，让我们在他们的理性表达中，看到了于老师精心设计的这一节课最"有意义"的效果。这正如李镇西先生所说，"好课堂"就是"有趣"加"有效"。

近年来，随着个性化教育的理论研究和实践探索不断深入，针对写作教学，新课程标准提出了更高的要求："写作力求有个性有创意的表达，根据个人特长和兴趣写作"，"能针对社会现象、生活现象，用议论的方式阐述自己的思想"，"在表达实践中发展逻辑思维"，"以负责任的态度陈述自己的看法，表达真情实感，培育科学理性精神"。如何引导学生在表达实践中找到既能张扬个性，又能理性表达的方法，这看似矛盾的两方面，却恰好聚焦在"思辨性阅读与表达"的学习任务群中，而如何在读写教学实践中将两者有机统一，则是我们每一位语文教师应该不断思考的问题。

今天,于晶老师就在这个领域做了一次非常有成效的探索。当然路漫漫兮,于晶老师的研究课和我们课后的研讨活动,只是拉开了问题研究的序幕。

(孟庆平语文特级教师工作室成员、高级指导教师　杜蕾)

专家点评

第一,我觉得一个教师是否优秀的关键就是他对课堂的一个基本姿态,就是他对课堂的敬和诚,就是他对这份工作的敬,对自己的诚。于晶老师今天站在讲台上,我就觉得她有这个品质。

第二,我觉得于晶老师今天尝试的是一种身份的转变。今天,学生在课堂上的学习兴趣明显比较高。他们的兴趣是来自自己变成了评价者,当他们身份转变以后,在这个课堂上的参与度马上就上来了,包括他们在评价他人的时候。如果他们还有体会的话,是会反思自己的。从学习的能力和天赋的角度来说,也许他们并不是特别出色的孩子,但于晶老师给了他们很多的兴趣点,让他们在课堂上眼睛一直有亮光,这是挺不容易的,语文老师能够做到这一步是不容易的。

我一直都倡导让学生在语文课上这样的转变身份。课堂上,学生可以是故事的讲述者,可以是文章的朗读者,可以是剧本的演绎者,可以是辩论赛上的辩手,甚至也可以成为老师。这些身份的设计其实就是老师要做的事。让学生永远带着一份兴趣,用明亮的眼睛看着你去上课的时候,他们的体验就被调动了,他们的能力就被调动了,他们的能量就被引出来了。

第三,说说教学目标的结构化问题。结构化是从目标内在的关系上说的。目标结构里有哪些要素?这些要素是怎么样联系起来的?主次是怎样的?是否需要阐释或定义?这些都是我们要重点考虑的问题。

第四,现在的高考作文非常强调思辨性,而且我认为这个方向大概不会变。"倾听和表达理性的声音",今天研究的这个话题特别好。其实,理性的表达不只是议论文写作的需要,文学评论、文学短论都需要理性的声音、理性的表达。倾听就是听别人说话,要善于倾听理性的声音,更要善于表达理性的声音。

今天的课堂上,有一个男生的发言非常精妙。当时于老师也是激动了。那个孩子的发言很有意义,太精彩了,他的语言的表达是很精准的,有描述性、修饰性、限定性的词语,这就是思辨性的表达。老师在这种地方要重锤敲打,好好地表扬他,让其他人明白什么样的表达算是把这个概念阐释到位了。

我觉得在今天这堂课上,思维的训练是有的,但是思维的广度、思维的深度、思维的速度这三点如何结构化,还需要进一步研究。其实,广度就是多角度,深度就是多层次,速度就是快慢,这不是一朝一夕的功夫。

(上海师范大学中文系教授、博士生导师　郑桂华)

五、"感受'自然景观'中隐藏的人生态度与情怀"课堂实录

郭玉清

(2023年12月7日)

(一) 回顾单元课文,导入课堂

师:人与外物的关系,特别是其中人与自然的关系,是一个永恒的话题,自然与情怀是一个永远解不开的情节,无论音乐家、画家还是散文家。近期我们所学的五篇课文郁达夫《故都的秋》、朱自清《荷塘月色》、史铁生《我与地坛》、苏轼《赤壁赋》、姚鼐《登泰山记》,都是散文名篇,五篇文章的内容、主旨、

风格都不同。

师：大家能发现这五篇文章的共性吗？

生（集体）：都有一个主观的观察和记录的主体"我"，也都存在一个被观察、被记录的客观对象"自然"——故都、荷塘、地坛、赤壁、泰山。

师：这节课我们就在本单元学习的基础上梳理五位作者笔下所描绘的"自然景观"，发现他们对"自然景观"的处理方式，感受作者在"自然景观"上投射出的情感态度，感受作者隐藏在"自然景观"（景物描写）背后的人生态度与情怀，同时积累一些阅读和写作这类文章的经验。

（PPT展示，播放《高山流水》背景音乐）

(二) 交流和讲评课前学习任务单

师：课前我布置了单元学习任务单。表格里灰色和橙色部分，是大家在做题时出现问题比较多的地方，这节课我们就围绕集中出现问题的地方一起来探讨。

大家可以先把自己所填的表与我提供的参考答案对照一下，看看自己哪儿有问题。首先，这五篇文章在时间上有什么不一样？

生（集体）：有现代的，也有古代的。

师：还有什么不一样？大家有没有发现表格里越到后边问题越难，这是为什么？

生1：前边的散文是写景抒情，后边的散文不仅写景抒情，还有对人生的思考。

师：大家发现这几篇文章虽然都是散文，但在表达方式上稍有不同。我们一篇一篇来看。先看《我与地坛》，回答"走近地坛'我'有什么收获"这个问题，个别同学做得还可以，但大多数同学的问题还比较多。现在翻到《我与地坛》，再看文章的第三、五、七自然段。这篇文章其实是节选了长文《我与地坛》中的两部分，第一部分是写"我"与地坛，第三、五、七段都是写景，但是它们的作用是不一样的。第三、五段的作用是什么？第七段的作用是什么？第七段开头有一句什么话？

生2：有"剩下就是怎样活的问题了"这么一句话。

师：那你再往上找，第六段讲的是什么？

生3：关于自己的出生和死的问题。

师：那么第三、五段写景的作用就是他想明白了生死。第三、五段的景物都有的共性就是破败，而在破败中看到了生机。此时有四百多年历史的地坛与作者有什么相似的地方？

生4：地坛的破败跟作者的残疾是相似的。

师：不一样的是什么？

生4：不一样的是地坛在破败中赋有生机，而史铁生却一心求死。

师：第五段"和我一样不明白来这世上的小昆虫"，这个小昆虫跟前边景物的相似点是有生机，跟作者的相似点是什么？

生5：迷茫。

师：为什么迷茫？作者的迷茫可以理解，那么小昆虫为什么迷茫？我们想想这个小昆虫很渺小、很短暂，可能一不留神就会被踩死，所以它的命运可能跟史铁生是接近的，但这些小昆虫很坚强。"我"跟地坛的这些景物，有相同的地方，但是不一样的就是这些景物很有生机，同中有异（板书）。

我们再看第七段，落叶已经到了生命的最后阶段，我们来看看作者怎样描写落叶。我们请一位同学朗读一下这段文字。

生6：譬如秋风忽至，再有一场早霜，落叶或飘摇歌舞或坦然安卧，满园中播散着熨帖而微苦的味道。

师："或飘摇歌舞或坦然安卧"，落叶对于自己即将走完生命的旅程没有恐惧，而是一直在享受这个过程。所以作者在描写这些景物的过程中获得了感悟——"我一定要活着，好好地活着，而且还要活得有意义"。也正因为当时作者来到地坛，日日夜夜地来到地坛十几年，当然也不仅仅是因为地坛的这些景物，还有其他人和事，让他想明白了生和死这件事，与命运达成了和解。（板书）

我们再来看《赤壁赋》，看苏轼笔下景物的特点。前几天瞿宏杨同学跟我讲，他发现《赤壁赋》每一段都在写"无尽"，他的这个发现非常好，我都没发现。他发现第一段描写的江面是无尽的，第二段描写的箫声之悲是无尽的，第三段描写的江面和江水也都是无尽的,所以我们明白苏轼来到赤壁就变得豁达,跟此处景色的特点"无尽"是分不开的。大家再看看,那些能治愈人的景物除了"无尽",还有什么特点?

我们请一个同学将第四段朗读一下。

生7:苏子曰:"客亦知夫水与月乎?逝者如斯,而未尝往也;盈虚者如彼,而卒莫消长也。盖将自其变者而观之,则天地曾不能以一瞬;自其不变者而观之,则物与我皆无尽也,而又何羡乎!且夫天地之间,物各有主,苟非吾之所有,虽一毫而莫取。惟江上之清风,与山间之明月,耳得之而为声,目遇之而成色,取之无禁,用之不竭,是造物者之无尽藏也,而吾与子之所共适。"

师:听完这段朗读后,你觉得这些景物除了"无尽",还有什么特点?

生8:我觉得这些景物还有"久远""无私"的特点。

师:正因为这些景物有这些特点,苏轼才会从中获得启迪,变得豁达。我们还发现苏轼写这篇文章与朱自清写《荷塘月色》是很相似的,心里有郁结,想走到自然界中开解一下自己,让自己心情变好,但是他来到赤壁之后却产生了新悲,感叹自己人生的短暂、个体的渺小,只是他这个悲是借客之口说的。面对这个悲,他怎么开解客人的?

生9:苏轼说,换个角度看问题,江水清风是永恒的,人也会一代一代相传。

师:还有吗?

生10:人类的文化思想也是一种永恒。

师:所以苏轼来到赤壁,发出了"又何羡乎"的反问。苏轼被贬,失意,来到赤壁后又是怎么打开心结的?

生11:他说,天地之间不属于我的我也不要,即文中所说"天地之间,物各有主,苟非吾之所有,虽一毫而莫取"。

师:正因为赤壁的景物有以上的特点,因此他来到赤壁后就想开了,就豁达了。(板书)

我们再来看《登泰山记》。40多岁时姚鼐辞官,在除夕登泰山,看到泰山的景物,这些景物有什么特点呢?

生(集体):泰山的景物很壮丽、很震撼,蕴含希望。

师:有同学提问,姚鼐为什么写泰山全貌?泰山全貌给你留下最深刻的印象是什么?除了有雪之外还有什么?我们请一个同学来朗读一下。

生12:(读倒数第二段)山多石,少土;石苍黑色,多平方,少圜。少杂树,多松,生石罅,皆平顶。冰雪,无瀑水,无鸟兽音迹。至日观数里内无树,而雪与人膝齐。

师:你读完之后觉得这一段给你最深刻的印象是什么?"少杂树,多松,生石罅"。这些松树长在哪儿?你看到这样的松树会有怎样的感觉?

生13:它们长在石缝里,特别坚定、坚毅。

师:其实,作者在登泰山之前内心是矛盾的,继续做官吧不愿意,不做官吧人到中年了。而登上泰山的过程尽管非常艰难,文中说"道中迷雾冰滑,磴几不可登",但是他登上之后看到了美景,所以坚定了信心。当然这也跟他与朋友谈心有关系。他想,尽管不知道未来会怎样,但他的选择也许会有好的结果。因此,登山后姚鼐获得了新的希望,获得了信心。也正因为如此,他在迷茫的时候学会了适度地转身。根据我们了解到的背景,他后来办书院,培养了一大批人才。

当我们沮丧迷茫时,可以像朱自清这样,向月色下的荷塘袒露心迹,可以像郁达夫那样,向自然倾吐衷肠,可以像史铁生那样,从地坛那儿获得启迪,可以像苏轼那样,从清风、明月、江水中获得智慧,也可以像姚鼐那样,从自然中获得力量。因此,从某种意义上讲,自然是我们最好的心理治疗师,它不仅可以像《荷塘月色》《故都的秋》那样让我们宣泄情绪,它还可以像《我与地坛》《赤壁赋》《登泰山记》一样,给我们开出治病的药方,让我们学会与他人、与自我相处,进而走出人生困境。梁漱溟老先生说:人一辈子要解决三个关系——先要解决人跟物之间的关系,接下来要解决人和人之间的关系,最后一定要解决人和自己内心的关系。

确实,如果读懂了自然,人的很多困惑就迎刃而解了。史铁生读懂了地坛,他才与自己和解,与命运和解,说出"就命运而言,休论公道"的慨叹。苏轼读懂了赤壁的清风明月,他才走出精神内耗,形成了豁达的人生观。姚鼐读懂了自然,学会了适时转身。

那么,我们在生活当中怎样才能走进自然获得心灵的药方呢?最关键的要做到以下几点:

山水寄情:景与情相呼应,如刘勰《文心雕龙》中所说"登山则情满于山,观海则意溢于海"。

山水悟道:景与理要相通,如庄子《齐物论》中所说"天地与我并生,而万物与我为一"。

也就是道家所说的"天人合一"。庄子认为,自然界有其自身的客观规律,而人不过是大自然的组成部分,与大自然本是一体。所以,进行哲思必须像这些名家一样,找到人与自然的相通点,才能领悟自然、效法自然。

(三)巩固阅读经验,点评课前习作

师:学习完这一单元时我给大家布置了一个作业:"叩问自己的内心,有没有一片自然风景曾深入你心,留下印痕?请选取一幅或多幅图片,写一段朋友圈文案。"同学们完成得很不错。下面我们以短视频形式先来浏览一遍大家的习作。

看完之后大家有啥感受?大家在评论区看到的热词是"大文豪"!说明这个作业大家完成得太好了,这项作业"炸"出了我们班那么多的隐形"大文豪"。看着你们的文案,我感觉像是本单元的五位作家穿越时空来完成我们的作业。下面我们就来欣赏一下大家的作品。

我们请一个同学来朗读叶凯文的文字。

生14:(读文章)

师:读完后你觉得这篇属于哪一类,是写景抒情,还是写景时带有哲思?

生14:应该算写景抒情的一类。

师:应该算是?除了写景抒情外,你有没有在他的文章中发现什么能给人启迪的东西?

生14:他的最后一句很有意思。

师:所以,他这篇文章不仅写景,还抒情,还哲思。那么,这篇文章风格上跟我们前面学过的哪篇文章接近？

生15：与《我与地坛》比较接近。

师：下面我再点一篇。是王艺霏的。这篇请谁来朗读呢？要不，我们找一个气质跟这篇文章比较搭的同学来朗读？那么，梁知凡，请你来给大家朗读一下。

生16：（读文章）

师：大家觉得这篇文章写作风格上跟我们学过的哪篇文章比较像？

生（集体）：跟《荷塘月色》很像的。

师：确实。但跟《荷塘月色》又稍稍有点不一样。《荷塘月色》的情感是比较悲的，但我感觉这篇文章中作者的心情很好，能给人以力量与能量。好，我们再来看下一篇。大家猜猜这篇是谁的？

生（集体）：是王馨聪的。

师：关于这篇文章，我要给大家一个任务——要进行赏析，要进行点评。他写得好还是不好，先说优点再说缺点，文章属于什么类型。我们先请一个同学来朗读。

生17：（读文章）

师：以PPT出示点评原则。

★ 属于抒情、哲思还是抒情兼哲思？

★ 景物特点是否与情照应、与理相通？

★ 景物特点如何与情照应、与理相通？

★ 提出改进建议。

首先请周士量同学来说一说，你觉得这篇文章是写景抒情的，还是哲思的，还是景情、哲思都有的？

生18：我觉得是哲思的。

师：仅仅是哲思吗？你从哪儿看出来的？

生18：我从最后一段看出来的。

生19：我觉得有哲思也有抒情，当然他的抒情段落并不是很长。第一段是写树，第二段是写苔，作者对树可能有一种敬仰之情，因为文中说树生伟大；对苔可能就是"生得短暂，生得热切"那句，可以看出有敬仰赞美之情。

师：所以本文是既写景抒情又有哲思。下面我们来看看他笔下的情和景是不是相照应的？（老师在黑板上画出相关语句）哪儿能体现它"生得伟大，生得静谧"？照应了吗？

生20：与"撑开双臂……"是照应的。

师：第二处呢？"生得热切"在哪儿有体现？

生20：在"苔茸茸欲滴……"处有体现。

师：嗯，我再问大家一个问题。我们刚才的点评标准有一条是"景物特点是否与情照应、与理相通"。我们就谈第一个，大家能不能找出相通点？怎么突出它的伟大？用什么样的手段？

生21：用了比拟的修辞手法来突出它的伟大。

师：还有吗？怎么照应的？还有别的想法吗？第二段有吗？

生（全体）：作者通过视觉写颜色和形状。

师：此处引用诗句的目的是什么？

生22："苔花如米小，也学牡丹开"。

师：这是引用典故，在景和情的糅合上还是非常好的。我们再来看景——景和理融合得顺畅吗？他有没有搭建桥梁？

生23：我觉得是相通的。

师：有没有同学有不同的意见？

生24：我觉得不相通。他虽然在结尾写出感悟"生活中的困扰微不足道"，但前文没有描写这方面的内容，我感觉由景到理还缺个桥梁。

师：你观察得很仔细。确实，他的文章在前文没有描写相关内容。大家看，我现在特地把照片展示出来，看照片，确实会有"任何困扰都觉得微不足道"的感觉，但看他的文字则不会有这种感觉。看这树，除了他说的永恒之外我们还会想到什么？

除了永恒，是不是还很高大，是不是就可以勾连到"微不足道"？时间关系，大家课后想想怎么由景到理搭建桥梁。

(四)课堂小结并布置作业

师:阅读和写作写景散文,或赞美自然的神奇伟大,或从自然中获得理性的哲思,或借自然宣泄情绪,或从自然的启迪中找到疗伤的药方,在这个过程中,我们能够逐步学会与自然、与他人、与自我和谐相处,进而走出困境,收获精神的成长,提升生命的厚度和高度。

为使情与景更好地呼应交融,为让景与理更好地相通匹配,请同学们课后进一步修改完善自己的习作。

教后反思

研究课上完了,但留给我很多思考。"双新"背景下的语文教学非常强调单元整体规划和整体教学,但我在教学实践中进行得还不够系统。这次针对必修上第七单元的单元小结课,只是我尝试进行单元整体教学的一次实践,尽管存在的问题还不少,但我高兴的是自己终于在单元整体教学的路上迈出了扎实的一步。

因为时间关系,我来不及让学生就景理相通方面存在的问题进行修改,留下遗憾。但让我欣喜的是我点评学生作业的那个环节非常好,学生特别关注同伴的作品,因此听得非常认真,以后这样的方式可以推广到别的课堂中。

课后,孟老师"中国人的自然观与独特情怀"的专题讲座,高屋建瓴地阐述了儒道释三家异中有同、殊途同归的自然观,让我对自然的理性认识又上了一个新的台阶。郑朝晖老师由第七单元的教学引出一个语文老师应该如何解读教材的问题。他指出一个老师应该在承认教材存在不足的前提下多考虑怎么利用好教材:首先要把教材对标课标,然后再看教材单元导语、教学提示和单元教学任务。我觉得,真的只有这样才能准确把握教材,真正读懂教材,解读好教材。

同伴点评

聆听郭玉清老师的这堂课,收获很多。郭老师从单元导语出发,紧扣作品中的自然景物描写和人生思考,巧妙地作出了单元教学小结设计,并有序地展开活动,有效地挖掘了本单元五篇课文的教学价值。课前,她要求学生研读必修上第七单元五篇文章的写景段落,完成学习任务单。课内,她针对学生完成情况展开师生互动,共同合作,进行了有针对性的讲评。在小结中,她引导学生辨析异同,引领学生很好地体会并掌握文本中景、情、理之间的关系和自然景观中隐藏的人生态度与情怀。

这节课并非止步于此。郭老师不仅注重引导学生对名人名篇的阅读、理解与吸收,而且要求学生在学习名篇的基础上将所学所得运用于写作实践,进行读写结合实践,读写相互促进。另外,郭老师尤其注重引导学生从景与情是否呼应、交融,景与理能否更好地相通、匹配的角度来点评习作,真正做到了有的放矢。

(上海市作家协会会员、孟庆平语文特级教师工作室成员、语文高级教师 丁少国)

六、"我眼中的美景"课堂实录

吴燕寅

(2022年11月28日)

(一)认识自然、观察自然

1. 回忆《草原》《花之歌》和《丁香结》,导入新课

师:同学们,我们教材的第一单元,选取了多篇借景抒情的课文。这些课文不仅记录了大自然的美好、生活中的情趣,也给人以美的享受。我们一起来回忆一下其中的《草原》和《花之歌》,它们分别描写了什么景物,表达作者怎样的思想感情?

生1：《草原》描绘了作者在内蒙古草原访问时所看到的美丽景色和蒙汉一家亲的情景，赞美了祖国山河的壮丽，歌颂了民族团结的情谊。

生2：诗人通过花语的清新流露，构建了一幅大自然的美景，借花表达作者对美好事物的赞颂。

师：以上两篇课文，作者都抓住了景物的主要特征，运用联想和想象，具体生动地描绘了自然之美，表达自己独特的情思。第一单元中还有《丁香结》一课，作者在这篇课文中又流露出怎样的思想情感？

生1：作者想表达的意思是人生是在不断解决问题中丰富自己的。

师：宗璞用生动细腻的笔触描绘丁香花，其笔下的丁香可谓神形俱得，那么作者是如何来写丁香的？接下来我们通过一张表格来梳理和回顾。

2. 小组合作完成观察表

师：花草树木是我们最常见的自然之景，在第一单元中我们学习了课文《丁香结》。请同学们根据老师出示的丁香图片，观察图上的植物特征，结合课文内容，小组合作完成一份关于丁香的植物观察表（表5-1）。

表5-1　植物观察表

植物名称	外在特征		课文中的描述	象征义
丁香花	色			
	貌	花朵		
		花苞		
	味			

生1："月光下，白的潇洒，紫的朦胧。"

生2："那十字小白花，那样小，却不显得单薄。"

生3："城里街旁，忽然呈出两片雪白。伏案时抬头便看见檐间积雪。"

生4:"最先映入眼帘的,也是那一片莹白,白下面透出参差的绿。"

生5:"花墙边两株紫色的,如同印象派的画,线条模糊了,直向窗前的莹白渗过来。"

师:好,有没有同学能告诉我,丁香花的颜色是什么?

生6:颜色是白色和紫色的。

师:接下来我们看看丁香花的形貌,老师在这里已经把花朵的样子写给大家了,"花朵小巧密集,四片花瓣呈十字形"。课文中是如何描绘丁香花的花朵呢?

生1:我找到的句子在第三自然段——"那十字小白花那样小,却不显得单薄。"

师:好的,那十字小白花,花的形状是十字形的。还有其他同学圈画到句子吗?

生2:"小小的花苞圆圆的,鼓鼓的,恰如衣襟上的盘花扣。"

师:你仔细看看,你找的是花朵还是花苞?

生2:哦,是花苞。

师:好,没关系,我们已经找了关于花苞的句子。还有人找到有关花朵的句子吗?

生3:"有的宅院里探出半树银妆,星星般的小花缀满枝头,从墙上窥着行人,惹得人走过去还要回头望。"

师:好的,作者把它描述为星星似的小花。

生4:"许多小花形成一簇,许多簇花开满一树。"

师:从这句"小小的花苞圆圆的,鼓鼓的,恰如衣襟上的盘花扣"中,我们可以看出花苞是什么形状的呢?

生5:小巧玲珑,呈圆形。

师:接下来我们来看花朵的气味,课文中是怎样写丁香花的气味?

生6:"还有淡淡的幽雅的甜香,非桂非兰,在夜色中也能让人分辨出,这是丁香。"

师:所以丁香花的气味是?

生6：淡淡的幽雅的甜香。

师：所以格子中丁香的"外在特征"一栏我们需要填什么？

生6：可以填气味。

师：接下来请同学们再思考一下，表格中丁香花的象征义，我们可以填什么？课文中是怎样写的呢？

生7："结，是解不完的；人生中的问题也是解不完的，不然，岂不太平淡无味了么？"

师：这是作者由丁香想到的人生感悟。那么丁香的象征义到底指什么？在古人的诗句中，丁香究竟象征了什么？

生8：丁香在古人的诗句中象征"愁怨"。

师：好，那么根据表格的梳理，我们可以来简单总结一下。作者写丁香主要是抓住了丁香的外在特征，形状、颜色和气味。同时由丁香又联想到了古人的诗句，丁香在古诗中常常象征"愁怨"，由此赋予了丁香更深刻的内涵。因此在完成写景类习作时，我们可以先想一想我们要写的景物是什么，比如宗璞在这里要描绘的景物是丁香花。而我们在写作的时候，也要首先明确我们要写的景物是什么。其次，我们要观察这种景物具有怎样的特征，同时思考这种景物具有怎样的内涵，这也就是我们要写它的原因。

板书：丁香的外部特征（形、色、味）　丁香的象征义：愁怨

　　　景物、景物的特征、景物的内涵（原因）

3. 在研读说明性与描写性文字的比较中有所提高

师：为了让大家更进一步地来了解丁香，老师上网搜集了有关于丁香的一段材料介绍。我们一起来读一读。

生（齐读）："丁香属落叶灌木或小乔木，因花筒细长如钉且香故名，是著名的庭园花木。花序硕大、开花繁茂、花色淡雅、芳香，习性强健，栽培简易，因而在园林中广泛栽培应用。"

师：同样是写丁香，课文中还有这样一些句子，我们也一起来读一读。

生（齐读）："伏案时抬头便看见檐间积雪。星星般的小花缀满枝头。"

"小小的花苞圆圆的，鼓鼓的，恰如衣襟上的盘花扣。"

"月光下,白的潇洒,紫的朦胧。还有淡淡的幽雅的甜香。"

师:接下来老师请大家思考一下,课文中的例句和老师上网查找的这段文字,在表达方式上的区别是什么?

生1:虽然这两段文字都是写丁香,但是读上去课文中的例句更显得生动形象,对丁香的描绘更加形象化。

师:刚刚有同学说到老师上网查找的这段文字,语言上显得更加简洁,而课文中的例句写得特别形象生动。那么,这两种文字在表达方式上分别是什么?

生2:网上查找的资料更多的是说明性的,所以显得比较简洁,课文写得很生动。

师:那么作者又是如何把丁香描绘得形象生动的呢?

生3:作者使用了修辞,例如运用了比喻。

师:既然说到了修辞,我们一起来看看,这些课文中的句子分别使用了哪些修辞?

生3:"伏案时抬头便看见檐间积雪。星星般的小花缀满枝头。"这句使用了比喻的修辞。

师:好的,除了使用比喻的修辞,作者还有没有运用其他的修辞手法?

生4:除了比喻,作者还运用了拟人的修辞。

板书:比喻、拟人多种修辞。

师:那么还是回到刚才的问题,这属于怎样的表达方式?同学们已经发现,当我们要把一种景物写得形象生动时,我们往往可以运用修辞,而这样的文字较前面的说明性文字而言,更显生动形象,这便是我们常用的描述性文字。

我们刚刚讲到了,大家发现在描述性的文字当中有使用到比喻和拟人的修辞。那么,我们再来看看第四句"月光下,白的潇洒,紫的朦胧。还有淡淡的优雅的甜香",这一句中作者写到了有关于丁香的哪些方面?从感官角度上,"月光下,白的潇洒,紫的朦胧",这写的是丁香的什么?"还有淡淡的优雅的甜香",这写的又是丁香的什么?

生1:"月光下,白的潇洒,紫的朦胧",这是写丁香的颜色,这是从视觉角度来写丁香花。

生2:"还有淡淡的优雅的甜香",这是从嗅觉上来写丁香的气味。

师:作者在这里还用了什么手法来描绘丁香?

生(齐说):从多感官角度来描写。

板书:多感官角度

师:好,那么从这里我们可以发现,如果要把景物描写得形象生动,就要使用一些修辞,使用一些多感官角度的描写,这也是我们要学习的怎样具体描绘景物的方法。我们不难发现,正是由于宗璞对景物观察入微,通过丰富的想象,才使她笔下的丁香神形俱得,写出这番美景。结合课文和表格梳理,我们懂得了在写景的时候要抓住景物的特征,要运用多种修辞方法,要从多感官角度来具体表现景物。接下来,我们需要把学到的这些方法运用到实际写作中去。

(二)亲近自然,热爱自然(写作实践)

师:花草树木是我们最常见的自然之景,在校园中随处可见。许多植物生长在大自然中,看似平常却被作家们青睐,写进文学作品中。类似丁香这种具有象征意义的花草树木还有很多,比如"出淤泥而不染"的莲花,"凌寒独自开"的腊梅,"千磨万击还坚劲"的翠竹等,这些带有象征义的形象都寄寓着作者独特的情思。那么请同学们仿照《丁香结》进行一个片段写作:选择你熟悉的一种植物,加以具体描绘。

题目是"我眼中的美景",要求是选择你熟悉的一种植物,具体描绘这种植物,字数200—300字左右。

通过刚才的梳理,老师已经给大家提供了明晰的思维路径。要写哪种植物?这种植物具有怎样的特征和内涵?为什么要写这种植物?写它的原因是什么?最后还要想一想:怎样去具体描绘这种植物,可以适当使用一些修辞和多感官角度的描写。接下来请大家打开练习本,在课堂上完成这个片段写作。写完之后,大家还要一起来分享和点评一下同学们的习作。

提供思维支架:

我眼中的美景具体指哪种植物?
↓
这种植物具有什么样的特征?(形、色、味)
↓
怎样具体描绘这些特征?(运用修辞、多感官角度的描写)
↓
这种植物具有怎样的内涵?

同学当场完成习作,教师巡视并现场指导。(10分钟)

师:请同学们结合写作评价量表(表5-2),交流点评同学的写作片段。注意点评时可以关注以下几个关键问题:同学在写景时是否抓住了植物的特征?有没有具体描绘这种植物的特点?是否赋予了这种植物深刻的内涵?

表5-2 景物(植物)描写评价量表

关 键 问 题	1号同学	2号同学	3号同学
是否抓住景物的特征(形、色、味)?			
是否使用了修辞或多感官角度的描写,去具体描写和刻画景物?			
是否写出景物的内涵?			

师:我们先来看一看第一位同学的习作,我们请他自己来念一念。

生1:"冬天的早晨,寒风呼啸,窗外的一棵棵大树经过雨水的洗礼都已纷纷倒下。怎么眼前有一棵高大的松树却屹立不倒,在凛冽寒风中没有倒下?这棵松树是那么的高大,那么的威武,立在那里一动不动。常言道坐如钟,站如松,果然没错。看着眼前一动不动站着的松树,我不禁想起守卫着祖国边疆的战士们,即使天气是那样的寒冷,即使环境是那么的恶劣,他们依旧忠于职守,就像一棵棵松树一样挺拔地站立着,守卫着祖国的边境,捍卫着祖国的土地。"

师:接下来请其他同学结合写作评价量表,看看这位同学的习作是否符合我们本堂课的要求,点评一下。

生1：我觉得他后面两个要求都达到了，就是第一个要求写得可能有点少，最好是能把景物的形、色、味都写出来，但是他只写到了松树的形态，颜色、气味描绘得比较少，甚至没有。

师：那你能否给他增补几句？写出松树的形、色、味？

生1：这棵松树傲然挺立在寒风中，树姿挺拔，枝叶繁茂，寒风呼啸，叶片犹如一根根绿色的小尖刺，发出"唰唰"的响声。

师：同学们觉得他添补的句子怎么样？

生2：我觉得这个同学添补之后松树更加形象了，他既有视觉的描写，也有听觉的描写，还运用了比喻，写出了松树的外在特征。

师：老师也觉得修改得不错。针对第一位同学的片段习作，还有没有同学愿意点评？

生3：我觉得这个同学写出了松树的内涵。他把松树在寒风中不畏严寒、坚忍不拔的品质，比喻为在严冬中守卫边疆的战士。这个比喻用得非常形象，我认为他赋予了松树深刻的内涵。

师：这位同学由松树想到了驻守边疆的战士，其他同学还能由此联想到什么吗？

生4：我觉得松树还像一位威风凛凛的大将军。

师：除了用比喻的修辞描绘松树的形态，我们还可以使用什么修辞来描绘松树呢？

生4：还可以用拟人。

师：你能否用拟人的修辞再具体描绘一下松树？

生4：松树的针叶绿如翡翠，密密麻麻地挤在一起，互相紧挨着。

师：大家觉得这句描述得怎么样？是否将松树描写得形象生动？

（学生共同点头，表示赞同）

师：大家觉得他这篇习作完成度如何？如果满分10分的话，你们给他打几分啊？

生5：7分。

生6：8分。

师：看来，同学们觉得这篇习作整体上完成得还是符合要求的，只是细节描写可以再完善一下，对不对？像我们刚才说的，这位同学课后可以再修改一下，在习作中恰当使用一些修辞，让它更形象一些。我们再来看看其他同学的课堂习作片段。

学生习作："火红的玫瑰热烈耀眼，总让我想起《小王子》。玫瑰色彩红艳，红得迷人，一朵朵小巧的花就像孩子们小巧玲珑的手。玫瑰娇艳欲滴，含着露水，凑近了闻，还能闻到它浓郁的香气。"

师：有没有同学针对这篇习作，简单说说自己的意见？

生1：我觉得他写的玫瑰，没有写出玫瑰的具体形态。他写出了玫瑰的颜色是红的，红得迷人，但他对玫瑰的形态并没有展开具体的描绘。

生2：他也写到了"一朵朵小巧的花就像孩子们小巧玲珑的手"。

生1：他虽然用了比喻，但我觉得这个比喻并不恰当。

师：那你能否帮他修改一下，让比喻更加恰当呢？

生1："玫瑰的火红像熊熊燃烧的烈火，那一朵朵沾着露水的花的骨朵，如同一个个精致的小酒杯，小巧玲珑，惹人喜爱。"

师：大家觉得改得如何？

（学生共同点头，表示赞同）

师：除此之外，这篇写玫瑰的习作还存在别的问题吗？有没有同学能指出并修改？

生3：这个同学虽然描绘了玫瑰，但是并没有赋予玫瑰更深层次的内涵。

师：由玫瑰这种植物，同学们能联想到什么？玫瑰有怎样的外在特征呢？

生4：玫瑰是高贵而优雅的，还有的玫瑰本身带刺。

师：玫瑰带刺的特点，能让人联想到什么呢？我们要写玫瑰，肯定要写玫瑰身上所赋予的美好品质对不对？

生5：我觉得玫瑰带刺，象征着坚韧的精神。玫瑰就好像一些坚韧的女性形象，她们外表看似柔弱，但在遇到困难和挫折时，却表现得坚韧坚强。

师：老师很赞同你的想法。除了写玫瑰，你们还写了什么花？赋予了花怎样的内涵？

生6：我写的是桂花。桂花总是在为我们默默奉献，总是在静静地散发它的香气，这种香味低调淡雅。它虽然其貌不扬，却有一种默默奉献的品质。

师：那么，我们可以怎样具体地描写桂花呢？

生6：桂花金黄色的花朵小小的，密密的，总是一簇簇悬挂在树梢上。

师：能否使用一点修辞？金黄色的桂花被风吹落，像什么呢？

生6：像铺在大地上的金黄色的地毯。

师：好的。我们回过头再来看这篇写玫瑰的习作，如果你来打分，你会打几分呢？

生6：我打5分，相比第一位同学写松树而言，我觉得这位同学完成度不高。他没有具体描绘出玫瑰的形、貌，也没写出玫瑰的内涵，不太符合我们这次的写作要求。

师：老师也同意你的看法。这位同学的习作确实存在较大的问题，课后这位同学可以根据刚才大家提供的修改意见，重新修改和完善片段写作。最后我们再请一位同学来分享自己的习作片段。

学生习作："我喜爱的植物是狗尾巴草。狗尾巴草的头上毛茸茸的，摸起来很舒服。狗尾草总会长在一块，一旦发现一株狗尾草，后面往往就有毛茸茸的一大片。而且狗尾草也十分常见，有的长在路边，有的长在花丛中。它们在风中摇曳，昂首挺胸。因为它生命力顽强，所以古时它便被培育成了粮食，也就是今天的小米。狗尾草虽然朴实而不起眼，但却默默地为人们奉献自我。"

师：针对这位同学的习作，有没有同学愿意点评一下？如果给他打分，你会打几分呢？理由是什么？

生7：我给他打9分。他描写出了狗尾草的样子，有视觉，有触觉，而且还运用了拟人的修辞，写出了狗尾草在风中的样子。并且他还写出了狗尾草的内涵：看似不起眼，却默默为大家奉献。根据习作的量表要求，我认为他的写作符合习作要求。

师：其他同学是否同意这个点评呢？

生8：我也觉得他的习作符合要求，但是在描写狗尾草的形态时，还可以描写得更细致生动一些。

师：感谢以上几位同学精彩的分享和点评。通过习作分享，老师觉得同学们笔下的花草树木都各有特点，可谓多姿多彩。老师也从大家的字里行间中，读出了你们对于花草树木的喜爱，对大自然的热爱。

写作中，我们往往需要表情达意。那么，在写景作文中我们又该如何抒发情感呢？请大家比较下列一组句子在表情达意上的区别。

示例①：四面都有小丘，平地是绿的，小丘也是绿的。羊群一会儿上了小丘，一会儿又下来，走在哪里都像给无边的绿毯绣上了白色的大花……到处翠色欲流，轻轻流入云际。

示例②：这种境界，既使人惊叹，又叫人舒服，既愿久立四望，又想坐下低吟一首绮丽的小诗。

生1：第一组句子，作者通过写景来表达自己的情感。而第二组句子，作者直接抒发自己的思想感情。

师：很好。我们发现，第一组句子主要是寓情于景，第二组句子是直抒胸臆，两者都是表情达意的方式。老师发现，在刚才的片段写作中，已经有不少同学都采用了寓情于景的手法。其实，在写景作文中，我们不但可以寓情于景、情景交融，也可以直抒胸臆。如果情景交融与直抒胸臆有机结合，那就更好！请同学们结合刚才的片段写作，学习用直抒胸臆的方式，为自己的写景片段添补一个恰当的结尾。

在刚使用过的思维支架上再加一层：

我眼中的美景具体指哪种植物？

↓

这种植物具有什么样的特征？（形、色、味）

↓

怎样具体描绘这些特征？（运用修辞、多感官角度的描写）

↓

这种植物具有怎样的内涵？

↓

我写这种植物想要表达的思想感情是什么？

添补结尾示例：松树你傲然挺立于严寒中，你就像驻守边疆的爱国战士。

我为你不畏严寒、坚忍不拔的意志所深深折服,我敬佩你崇高的品质!

师:最后,我们来回顾总结一下本堂课的学习内容和路径。本堂课,我们主要学习了如何抓住景物的特征,运用多种写作方法,从不同角度去描写景物。同时也学习了运用情景交融、直抒胸臆等不同手法表达自己的情思。如果这几项本领都学会了,相信同学们一定能够写出让自己满意的美景。

最后,我们要留一项课后作业。请同学们参照老舍的《草原》,根据我们今天课堂学习的写作路径,在片段写作的基础上进行修改、完善和充实,写成一篇500字以上的大作文,题目为"我眼中的美景"。

教后反思

六年级的学生刚刚经历小升初,对写作仍有一定的困难。他们缺少对生活的细致观察,语言表达上也显得平铺直叙,缺少描写,写作思维也呈现较为固化的模式。当然,六年级的学生对事物的认知力已逐步形成,他们有丰富的想象力和强烈的表达愿望,而对日常生活的观察,也给他们提供了丰富的习作素材。因此,在日常写作中,我们可以有意识地培养他们进行个性化的表达。

部编版六年级上册语文第一单元的内容属于"人与自然"的母题,作为六年级语文学习的起始单元,选编了《草原》《花之歌》《丁香结》和《古代诗歌三首》等多篇写景抒情的课文,尽管写作手法上各有差异,但都融入了作者丰富的联想与想象,表达作者独特的情思。学生需要通过课文的学习,唤起对自然、对生活的热爱和对身边事物的观察兴趣,培养审美情趣。结合单元内容,我确立了本堂写作指导课的教学目标和教学内容。

初中写作中,写景状物是学生观察和描绘外界事物的重要方式,而要真正描写好景物,离不开学生对日常生活的观察和认识。为了避免写景的千篇一律,在写景状物中运用合理的想象,更能让学生的写作呈现独特、创意的表达。在本堂教学过程中,我引导学生在写景状物时重点注意了以下几个要点：

其一，捕捉景物特征，全面细致观察。部编版语文教材中有多篇写景状物的课文，如本堂写作指导课中所选的课例《丁香结》一文，作者从形、色、味多个角度，细致观察和描绘丁香的外在特征。在教学时，我首先指导学生选择典型景物，捕捉景物的典型特征，如景物的形状、颜色、气味、大小等特点。其次，指导学生注意观察角度的不同，对景物的认识也有不同。此外，还叮嘱学生要注意一定的观察顺序，如由远及近、由上至下，避免写作的杂乱无序。

其二，创设生活化情境，运用合理想象。在本堂写作指导课中，我主要引导学生描写校园或生活中他们所熟悉的植物，并要求学生将所描绘的景物放在一个特定的背景下。在课堂实践中，多数学生在描绘梅花时，能够将梅花置于"寒风凛冽的严冬中""百花凋零的公园里""银装素裹的大雪中"，他们所营造的情境大多与生活场景相符，具有真实感。同时，学生在描写时还运用了大量富有想象力的修辞语句，如"小小的梅花挂在树梢，宛如一盏盏小巧玲珑的红灯笼"，"被白雪覆盖的枝干上探出一张张红艳艳的小脸"……有创意地表达了自己的想法。

其三，努力构建景与情的关联。王国维在《人间词话》中说道"一切景语皆情语"，只有把主观的情感赋予在客观景物上，所描绘的景物才能打动人心。我在指导学生写景状物时，一是叮嘱他们要避免将景物与情感割裂，在表情达意上可情景交融，也可直抒胸臆，但不能脱离景物的本体特征。二是叮嘱他们在构建景与情的关系时，不要陷入固有的模式化思维。

捕捉景物特征，全面细致观察；合理想象，创意地表达；注意景与情的关联，不陷入固化思维。我比较圆满地完成了教学内容，比较满意地达成了教学目标。

 同伴点评

基于单元教学目标的写作教学
——点评吴燕寅老师的单元写作公开课"我眼中的美景"

单元写作教学应该怎样开展,是随手撂下一道作文题,让学生茫然地铺纸试笔吗?吴燕寅老师的写作公开课"我眼中的美景"为我们提供了很好的示范。

吴老师这堂课的成功,基于她对单元整体的精准把握。她完全把握了"导语与正文""阅读与写作"的内在关系。

研读教材上的单元导语,能提炼出本单元的教学目标和要求:通过学习几篇写景抒情的课文,激发对生活的热爱和对身边事物的观察兴趣,培养联想、想象的能力;欣赏课文中的景物描写,感受作者丰富的想象力,看看作者是如何在描绘时融入自己的情感,如何运用各种写作技巧将这些景物写得情趣盎然的。

教材各个组成部分所承担的教学任务存在内在联系,由导语提炼出的教学目标,既要通过阅读教学来落实,同时也要通过写作教学来最终达成。本单元写作部分的主题是"热爱生活,热爱写作",要求学生养成善于发现、用心观察的习惯,并在观察的同时用心感受和体会,进而将观察中发现的素材运用于写作。这与本单元阅读部分写景的教学内容形成了很好的对应关系。吴老师将两者的关系处理得很好,读写结合,逐步推进,圆满达成了单元教学目标。

这堂课上,吴老师先从已学过的三篇现代文,重点是从《丁香结》切入,出示丁香图片、提供思维支架"植物观察表",引导学生用心观察,并与课文相应的景物描写一一比对,以验证自己观察的得失。接着,由表及里,由外在特征到丁香的象征意义,启发学生不止步于观察,还应在观察中用心感受、体会事物的内涵。再接着,吴老师引导学生在说明性文字与描写性文字的比较中,学会运用比喻、拟人等修辞手法和从多感官角度具体表现等技巧去把景物写得有情有趣。

以上活动环节,看似在梳理单元阅读部分的知识,看似在进行单元阅读教学的小结,其实,这更是极好的单元写作指导。以典范的课文为样本,提炼出写作的要素,为接下来的单元写作任务"我眼中的美景"做向导、铺路子、给方法。

尤其令我赞赏的是,在这般行云流水的教学过程中,吴老师并不是将写作的要素概念化地罗列,而是既出示丁香图片,提供观察表,还把两种不同的表达方式进行比较,这就是注重运用适切的教学工具,注重学生的学习经历,注重"具象化""可视化""阶梯式"地引领六年级学生来体验、来感悟。课堂实践表明,这是十分有效的!

吴老师充分调动学生已有的阅读经验来解决新的写作任务,读写结合堪称完美。采用这样的教学策略十分符合学生的认知规律。

指导写作实践,吴老师依然循序渐进。第一步,当堂进行片段写作练习。第二步,课后完成不少于500字的大作文。指导片段写作时,可圈可点,佳境迭出。在此过程中,吴老师为学生提供了基于教学目标和要求的写作思维支架。她所提供的思维支架,不是简单的罗列,而是由表及里、由浅入深,且与前面阅读梳理部分形成对应关系的问题链,让六年级学生觉得"面熟""有法可依"。学生在拥有了有效的写作思维路径之后,就不再对写作产生畏难情绪,在循着路径前行时,在思维渐次提升时,就收获了或大或小的成功的喜悦。

学生完成片段写作之后,课堂生成的新鲜资源来了。此时,吴老师再次给学生提供了适切的工具"写作评价量表",指导学生从景物特征、写作技巧和景物内涵等几个维度,来交流点评同学的写作片段。课堂上,有三名学生的片段习作被同伴们点评。点评中,其得也,显明;其失也,亦显豁。于是,三名学生对自己习作的得失优劣不再"不识庐山真面目,只缘身在此山中",而是了然于胸,知道该怎样改进了。不仅如此,吴老师还请点评者帮忙补充修改,当然是从景物特征、写作技巧和景物内涵等几个维度来修改的。参与点评的同伴们,也明显收获满满。

同伴教育,同伴评价,意义很大。它能促进学生自主学习、合作学习,营造出良好的学习氛围,而且"评价"属于高阶思维训练,尤为珍贵。学生通过点评和教授他人,巩固了自身所学,提升了自身思维能力。同时,接受点评和帮助的学生也能及时地知得失,解决学习上遇到的问题。吴老师注重这些课堂生成的资源,巧于运用,收到了 1+1>2 的效果。

在此基础上,吴老师布置了课后写作任务"我眼中的美景"。相信学生一定会欣然命笔,圆满完成。

阅读是输入,写作是输出。这两者都着力于提升学生的语言素养,都紧扣由教材导语部分提炼出的单元教学目标和要求。总之,吴老师整堂课的各个活动环节,都是在单元教学目标和要求的统领下,按照学生认识问题由浅入深的规律来安排的,非常符合学生的认知规律,也突出了学生学习的主体地位。这是一堂优质课!

(上海市作家协会会员、孟庆平语文特级教师工作室成员、语文高级教师　丁少国)

七、《荷花淀》课堂实录

孟庆平

(2024 年 5 月 16 日)

(《荷花淀》教学第二课时,分析小说中的人物形象,品味孙犁小说风格,课堂教学进行 20 分钟后)

课前,我给学生分发了有关孙犁的简介以及小说产生的时代背景资料,并要求课外翻阅《孙犁文集》。前一节课学生已经通读了小说。本节课的前 20 分钟,师生又一起梳理了小说的情节。学生基本了解课文内容。此时,我正准备和学生一起欣赏小说中的经典情节"夫妻话别"。

师:同学们看,当水生把自己报名参军的消息告诉妻子并希望妻子支持自己时,作品写道:"女人没有说话,过了一会儿,她才说:'你走,我不拦你。家里怎么办?'于是水生又说了一些体贴安慰的话。"

作品又写道:"女人鼻子里有些酸,但她并没有哭,只说,'你明白家里的难处就好了。'"同学们从这段对话里可以看出水生嫂怎样的个性?

(课堂沉静约2分钟,没人发言)

师:大家喜不喜欢这篇小说呢?喜不喜欢水生嫂这个形象呢?这场对话有什么特别吗?(话音刚落,一男生突然站起,没举手)

生1:这篇小说平平淡淡不动人,我品不出它的味道来。(该生极端的发言一石激起千层浪。教师怔住。许多学生交头接耳,窃窃私语)

生2:我也有这种感觉。(也有学生摇头)

师:(沉思)看来,同学们看多了惊心动魄,看惯了扑朔迷离,生活阅历又有限,要感悟出本文的妙处来还有一定困难。(有学生困惑地望着老师)那好,我们先撇下本文不谈。我们在生活中肯定遇到过各种性格不同的女性,假如水生嫂是其中的某一类,假如我们把原文的对话改一改——夫妻话别会是怎样的情景?

(一阵窃窃的讨论后,同学们立即进入积极的改编状态之中。几分钟后,小组交流。有女生在掩着嘴笑,有男生在笑声中抢着传阅改编稿)

师:请在女生中推荐一组代表来"发表"自己的改编,好不好?

(男生雀跃,高声说"好!")

女生组:

水生嫂(女生a):"你可真积极!"

水生(女生b):"我是干部……"

水生嫂(女生a):"你走,我不拦你,可是你带我一起走。"

水生(女生b):"我是去打鬼子呀,带个女人去干什么?"

水生嫂(女生a):"帮你们男人洗洗涮涮,照顾你们的生活呀。带我去嘛!"

水生(女生b):"那怎么行呢。哎,我求你了。千斤的担子你先担着吧,等打走了鬼子,我回来谢你。"

水生嫂(女生a):"嗯,不嘛……就你嘴甜。"(故作一挨靠"水生"的亲密

动作)

(师生笑成一片。教师鼓掌,学生随之鼓掌。两女生满脸通红地坐下)

师:这段改编中的"水生嫂"个性怎样?

生(众):(不约而同)有几分娇嗔,有一点纠缠。

(教师笑而点头)

师:(面对女生 a、b)生活中有这种娇嗔可爱的女孩吗?

女生 a:(左手掩嘴窃笑,右手指着女生 b)她就是——

师:(仰头哈哈笑)艺术真是源于生活又高于生活!

(学生大笑不止)

师:请在男生中推荐一组代表来"发表"自己的改编,好不好?(女生鼓掌,连声说"好!")

男生组:

水生嫂(男生 a):"什么,你又要走?"

水生(男生 b):"……都说你还开明。"

水生嫂(男生 a):"别给我戴高帽子。你走,我不拦你!老的小的,你都带走!"(说罢,双手叉着腰)

水生(男生 b):"千斤的担子你先担着吧。等我回来……"

水生嫂(男生 a):"回来?你永远别想再回来!你走,你走!"(用手指着"水生")

水生(男生 b):"小声点,别……别……反正我明天才走。"

水生嫂(男生 a):"啊,你还要走?好!你走!你明天走,我今晚就跳淀!"(故作一擦泪动作)

(师生又笑成一片。教师两手高举鼓掌,学生热烈鼓掌。掌声中两男生十分得意地坐下)

师:这段改编中的"水生嫂"个性又怎样?

生(众):(不约而同)有几分泼辣,有一点蛮横。(教师微笑点头)

师:(面对男生 a、b)遇见过这种泼辣蛮横的女性吗?

生 a:(犹豫片刻)有点我妈的影子,不过我妈——嘴硬心软。

师：(鼓掌再鼓掌)意料之外，意料之外！真是知母莫过于子啊！当然，你的改编也证明了"文学是人学"的观点。(有学生兴奋得敲桌子)

在笑声和掌声中，学生纷纷举手，要求"发表"自己的作品……

师：真没想到同学们有这么出色的想象力和创造力。女生代表和男生代表的改编，尽管风格迥异，但都生动、形象、幽默，不庸俗。俗话说得好，"不怕不识货，只怕货比货"。参照改编，反观原作，哪位同学再来谈谈自己的感受？

(话音刚落，学生3站起)

生3：几位同学的改编让我钦佩，但总觉得太露了点，太淡了点。大家看，原作中的水生嫂，话不多，并且说的多是半句话，但这样反而含蓄、细腻、耐人寻味。作者笔下的水生嫂，面对刚回家又已经报了名要去参军的丈夫水生，既不娇又不缠，既不泼又不辣，她朴素沉静的话语里有爱与怨，怨与赞，赞与责，责与忧……

(发言被打断，学生4站起)

生4：这让我想起我国传统绘画和古典诗歌中的"留白"艺术，也正如海明威所说，冰山只露一角，百分之九十藏在水下。小说后面写四个青年妇女准备去寻夫的那段更典型，作者只写了她们的对话，人名、肖像、动作等都省掉了……

(有学生若有所思地眨着眼，有学生频频点头)

师："不识庐山真面目，只缘身在此山中！"看来，一些同学把握不准水生嫂的个性，感觉不到孙犁小说的妙处，一个重要原因是少了参照。刚才同学们运用生活和其他艺术中的参照物去反观原文，我和大家就豁然开朗了。最后两位同学的分析深刻独到，更是远远超出了我的预期。佩服，佩服！

(学生再次鼓掌)

师：尚未"发表"大作的同学，把改编交给我，我挑出精彩的发到班级微信学习群中，供大家作进一步交流，好不好？另外，学生4说得很有意思，在四个青年妇女准备去寻夫时的对话之间，我们完全可以根据她们的性格添加相应的肖像和动作等描写。同学们回去试一试,看添加的好还是不添加的好——这就是今天的作业。

生(齐声):好!(下课铃声响起)

教后反思

今天的学生,从大量世俗的影视作品中看多了惊心动魄,看惯了扑朔迷离,生活阅历又很有限,要品读出战争题材小说《荷花淀》的妙处来,确实有一定的困难。

当一些常规的"连问""追问"或"碎问",如"同学们从这段对话里可以看出水生嫂怎样的个性?""大家喜不喜欢这篇小说呢?""喜不喜欢水生嫂这个形象呢?""这场对话有什么特别吗?"等问题,引不起学生的兴趣,驱不动学生的学习时,我及时抛出了预设的"主问题":"我们在生活中肯定遇到过各种性格不同的女性,假如水生嫂是其中的某一类,假如我们把原文的对话改一改——夫妻话别会是怎样的情景?"

这个"主问题"一抛出,"牵一发而动全身",教学局面就发生了逆转:学生变成了主动探索的角色,思维活跃了,语言出彩了,尽显才华与生命活力;我则转换为组织者与帮助者的角色,与学生共成长、同喜乐,在与学生的交流中就不再有尴尬,切实感受到了一个语文教师的幸福与满足。我这则课堂实录在《语文学习》上刊发后,也得到了不少同行的赞许。

课后我想,如果不是这个"牵一发而动全身"的"主问题"的驱动,而是由我继续问一些带着既定的个人观点的预设问题,如"假设水生嫂是个娇媳妇或辣女人,夫妻话别会是怎样的情景?"并张扬自我,"自告奋勇",越俎代庖,改编出带"娇"性、有"辣"味的对话供学生参照,而不是让学生根据自己的经验自主改编之后自主参照,那么,尽管我显示了所谓的才华,也可能获得学生的掌声与笑声,但学生肯定将丧失展示潇洒与活脱,展露生命与激情的契机。果真这样,这堂课最多也只是一堂比较成功的常规课,而难以展示"主问题"教学的生命力。

当然,本堂课也给我与同行留下了思考:无论教师课前怎样周密备课,课堂上师生之间总会产生认知冲突。在哪些情景或场合中,教师该大胆调整或改变自己的教学预设?应该预设怎样的"主问题",才真正有利于引导学生由"二线"冲上"前线"?怎样驾驭预设好的"主问题",才能使教师从容放手,真正从"前线"退居"二线"?所以,在如何设计并驾驭好"主问题"的探索上,仍有很多的余地。

专家点评

"我们在生活中肯定遇到过各种性格不同的女性,假如水生嫂是其中的某一类,假如我们把原文的对话改一改——夫妻话别会是怎样的情景?"孟老师预设的这个"主问题",又好又新巧,并且是在学生困惑的时候抛出来的。这个看似普通的"主问题",催生了一个生动活泼的课堂局面,让人久久难忘。

在这堂课上,孟老师不是送给学生传统意义上所谓的有启发价值的问题,在那样的问题上,教师常常是预先准备好了观点,学生的任务是从课内外找出事实与论据去证明教师观点的正确,进而接受教师的观点。那样的教学,教师的任务只不过是想出种种所谓的"妙招",将学生纳入自己的认知轨道。

在这堂课上,孟老师抛出的"主问题",只给了学生一个讨论的范围、思考的空间和创新的天地,没有给学生观点,观点靠学生自己去生成,然后学生自己通过参照去感知自己的阅读结论。这样,许多低效无效的提问就减少了,学生对风格独特的小说名篇《荷花淀》的整体阅读就深入了,把握小说人物性格的能力也明显提高了。孟老师的《荷花淀》教学,展示了"主问题"教学的生命力。

生命的美,美在过程;语文教学的精彩,精彩在师生、生生互动的教学过程中,精彩在科学的教学方式方法的运用上。在"主问题"教学的过程中,非常明显,学生快乐幸福地成了学习和成长的主体。非常明显,作为主导的语文教师,其教学行为直接提高了语文课堂的效益,提升了学生的语文素养和语文能力。

当然,在"主问题"教学领域,我们还可以进行许多延伸探索,比如怎样设计可以激发学生课前预习和自读欲望的"主问题",怎样设计能够引领学生课后向深广处探究的问题等。

(语文特级教师、正高级教师　李建生)

八、《一个人的朝圣》整本书阅读指导课堂实录

陆柳琴

(2023年12月15日)

(一)回顾阅读历程,导入课堂

师:"整本书阅读"我们从高一开始就一直在进行的,还记得我们读过哪些书吗?

生:《乡土中国》《红楼梦》《我是猫》《向死而生》《堂吉诃德》《读城记》……

师:这几周我们课外读的是大家喜欢的《一个人的朝圣》。今天是我们在阅读这本书的过程中上的第三节课。第一节课,我们主要进行了摘抄和梳理,完成了阅读任务单第一阶段的相应题目。第二节课,我们进行了品读和思考,重点读了书中的第5、18、25章,并思考了任务单第二阶段的四个问题。今天,我们就做一件事,那就是交流、分享!

这是一个通过"信念"而展示出强大力量的故事,其中蕴含了诸多值得我们探讨的议题:朝圣与等待、放弃与执着、平凡与伟大、自省与突破。今天这节课,我们就从这些议题出发,一起来探讨与文本相关的四个问题,让我们更

深入地走进文本,走进全书。

(展示PPT)

(二) 听取小组汇报,深入思考探讨

师:在此之前,我们全班分成了四个小组,分别对一个问题进行研究,今天我们请四个小组的组长分享他们的研究所得。在他们讲完之后,其他同学可以从两个角度进行补充,一是谈你对这个问题的思考,二是谈你对组长发言的感受。下面先有请第一组。

生1:(第一小组组长顾瑜骞上台交流)

各位老师,各位同学,大家下午好!今天这节课我们将对《一个人的朝圣》这本书中的第一个问题进行探讨。首先由我代表我们第一小组来和大家分享我们小组的感悟。

先让我们来看一下我们小组的问题:如何理解书中"他已经不是从金斯布里奇出发的那个男人了,也不是小旅馆里的那个人了,更不是只会走到邮局寄信的那个人了"这句话?

其实题目中的他指的就是曾经的哈罗德。要解答这个问题,不妨先让我们一起来了解一下曾经的哈罗德是怎样的一个人。下面是一些例子。

书中的第一页说:"哈罗德弗莱刚刮完胡子,穿着整洁干净的衬衫系着领带,坐在饭桌前。"这是哈罗德在生活上的表现,从这个例子上可以看出在生活中,哈罗德是一个有条有理、爱干净的人。

下面这个例子是哈罗德在工作上的表现。"他的工作是销售代表,一做就是四十五年,勤恳谦逊,独善其身,从来没盘算过升职加薪,独占鳌头。其他人或周游列国或另谋高就,哈罗德从来没有这些念头。"从上述例子,我们可以看出哈罗德在工作上很努力,是勤勤恳恳、安于现状的人。

最后一个例子是哈罗德与人相处时的表现。"他既无朋友,也无敌人,退休时如他所愿,连告别会也没有举行。"上面这个例子表明在为人处世上,哈罗德比较低调,性格内向,并不擅长和人打交道。

我们来总结一下,曾经的哈罗德是一个有条有理、勤勤恳恳、安于现状、不善交际、性格内向的人。

题目中为什么会说他已经不是曾经的那个他了呢？会发生那么大的变化呢？其实答案便在哈罗德的行走中，那么在路途中哈罗德究竟经历了什么呢？

相信看过书的大家一定会发现，那就是哈罗德经常会在路途中回忆从前。他会想起与他儿子小时候的相处时光，比如说他很后悔没有在儿子上学第一天给他一个拥抱，他也会回忆他和妻子莫琳相处的时光，就比如说在他开始行走之前，他与莫琳的相处还很尴尬，他们经常同处一间房间却无话可说。当然他也会回忆与朋友奎妮初次在酿酒厂的场景。

其实这些回忆，正是一种自我反思，是自省。而正是有了自省，哈罗德才能有所突破。下面让我们来看一下哈罗德变化的具体表现。

最明显的是哈罗德与莫琳通话的变化，他们从一开始的无话可说，气氛尴尬，到后来的能够互相分享生活中的趣事而且气氛融洽，再到最后的当哈罗德陷入绝望要放弃的时候，莫琳能够选择支持、鼓励他，正是因为有了莫琳的鼓励，哈罗德才能走到终点。而莫琳的变化其实是哈罗德的变化在带动着她，这是共同的变化促成的结果。

还有哈罗德在旅途中心态的变化，从一开始以拯救奎妮为目标出发，曾经也陷入过迷茫，后来重新振作，却在临近终点的时候再次陷入迷茫，直至他到达目的地，奎妮最终还是去世了，使哈罗德陷入了绝望，但最终哈罗德释怀了。

最后是哈罗德整个人的变化，最明显的便是他从开始的不善与人交际变得自信，乐于与人交际，善于倾听他人的故事。

因此，如今的哈罗德便是一个成熟稳重、幽默风趣、善于交际、自信善良的人。此时的哈罗德和曾经的哈罗德相比较，开始的问题我们便能迎刃而解了。此时哈罗德早已不再是曾经的他了，在旅途中，他前行着，反思着，学习着，进步着，成为一个更好的人。

阅读完这本书，相信同学们一定都有所收获。促使哈罗德发生巨变的，是自省这一精神。就像高尔基曾经说过：反省是一面莹澈的镜子，它可以照见心灵上的玷污。想要有所进步与突破，自省是必不可少的。

通过研究这个课题，我们小组感受颇深。自省精神并不是什么遥不可及的奢侈品，它是我们应当具备的精神。举个例子，自省和总结有利于我们学习的进步与突破,适时地自省总结能够让我们改正缺点,更好地认识自我、突破自我,让我们成为更好的人。

所以让我们从现在开始学会自省,突破自我,成为更好的人!我的分享结束了,谢谢大家!

师:感谢第一组组长顾瑜骞同学,她是从"自省与突破"这一角度出发,解读这个问题的。其他同学听了,有什么要补充的吗?

生2:(朱瑾懿)我的想法是哈罗德从以前的生活慢慢地走向现在的生活,他开始有所改变。再反观我们自己,两点一线的生活对我们来说很枯燥、很乏味,但人生就是一场长跑。文中的哈罗德和我们有相似的地方。在旅途中,哈罗德的想法被一个商人嘲笑,说他的想法异想天开,他的想法无人理解,而当我们的想法与他人不一样时,我们也会感到孤独。再比如哈罗德是一个普通人,甚至是一个透明人,而我们同样也是。我们也是普通人,所以我们只有在现实生活中挣扎,在挣扎中寻找和突破自我。

师:你的意思是,自省和突破不仅仅哈罗德是这样的,平凡人的我们也同样需要自省与突破。(板书:自省与突破)还有谁要补充吗?

(学生沉默)

如果没有的话,我有一个问题问大家:刚才第一组组长为我们梳理了哈罗德一路上的回忆,他回忆了和哪些人的往事?

生:儿子戴维、妻子莫琳,还有奎妮。

师:那你们有没有注意过,书中除了回忆这些人,还回忆了什么?

生3:(李茹强)回忆了童年生活,父亲母亲。

师:父亲是怎样的?

生:酗酒成性,对家庭不负责任。

师:母亲呢?

生:离家出走,再也没有回来过。

师:是的,母亲走后,父亲更加荒唐,比如带不同的女人回家等。那么我想问的是,如果说他回忆其他人是在自省的话,那么回忆父母呢?这不是他的错,谈不上自省,那么这些回忆又有什么意义呢?

生4：(吴瑜喆)我认为，哈罗德性格懦弱，不善交际，很大一部分是因为他那破碎的家庭。因为家庭的不完整，他可能就是一个人关在房间里，导致性格的扭曲。这是他的阴暗面。而在他朝圣的过程中，他开始反思自己的过去，才开始改变，走出童年的阴影。

师：谢谢，我觉得这并不是他的阴暗面，一个人的童年也是他生活和人生经历的一部分。但你说的有一点我很赞同，我觉得这里其实反映了原生家庭对一个人性格的影响。哈罗德之所以会性格内向、懦弱怕事，45年只从事一个工作，不善交际，这与他的童年经历、父母亲的影响是有关系的。我认为，作者在这里其实也能更好地让我们理解，为什么哈罗德在行走之前是这样的一个人。

好，接下来，我们请第二组组长。

生5：(第二小组组长马千里上台交流)

面对自己，才能开启真正旅程。各位老师，各位同学大家好！接下来由我们第二组来给大家分享交流我们的问题和看法。

故事由一个草率的决定开始，那么先让我们来认识一下在真正的旅程开始之前的哈罗德。他是一个六十多岁的老人，懦弱沉默，一事无成，更坏的是，他是世上最糟糕的父亲。

所以在哈罗德走出村子后的六天旅程中，他的内心仍存有痛苦、孤独。他最开始的信念是加油站女孩儿给的，他在六天里的坚持是因为旅馆其他路人的支持，但这些都是外因，真正的内因是心灵。真正的旅程，是哈罗德的心灵之旅。借用《孟子二章》中的一句话："是集义所生者，非义袭而取之也。"信念也是如此，哈罗德在此时的意识和领悟，不是他顿悟出来了什么，而是渐悟的一个必然结果。

联系前后文，其实在六天里，哈罗德一直在忏悔和自省，反省自己的过去，反省自己的懦弱，对家庭的沉默和逃避。所以说，在文中，哈罗德认为自己直面并克服了自己的短处。在路程中，他克服了自己的懦弱和沉默，勇敢地向每一个人说话或示好。他终于开始了朝圣之路！这项具有重大的灵性意义的旅程或者说探寻。

就从最简单的旅途风景看,哈罗德在一路上不断地反省自身,发现自己从未发现过的自然之美,而通过自省,他也发现了自己的缺点和不足,并直面这些纠缠了他一生的缺点,克服了它们,并改变自身,蜕变出了一个全新的哈罗德。

所以,综上所述,真正的旅程,既是哈罗德的心灵之旅,回归之旅,也是一趟美和不足的发现之旅。

另外,我们又可以从"等待"来思考这一问题。书中的所有人都在等待着。奎妮,可怜的奎妮,被病魔缠身的她,虽早已走到生命的尽头,因为得知哈罗德要走路来看望她的消息,一直在等待,等待着哈罗德的出现。在87天里,延续着奎妮的生命,这如何不让我们为之感动;像奎妮,她作为一个妻子,自然是希望丈夫能早日回归这个家庭,重新给这陷入绝境的婚姻生活注入新源泉;再好比哈罗德自身,他是多么希望能够赶到疗养院,盼望着见到昔日的好友,那是因为他等待着一份救赎,那是来自20多年前的懦弱而犯的错误,所以只能由20年后奎妮对他作出谅解,来给予他心灵上的救赎,可以说,在奎妮死亡的那一刻,这是奎妮的终点却也是哈罗德生命的新起点吧。

哈罗德,一个60岁的毫无存在感的老头,谁会想到,他竟做出如此壮举,他于旅程中,摆脱了束缚半生的枷锁,活出了青年的活力,回归了自己。但我们不是哈罗德,朝圣不一定是我们最好的明见自我的方法,所以人生路漫漫,希望我们都能找到最适合自己的"朝圣路",活出自己!

师:谢谢马千里同学。我们看到,第二个问题其实有两个小问题,一个是什么是"真正的旅程",另一个是"好几个起点"是什么意思。刚才第二组组长给我们深入解读了什么是"真正的旅程",说这是一次心灵之旅、回归之旅、发现之旅。但可能是时间关系,因为我只给他5分钟,所以对第二个问题似乎没有详说。我们请其他同学把答案补充一下好吗?

生6:(朱俊杰)我们在完成一个远大目标之前,往往会设定许多小目标,每完成一个小目标,就会迎来一个新的自己、新的起点。或者就像马千里所说的是发现,每一次发现后,自己都是一个新的自己,都有一个新的起点。

师:很好,小目标的实现就是新的起点,有所收获后的启程也是新的起点。还有同学有想法吗?

生7:(张燊)哈罗德在15章的时候说他真正的旅程开始了,也就是他新的旅程开始了,但他在新旅程开始之后并没有变成坐车去贝里克郡,没有换其他方式还是走路去。这和他在新旅程之前在行为上并没有多大改变。这说明哈罗德的新旅程并不是简单意义上的新旅程,而是内心的新旅程开始了。

就拿我们学习生活来说,假如我在一次考试中考砸了,我在心中暗暗发誓一定要重新开始,努力学习。但在这重新开始之后我依旧还是每天白天上课晚上回家写作业,这和之前每天的日程安排并没有什么改变,但是可能之前我上课、写作业是为了应付老师,老师让我学习我才学习的,而现在我学习是为了自己,为了取得好成绩。这前后在心态上已经发生了重大改变。

哈罗德和我一样,在他新旅程开始之前支撑他走下去的是他对奎妮的诺言,而现在可能是他的信仰又进一步加深了,也可能为了不辜负一路上遇到的那些人对自己的支持与鼓励。他心态上已经发生了转变,所以他开始了新的旅程。

师:说得太好了,这是我从高一以来,听到的张燊同学最精彩的发言。值得我们的掌声。哈罗德在新的旅程之前也是行走,之后还是行走,形式看上去没有变,但实质变了。你们学习也是,虽然同样在上课、做作业,但之前可能只为了应付老师,之后是为了自己,当你的学习态度和目的变了以后,就是新的学习的起点。

好,接下来请第三组组长。

生8:(第三小组组长朱悦铭上台交流)

我们研究的问题是:一个老人,历经87天,行走627英里,一般人很难做到,哈罗德是如何做到的? 在回答这一问题之前,首先,我们来思考一下,一般人很难做到,是为什么? 难在何处? 如果一个普通人要行走87天、627英里的话,需要准备什么呢?

我想,需要健康的身体(这是行走的根本条件,没有健康的体魄,其他都是空谈)、足够的资金(这是物质基础的保证)、必要的装备(行走所必备的服装、鞋子、登山杖、背包等)、合理的路线(这是确保行走顺利的重要前提),以及应急的预案(很多时候,我们可能会遇到自然或自身突发的意外状况,这就需要我们有应变的计划)等。

只有具备了以上条件,才有可能完成这一长时间、长距离的徒步行走。这就是"难"。那么我们来看一下,完成这一壮举的哈罗德,是否具备这些?

健康的身体?——他是一个已经退休的60岁老人,他的腿脚不好,平时也没有健身的习惯。所以可想而知他并不具备。

足够的资金?——莫琳提到哈罗德连手机都没带!所以他更不可能有时间准备足够的物质条件。

必要的装备?这是很重要的一点,让我们来看一下他有什么,请同学们把书翻到第74页,从倒数第三段"指南针呢?"读到第75页正数第四段的"奶泡"为止,这段文字中提到,他没有走远路的鞋子,没有指南针,没有地图和换洗衣服!

合理的路线?——他是突然准备开始这次旅程的,他根本不知道路线,只知道大致方向,甚至他走了一天才意识到自己在往错了的方向前进!

应急的预案?——他一路上遇到过无数次的磨难,当中无数次想放弃,足以证明他完全没有准备。包括他自己说:整件事考虑的最少的就是旅途本身,更别说细枝末节了!所以一定也没有应急的预案了。

哈罗德就这样没有合适的鞋子,没有指南针,没有地图和换洗衣物,没有羊毛袜,没有手套,没有帽子,没有哨子和头灯,带着这些"没有"上路了。可想而知,这一路不可能顺利,对他而言,这样的行走同样很难做到,他有多次想停下、放弃的时候。即便难,非常难,但他最终成功了。在他想放弃的时候,身边人的影响对他至关重要。

接下来让我们来看一看几次他想放弃的时候。

第一次他的腿开始出问题,他意识到自己是不是太草率了,他开始犹豫了,他想回家准备一下,可此刻的他知道,如果现在回家,哪怕只是找出地图查看一下,就永远不可能成行。而第一次打消他念头的是一群陌生人,像侍应,那位唱歌的女士,女士的朋友还有生意人,他们在知道哈罗德的计划时,一开始是怀疑的,但他们看到哈罗德的鞋子时,他们说内心打败了理性,他们对哈罗德的行走表示祝福与期待,这使得哈罗德下定决心开始这次行走。

第二次花了整整一天时间在往错误的方向前进,使得他原本已经疲惫的心更加绝望了,他都不知道自己在路边坐下之后还能不能再站起来。而这一次打消他念头的是一通电话,电话中提到奎妮在等他,一个重病的人在看到他的明信片时甚至坐了起来,是奎妮的等待和他自己的信仰打消了他第二次放弃的念头。

第三次随着他丢失的东西越来越多,他什么都想不太起来了,他甚至打电话给莫琳,说自己坚持不下去了,他觉得自己走不到了!而这一次令人意想不到的是打消他念头的是奎妮的一通电话,要知道奎妮一开始是对这次行走最反对的人,但文中提到是奎妮在鼓励他,甚至是奎妮帮他订好了休息的旅店。这使得哈罗德在绝望之际,有了最后的一点希望,所以奎妮的相信与支持使哈罗德坚定了走下去的信念。

旁人的支持与鼓励是让他坚持下去的原因,但是我认为,他内心的执着和坚定,才是他完成行走的根本原因。我们会这么想是由于我们小组成员想到了最近学的王安石的文章《游褒禅山记》,文中提到志力物要相辅相成,其中志最重要。让我们再看一下哈罗德的行走过程,首先是力,前面说到过他并不具备足够的能力完成这次行走。然后是物,指的是那些外物的辅助,哈罗德的行走过程中虽有他人的帮助,可我们觉得这并不是决定性因素。对于哈罗德来说,志是最重要的,而哈罗德的志就是他要完成这次旅途的坚定的执着的信念。

这样的艰难旅程,被一个老人完成了,这给我们以无比的震撼。所以说我们再看问题,哈罗德之所以可以完成这次壮举,主要因素还是他执着的信念。

师:好的。朱悦铭代表第三小组是从"放弃与执着"这个角度解读这个问题的。听完后,大家有补充吗?(板书:放弃与执着)

生9:(周秦杰)我有一个疑惑,就刚才朱悦铭所提到的,对哈罗德而言,坚持是很难做到的。她为我们梳理了哈罗德几次想要放弃的时刻,但我想说,令我印象最深刻的是，在最后，哈罗德主动给莫琳打电话说他坚持不住了，想要回家。我在想，这一次的放弃会不会和前几次有什么不同的意义？

师：他给我们提了一个问题，就是发现最后一次放弃和前几次不一样，之前哈罗德可能只是心里想想，而这次付诸行动，和莫琳打电话了。有同学能解答这个疑问吗？

（学生沉默）

那我们打开书看一下，打电话是在哪里？第272页，我们读一下这个片段。

（学生齐读书中的段落）

师：他在电话里说了几次要放弃？

生：两次。

师：是啊，"我坚持不下去了"这句话连续说了两次。他为什么这个时候会这样说呢？看一下这是第几章？

生：第25章，"哈罗德与狗"。

师：翻到目录，看下第24章是什么？

生："哈罗德与里奇"。

师：再往前的第21、22章呢？

生："哈罗德与跟随者""哈罗德与朝圣者们"。

师：有没有发现，在第25章的放弃之前，写的是什么？

生：其他跟随者们。

师：是的，在他的行走中，突然出现了一帮追随者，和哈罗德一起走，甚至有一只小狗也一直跟着他。但他们都走到最后了吗？

生：没有。

师：是的，就连那只小狗也有一天忽然跟着别人走了。那么，追随者们的出现和退出，意味着什么？

生10：（黄逸伟）我觉得其他的追随者们是盲目的，觉得这是一种现在流行的做法，想像哈罗德那样出名，并不是真正地想朝圣，去寻找自己的信仰。比如那个退休的搞金融的人以及那个小偷，他们并不是真正地想朝圣，去寻找自己的信仰,只是想像哈罗德那样出名,吸引媒体注意。而哈罗德是以拯救奎妮为目的去朝圣的,他们本质上是不同的。

师:你的意思是其他朝圣者们都怀着各自的私心,有的是凑热闹,有的是蹭热度,都不像哈罗德那样有真正的朝圣之心,所以他们轻易地就退出了。但对哈罗德而言,我们试想一下,当哈罗德孤独地一个人行走时,突然身边出现了一群人的陪伴,带给他的会是什么?

生:温暖、鼓励、信心……

师:是的,因此,当这些人离开时,就连那只可爱的小狗都离开后,他此时内心想放弃的念头才会和之前不同,才会打那通电话。这是很好的一个问题。

接下来我们请最后一组。

生11:(第四小组组长成滢璇上台交流)

各位老师、同学,大家下午好,接下来由我代表第四小组分享我们的阅读感悟。如果用一句话来概括我们读完书之后最深的体会,那就是:一点一点平凡的小事积累起来,成就了伟大。

我们小组对"哈罗德的朝圣之旅是一次鲁莽的冲动行为还是一次回应心灵的伟大壮举?"这一问题进行了深入研究。接下来我将从两部分讲述上述问题。

既然我们讨论的是哈罗德朝圣之旅的实质,那我们不妨看看这段朝圣之旅的开端。

首先是旅途的起源,哈罗德收到一封意外的信,来自老友奎妮,她身患癌症,住在贝里克郡的疗养院中,寄信给他。他当即决定回信给奎妮,并对妻子说自己出门去寄信,很快就回来。但他却始终无法把信寄出去,一直走到了加油站,受到加油站女孩的鼓舞,一时冲动之下萌生了徒步去看奎妮的念头,并且临时决定那么做了。可真正上路之后,他也承认自己准备得不充分。就像刚刚第三小组同学和我们分享的,并且退休之后他的身体逐渐衰弱。他根本不具备长途跋涉的硬性条件。再让我们把目光聚焦于促使哈罗德开始朝圣之旅的念头:他相信只要他走,老友奎妮就会活下来。在我们看来这个念头是没有科学依据的,甚至是有些可笑的。

由此看来,哈罗德朝圣之旅的开端的确是鲁莽的、冲动的,是一时头脑发热做出的决定。虽然旅途的开端是鲁莽冲动的,但是纵观全文,哈罗德的朝圣之旅更应该是一次回应心灵的伟大壮举。那他的朝圣之旅究竟伟大在哪里呢?让我们一起来分析一下。

这次的旅程不仅仅是哈罗德一个人的朝圣,更是一次对三个人——老友奎妮、妻子莫琳和哈罗德自我的救赎。

首先是对于奎妮的救赎,这是哈罗德行走的初衷。哈罗德徒步走627英里来探望她,多少在她心中留下了安慰,让她有继续支撑下去的动力与信念。在那段独自凄惨痛苦地与病魔做抗争的日子里,至少她知道自己不是孤身一人。那是她生命中最后的黑暗日子里的一丝温暖的光,多多少少温暖了她的心。

接下来是对于在家中等待的妻子莫琳的救赎。随着丈夫的突然离去,妻子莫琳从最初的痛苦、迷惘、挣扎开始,也在进行一次她的灵魂洗礼。她也开始自我反省,试着站在哈罗德的角度看问题、想事情了。她理解了丈夫,体谅了丈夫,原谅了丈夫。重拾了内心深处埋藏的对丈夫的爱。

最后是对于哈罗德自我的救赎。开始朝圣之旅之后,他在旅途中遇到了形形色色的人和事,这些人和事触发了他对自己的反省,让他完成了一次灵魂深处的洗涤和自我救赎。朝圣前他与妻子的关系冷漠,生活在冰冷的家庭氛围中,朝圣之旅后,他由犹豫懦弱变得勇敢坚毅。如果没有这场自我的救赎,哈罗德可能带着这些痛苦的回忆,一辈子活在阴影中,解不开心结。

这就是一个人的朝圣对三个人的救赎。回到我们最初的感悟:一点一点平凡的小事积累起来,成就了伟大。看似平凡的走路,却完成了三个人的救赎,这就是平凡中孕育的伟大。平凡的走路,在经历87天627英里之后成为壮举。这是从量变到质变的过程,足以带给我们震撼。以上就是我们小组的分享,谢谢大家。

师:好的,成滢璇代表第四小组是从"平凡与伟大"这个角度来谈的。(板书:平凡与伟大)由于时间关系,我们在之后的课上可以再继续交流讨论。

(三) 联系自身,小结课堂

师:今天,我们从自省与突破、放弃与执着、平凡与伟大等角度,谈论朝圣与等待。我还记得张燊的精彩发言,他的想法就是我想告诉大家的:从他人的故事看自己的人生!(板书:从他人的故事看自己的人生!)

我们今天谈的都是哈罗德的朝圣之路,自省与突破,是人对自己的自我认识。朝圣的目的地,就是自己的人生目标。而在这个过程中,我们也同样会面临放弃与执着。

我希望,在以后的学习和人生道路上,当我们遇到一些事情的时候,如果仍能想起今天读到的哈罗德,那么,今天的学习就是值得的。

教后反思

早在1942年,语文教育家叶圣陶先生就在《论中学国文课程的改订》一文中指出:"国文教材似乎该用整本的书,而不该用单篇短章,……退一步说,也该把整本的书作主体,把单篇短章作辅佐。"在他看来,"单篇短章"的教材"将会使学生眼花缭乱,心志不专,仿佛走进热闹的都市,看见许多东西,可是一样也没有看清楚","并且,读惯了单篇短章,老是局促在小规模的范围之中,魄力就不大了;等遇到规模较大的东西,就说是两百页的一本小书吧,将会感到不容易对付"。而以"整本的书"为教材,"就学生方面说,在某一时期专读某一本书,心志可以专一,讨究可以彻底"。可见,"整本书阅读"的重要意义不言而喻。

《普通高中语文课程标准》对于"整本书阅读与研讨"的课程结构和课程内容有了新的要求,在必修和选修课程中都有"整本书阅读与研讨",考虑到学生的阅读兴趣,也在附录"关于课内外读物的建议"中列举了大量古今中外的经典著作,这些都能让学生"在阅读中拓宽视野,领略人类社会气象与文化,体验中华优秀传统文化、革命文化和社会主义先进文化,提高语言文字运用能力与思想文化修养,丰富精神世界"。新课标的新导向,无疑给了"整本书阅读"教学以最好的支持,作为语文教师,我们应不断思考和完善此类教学。

我在《一个人的朝圣》的阅读教学中，确立了一个"主问题"，即"如何看待老人的行走？"学生通过阅读与思考，初步得出了结论：是信念支撑主人公哈罗德完成行走，这是他在精神成长过程中最重要的因素。

这堂课是《一个人的朝圣》整本书阅读指导的最后一堂课。在之前的阅读学习中，学生已经做了相应的摘抄，梳理了小说的重要情节，思考了"主问题"，这些都为本节课的交流奠定了一定的基础。因此，在"主问题"的基础上，四个小组围绕四组辩证关系，即朝圣与等待、放弃与执着、平凡与伟大、自省与突破的关系，对四个"子问题"进行交流。这些"子问题"的探究，比较有效地帮助学生深入理解了文本。

"整本书"因其内容庞杂，母题多样，往往包含着多元的认知意义和教学价值。如果在阅读过程中漫无目的，让学生信马由缰，自由发挥，必定会陷入阅读的低效或无效的陷阱。因此，为学生的整本书阅读确立相对集中的"主问题"和值得探讨的"子问题"，就可以让学生的阅读有一定的目标与范围，学生在阅读过程中也就有了方向、框架与抓手。

专家点评

在当前碎片化阅读的新媒体时代，提倡整本书阅读当然有针对性，有重要意义。高中统编教材中要求整本阅读的书有两本，一是《乡土中国》，二是《红楼梦》，并且与"人与他人""人与社会"的母题很匹配。但现实的情况是，不是每个学生都喜欢读这两本书，尤其是男生。

老实说，《红楼梦》是需要慢慢精读的，大家族里的人际关系非常复杂，贾府上下个个都是人精，一言一行几乎都有深意。《乡土中国》中所阐释的乡土社会中的人与人的关系，就有《红楼梦》里的特点，但这离当前城市化的生活似乎有点远。因为今天很多学生是独生子女，特别是在上海这样的现代化大都市,他们的亲属关系简单,不需要和兄弟姐妹磨合,让学生去习惯《红楼梦》里的说话方式,还得读出弦外之音,言外之意,实在太难了,他们根本就没有经受过传统乡土社会当中必备的技能训练。这种必备技能是什么呢?就是学会察言观色,学会换位思考,能够及时评估并协调人际关系。这对很多同学来说,大概不是不愿意读,而是读不下去,能力不足,也就是"不能读"。

针对这种情况,教师怎么办?那就通过调查研究,师生互相荐读,读《一个人的朝圣》《我是猫》《向死而生》《读城记》……不是说《一个人的朝圣》在思想内容和艺术水准上超过《乡土中国》《红楼梦》,而是前者似乎更接近当前的世界,所以学生愿意读。况且课程标准也写得清清楚楚:"本任务群旨在引导学生通过阅读整本书,拓展阅读视野,建构阅读整本书的经验,形成适合自己的读书方法,提升阅读鉴赏能力,养成良好的阅读习惯,促进学生对中华优秀传统文化、革命文化、社会主义先进文化的深入学习和思考,形成正确的世界观、人生观和价值观。"教材的目的只是想通过这两个例子,引导学生学会怎么阅读社科类以及文学类书籍。陆柳琴老师不拘泥于那两本书,而选择出版才10余年的《一个人的朝圣》来开展整本书阅读,是自由的,也是明智的。

陆柳琴老师在公开课上展示《一个人的朝圣》整本书阅读教学,受到了全体听课专家与同人的赞誉,成功的诀窍在于把"主问题"教学法贯穿到了"整本书阅读"教学之中。正如陆老师自己说的:"整本书因其内容庞杂,主题多样,往往包含着多元的认知意义和教学价值,如果在阅读过程中漫无目的,让学生信马由缰,自由发挥,必定会陷入阅读的低效或无效的陷阱。因此,为学生的整本书阅读应确立相对集中的'主问题'和值得探讨的'子问题',可以让学生的阅读有一定的目标与范围,那么学生在阅读过程中思维就有了方向、框架与抓手。"

陆老师设计的"主问题"是"如何看待老人的行走?"学生通过阅读与思考,初步得出结论:是信念支撑他完成行走,这是主人公哈罗德在精神成长过程中最重要的因素,也是串起《一个人的朝圣》这本书的一根红线。抓住这一点,学生的自主阅读就不会信马由缰了。课堂上,陆老师又引导学生紧紧围绕"朝圣与等待""放弃与执着""平凡与伟大""自省与突破"这四个"子问题"进行深入探讨和交流。在此之前,班级分成四个小组,分别对一个问题进行研究。在课上,四个小组的组长先交流分享他们的研究所得。之后,小组其他同学再从两个角度进行补充:一是谈自己对这个问题的新思考,二是谈对组长发言的感受。学生自信的神态、智慧的表达、严密的逻辑,都展现了他们对《一个人的朝圣》这本书的个性化理解和思考。

交流过程中,陆柳琴老师适时适度地提出自己的质疑,适时适度地启发和引导,带领学生不断深入文本,不断获得新的思考。最重要的是,学生在"人与人""人与己"的母题下,从他人的故事里看到了自己的人生。在阅读中了解人生,这是本堂课最重要的价值和意义所在,也充分证明了思辨性母题读写教学中"主问题"教学有利于提高课堂教学的深度与效率。

(语文特级教师　孟庆平)

第六章 教学之余的思辨

一、在"鲁迅青少年文学奖"颁奖会上的讲话

孟庆平

今天,在这个庄严隆重的升旗仪式上,学校举行颁奖大会,对在"第十二届鲁迅青少年文学奖"全市现场作文决赛中,我校喜获佳绩的五名同学进行鼓励。趁此机会,我代表我校的语文教师与全校师生交流几点想法:

第一是要自信。说到自信这个话题,我就想起去年的9月。那时崔梓昕同学写了一篇名为《无名的岁月流向远方》的长文,以滴水看阳光的技巧,从他外公的角度去审视共和国七十年的风云。当时一眼看到这篇文章,我就很激动,就对同学们说,这是全市一流水平的文章,然后在全班交流了这篇文章。当时,许多同学将信将疑地看着我,也许心里在想:可能一流吗?我们可是以二、三流的文化成绩考入这所上海市的音乐美育特色高中的。后来,崔梓昕同学这篇文章获得了全市征文比赛的二等奖。去年期末考试,方馨悦、何思瑞等同学写的作文《走过,才明白》非常棒,我、刘老师和于晶老师看了都觉得非常好。当时我也对同学们说,这是全市一流水平的作文,然后在全年级中交流了这些文章。当时,许多同学还是将信将疑地看着我,也许心里在想:可能一流吗?我们可是以二、三流的文化成绩考入这所上海市的音乐美育特色高中的。直到今年10月24日在"第十二届鲁迅青少年文学奖"全市现场作文决赛中,方馨悦同学荣获上海市高中组特等奖,成为全市小学、初中、高中四名特等奖

中的一名。另外,还有何思瑞同学荣获市二等奖,崔梓昕、刘莲、尹佳怡同学荣获市三等奖。经市级媒体公布,我校成绩引发全市同行瞩目。一直到取得了这样引人瞩目的成绩,同学才真正相信了自己:原来一流不是天生的,我们真的也可以成为一流。其实,在音乐美育领域,我们这个学校的不少师生,不也取得过不少全市、全国一流的成绩吗?因此,这次获奖给我们最大的启发是:轻薄的骄傲当然要不得,但标签式的自卑更要不得;只有在自信基础上的奋斗,才能开出人生美丽的花朵。

第二是要处理好阅读与作文的关系。苏东坡说要厚积薄发,腹有诗书气自华。其实我说白一点,阅读就是充电,写作就是放电;手机没电了就要充电,不充电手机就不能用了。上周末,方馨悦同学应邀到竞赛组委会拍照,接受媒体采访,她用手机拍回了《中国的声音》这篇现场写作的特等奖作文。在交流她这篇文章的过程中,同学们发现了,文中不少思想深刻、表达精彩的话语,如"一个民族有一群仰望星空的人们,他们才有希望","如果你曾歌颂黎明,那么也请拥抱黑夜"等,就出自我们的语文课堂,就来自她课内课外比较广博的阅读。稍后方馨悦同学发言,还会谈到阅读与作文的关系问题。

记得在去年的读书节启动仪式上,我曾在这里说:坚持阅读,就是始终站在巨人的肩膀上。阅读多了,谈吐、表达、胸襟、气质、容颜都会改变。阅读就是在不断寻找人类的精神家园。坚持阅读与写作,心里就不空虚;坚持阅读与写作,嘴角就常带微笑;坚持阅读与写作,思想就不会落后。其实,把复杂的问题看简单,人会更加智慧。在我看来,同学们的写作困惑主要就是两个问题:一是不会写,二是没东西写。如果能够在这两个领域给学生以有效的帮助,学生的作文能力就会逐步提高。具体的策略就是,融通阅读(包括现代文和文言文阅读)与写作之间的关系;具体的方法就是,作文教学要向数学和英语教学借鉴——你看数学几乎天天要做题目,英语学习几乎天天要英译汉、汉译英。所以作文教学的方式应该丰富多样一点,作文教学的难度应该降低一点,作文教学的频率应该提高一点。

第三是要谦虚。前几天我在课堂上对方馨悦和其他同学说,我一手培养过的一名高才生,高二时曾在《文汇报》组织的现场作文竞赛中战胜过郭敬明,但她并不因此就认为自己已经超过了郭敬明。我这个学生高三毕业后考入复旦大学新闻系,毕业后从事传媒工作,工作始终踏踏实实。前几天我在课堂上还对方馨悦和其他同学说,我一手培养过的一个高才生,曾在全国作文竞赛中获得过一等奖,但因为恃才傲物,认为高考作文容易,只花了不到40分钟时间写高考作文。(不经深思熟虑,作文怎能写出彩?)结果她高考语文成绩只有109分,成绩平平,没有考上她心仪的大学。好在她因此吸取了人生的教训。所以,自信是必须的;取得一点成绩之后保持谦虚也是必须的。因为一个人偶尔地把偶然当必然,情有可原;但如果总把偶然当必然,则必生悲剧。

我只是一个普通的语文教师,但对语文教育仍然怀有一腔热情。如果用一句话来总结我今天的想法,拿于漪老师的话说就是,语文教学永远是一门遗憾的艺术,既然我们做了语文老师,就要一辈子学做语文老师,尽量让遗憾减少一点。

我的讲话结束了。谢谢大家。

二、始终在读书中成长

孟庆平

读书,没有终点,却是生命觉醒和成长的起点。

一个不读书的人,他往往只拥有一个世界,一个只有衣食住行、功名利禄的现实世界;一个读书的人,他才会拥有一个广阔无垠的精神世界,这个世界里包含着信仰、理想、崇高、美好和生命的激情。

明理,全靠后天造化,而读书则是明理成人的必由之路。

小时候,读书少,根本不明白"人与物"的关系,后来读书多一点,才逐渐懂得了君子不器,小人成"器"的根本差异;明白了在繁杂中追求简单的朴素道理:这个世界上,确实有太多太多的东西,我真的不需要!在读书过程中,经哲人们反复叮咛,我也开始警惕:人在成长进化的同时,总是不断面临着被"物化"甚至被"异化"的风险!于是,我努力排除种种干扰,尽力克服种种困难,坚持读书以抵抗"物化""异化",来保持清醒:坚信实物虚物、文化文明、技术工具,哪怕最先进的人工智能,也不过是外物。我坚信人主物仆的关系,永远不该也不会被颠倒。我想,只要坚持这个根本点,人类就会始终是人类。于是,我不再杞人忧天,逐步变得轻盈起来。

我也在读书思考的过程中,逐步理解了"人与人"的关系:水面相隔,地下相连,这世上哪有孤岛? 人,也不是一座孤岛! 近人远人,今人古人,生人熟人,男人女人,白人黑人,富人穷人……其实,这人世间的每一个人都与"我"相关!

我更是在读书思辨的过程中,不记得是在哪一天突然领悟到:生命是一个奇迹,人来到这世上,原来是万千偶然中的一种幸运。世上没有相同的两个人,正如世上没有相同的两片树叶。这,是我,是每一个人都应该悦纳自己的理由,也是悦纳他人的前提。如此,人才能和谐处理好自己与自己的关系,进而妥帖处理好自己与他人的关系。

难忘年轻时读书,读过这样一则故事:一天,在课堂上,哲学家苏格拉底拿出一个苹果,站在讲台前说:"请大家闻闻空气中的味道!"一个学生举手回答:"我闻到了,是苹果的香味!"苏格拉底走下讲台,举着苹果慢慢地从每一个学生的面前走过,并叮嘱道:"大家再仔细闻一闻,空气中有没有苹果的香味?"这时已有半数的学生举起了手。苏格拉底回到讲台上,又重新提出刚才的问题。这一次,除了一个学生没有举手外,其他人全都举起了手。苏格拉底走到这个学生面前问:"难道你真的什么气味也没闻到吗?"那个学生肯定地说:"我真的什么也没闻到!"这时,苏格拉底对大家宣布:"他是对的,因为这是一只假苹果。"这个学生就是后来大名鼎鼎的哲学家柏拉图。

这则意味深长的故事,让我明白了求真持真的艰难。

今年春天,重读苏格拉底的学生柏拉图。柏拉图在两千多年前说过的一段话,让我突然警醒:"如果尖锐的批评完全消失,温和的批评将会变得刺耳。如果温和的批评也不被允许,沉默将被认为居心叵测。如果沉默也不再允许,赞扬不够卖力将是一种罪行。如果只允许一种声音存在,那么,唯一存在的那个声音就是谎言。"

这警语让我明白:领悟万马齐喑的沉默,读懂拼命卖力的赞扬,看破美丽动人的谎言,是多么不容易的事情。这动心动情的警语也让我更乐意以柏拉图为师,引导我像其真正的学生亚里士多德一样,努力坚持"吾爱吾师,吾更爱真理"的简单原则,坚信太阳底下没有新鲜事,也不再害怕被种种美丽的谎言所忽悠。

读书,让我的心态变得豁达;读书,让我的情绪变得稳定;读书,更让我学会静观天地,默察众生,乐见自己。

与所有幸福的读书人一样,我始终在读书中成长。

三、思想光辉,永远闪烁

——《齐桓晋文之事》教后有感

孟庆平

《孟子》中《齐桓晋文之事》一文,通过孟子游说齐宣王放弃霸道(以武力、刑罚、权势等统治天下的政策),施行王道(以仁义治天下的政治主张)的经过,比较系统地阐发了孟子的仁政主张,描述了他心中的理想国的情形。在我看来,文中许多的思考至今仍然闪烁着思想的光辉,可助我们大彻大悟。

第一,"不为"不等于"不能"的思想。孟子在文中非常生动形象地阐释了什么是"不为",什么是"不能"。用今天的大白话阐释,"不为"即指主观上不愿意做;"不能"则指客观上做不到。孟子认为人在缺乏主观能动性来做事时,不是做不到,而是不愿做。如果用他这"不为"与"不能"的标准丈量人事,似乎一下子可以看破:人生的许多失败与悲剧,大多是因为"不为"产生的,而不是因为"不能"导致的。

第二,"老吾老,以及人之老;幼吾幼,以及人之幼"的思想。孟子这句话的意思是,要尊敬自己的老人,进而推广到尊敬别人家的老人;要爱护自己的孩子,进而推广到爱护别人家的孩子。两千多年前,孟子就构想了这样和谐的理想社会,提出了这么伟大的博爱思想,可惜这种美好的局面至今仍然只是我们的期盼。

第三,"推恩足以保四海,不推恩无以保妻子(妻子孩子)"的思想。孟子一生倡导爱民保民的仁政,始终反对不顾人民死活的暴政。细思他的论断,可真不是危言耸听:纵观历史,横看世界,确实,施暴政者从来没有好下场;行仁政者永远被人民歌唱。但愿今天和明天的为政者始终不忘这位伟大思想家的叮咛。

第四,让百姓有"恒产"(固定财产)进而有"恒心"(稳定的思想状态和价值观)的思想。在我看来,孟子的这种思想已经接近马克思主义的理论高度了,但早于马克思主义理论两千多年呢。其实,"恒产"与"恒心"的关系,在更早的春秋时期,政治家管仲就提出了"仓廪实而知礼节,衣食足而知荣辱"的朴素见解。孟子则是在管仲、孔子等思想家的基础上,从"恒产"与"恒心"的关系上,比较完整地描述了他心中的理想国。当然,关于"恒产"与"恒心"的关系,近现代哲学家则为我们辨析得更加明晰了。

第五,"恒产"与"恒心"的定义,可能随着时代的发展而不断变化,但"恒产"指百姓有固定的工作、稳固的财产,"恒心"指百姓有稳定的思想状态、价值观、安全感和归属感等,则是基本不变的要义。

孟子真的很伟大啊!两千多年前,他就比较充分地认识到了老百姓有固定的资产、有稳定的收入对稳定民心、稳定国家、稳定社会以及预防犯罪的重要性。他这么早就看到了固定工作、稳固财产与永久信念之间的关系,看到了经济基础与道德观念之间的关系。他这么早就朴素地认识到了经济生活决定道德思想,在治民化民方面,道德教化远比法律惩罚更加重要。

可惜啊,在两千多年后的今天,仍有不少政客还不明白这种关系!

四、"上帝"替秦始皇鸣不平

孟庆平

作家莫言曾说:"我写作时,我就是皇帝。"意思是说,一个作家在写作时要居高临下,俯视他笔下的人物,才能对自己笔下的人物进行深入的解剖和分析,才能塑造出血肉丰满、生动感人的形象。针对普遍性的"跪着教书""跪着读书"、死在圣人言下的现象,借莫言所给的勇气,我觉得,今天我们在教书和读书时,不仅要敢于当"皇帝",更应该敢于做"上帝"——就是要有上帝般俯瞰作品的目光,哪怕是面对名人名篇或名著。

比如,如果以这样的勇气和眼光,审视议论同一话题的《过秦论》《阿房宫赋》《六国论》等千古名篇,我们就能发现,即便是贾谊、杜牧和苏洵这样的"圣人",其"言"也有不足。

贾谊在《过秦论》中指出秦灭亡的原因在于不施仁义,也看到人民力量的强大,这难能可贵;但他没能认识到,在封建社会统治者与人民之间始终存在着不可调和的矛盾,所以他也开不出解决这一矛盾的药方。杜牧在《阿房宫赋》中说,秦始皇荒淫奢靡,必然自取灭亡,见解当然也是深刻的,但他没有看到人民的力量。苏洵则在《六国论》中反思秦国的对立面——六国,认为六国灭亡的原因在于割地苟安,没能团结起来,力抗外侮,见解也是独特的,但他(包括其子苏轼、苏辙和清朝的李桢等名家)没有看到六国灭亡的根本原因在于因循保守、不思改革与进取。贾谊、杜牧和苏洵这些名家,都没能理性看待秦始皇一统天下的历史意义。

我们比贾谊、杜牧和苏洵等名家晚生了一千多年,甚至两千多年,理应比他们更有见识,更懂道理。今天,借莫言所给的启发,借做一回"上帝"的勇气,我们可以正告这些名家的在天之灵:你们对颠覆中国历史、首次完成中国大一统的秦始皇的评价——完全负面的评价,老实说是欠客观的。"上帝"替秦始皇鸣不平!

今天的我们,当然不否认秦始皇的种种不是。但他废分封制,立郡县制,确立书同文、车同轨,统一货币和度量衡等措施,都是始创性的。奋斗几代人,拼搏了数百年,一统天下之后的秦帝国,仅存了 15 年,这当然是一个巨大的历史悲剧,但倒秦立汉,并不是推倒了秦帝国的一切,因为新立的、强大的汉朝并没有回到夏商周的分封制,而是传承了秦始皇奠定的基本政治制度郡县制。经汉唐宋元明清至今两千多的演化和完善,再加以更加强调垂直领导和管理的现当代政党制度,这种制度格局越来越稳固。可以说,秦始皇为我们留下的大一统、大融合、大中华的文化基因一直在传承;忌分裂、反割据、求统一的民族心理,就是在分分合合的曲折中,也一直在强化。明代思想家李贽赞誉秦始皇为"千古一帝",看来是很有眼光的。

不像我们以追求大一统、大融合、大中华为最高价值,以古希腊城邦制为源头的西方世界,则总是以追求所谓的独立自由为最高价值,他们爱分、易分、善分,常常不以分为悲,也不以统为喜,所以西方世界很少诞生出像我们中国这样的大国(就是偶尔诞生了,存续时间也不长久),也难以理解今天我们在香港、澳门、台湾,甚至是西藏、新疆等问题上的态度和情感。总之,在我们中国,闹分离就被普遍视为忤逆;求统一总是能够获得普遍的认同。而要在这个既复杂又简单的问题上溯源,则不能不追溯到"千古一帝"秦始皇。

其实,早在秦始皇之前,孟子就告诫过后人"尽信书,则不如无书"。所以,今天的我们更应该敢于做"上帝"了。如今,"年长"的我们,以"上帝"的姿态,为"年轻"的贾谊、杜牧和苏洵们当一回导师,替"千古一帝"秦始皇鸣不平,说几句公道话,可不是不孝,更不是不敬。

五、怎样更好地在课堂上回答问题

孟庆平

我自己执教过的语文课,超过了一万节;我观察过的语文课,超过了四百堂。我发现,同学们在课堂上回答问题时的状态普遍欠佳。

其一是表达不清晰、不连贯、不规范。其实,发展语言表达能力和逻辑思维能力,是语文课堂回答问题环节的核心目标之一,也应该讲究表达的清晰和规范,但是很多同学却在这个重要环节上畏畏缩缩,站没站相,常常只说词语或短语,不说完整的句子或段落,不少同学甚至说得疙疙瘩瘩、断断续续、语无伦次、支离破碎、音量细小、吐字不清,让现场的师生常常无法听清楚、听明白。

其二是表达不准确、不实在、不全面、不深刻。课堂上,不少同学阅读文本时浮光掠影,走马观花,抓不到要领;聆听师生说话时又心猿意马,不恭不敬,不集中心智;回答问题前,对提问缺少必要的思考,或思考不宽、不深、不严密;回答问题时(特别是回答一些有思维难度的问题时),就表现为答非所问,似是而非,蜻蜓点水,空洞无物,举一漏三。

这种普遍性的窘态,包含着种种不良的习惯,显示了同学们语言表达、逻辑思维与综合能力发展的滞后。这既不是我们所期待的风度气质,也远离了语文教育教学的目标。现在,课堂上这种不善于回答问题、不善于说话的状态还比较普遍,出了校门走上社会后不善于说话的人还比较多,甚至终身不善于说话的人也不少。这种窘态,应该改变。

其实,阅读是在学别人怎样写怎样说,说话是用嘴巴在"写",写作是用笔在"说",三者有异,但高度统一在语言表达和逻辑思维的一致上。我们不能厚此薄彼。但在语文教育教学实践中厚读写而薄言说的现象仍然比较严重。这种状态,可以改善。

改变这种窘态,我认为最有效的途径是从改善课堂回答问题时的状态开始。

第一,要懂得回答问题是一门时空艺术。在教室这个特定的空间里,当你从同学中站起来回答问题时,就立刻在现场的师生中呈现了一个引人关注的视觉形象。你应该有塑造好自己视觉形象的自觉:保持挺立,镇定自然,落落大方,不要弯腰驼背。同时,回答问题更是一种综合性、动态性的交流表达活动,处在一个时间性的流动进程中,是一门需要把控的时间艺术。为顺利完成这项综合性活动,需要进行必要的沟通,讲究基本的技巧。

要善始。无论是举手示意主动回答,还是被推荐或被点名被动回答,站直之后,忌讳各种"搔首弄姿",一开始就要主动而简单地跟大家打招呼:比如说"大家好,我来说说我的看法(或理解)""我来试试"等等。必须明白课堂上的对话对象是全体师生,而不是老师一个人;声音要洪亮,因为话是说给大家听的,而不只是说给老师一个人听的。

要善中。表达过程中,忌讳夹杂"嗯""啊""这个""那个"等习惯性口头语,要努力追求语言表达的干净利落、准确实在、连贯有序。特别是在回答某些比较复杂的问题时,要善于使用"第一""第二""第三","一方面""另一方面""还有一方面"等序数词,以凸显自己表达思路和过程的清晰连贯。

要善后。回答结束时不要忘了应有的谦逊,比如说"这只是我(代表小组或团队回答则说"我们")的看法,请大家(或老师)批评(或指正或补充)"。另外,要注意慢点说话,要懂得交流不只是嘴巴的事,合适的姿势、眼神和身体语言也同样有用。

第二,要会说、敢说"我(我们)认为"。个人回答时用"我认为",代表小组回答时用"我们认为"。说"我(我们)认为",不代表你(你们)"认为"。这既是"进一步风轻云淡",也是"退一步海阔天空";这既是自信的表现,也是应有的谦虚,更展示了自己善于从不同角度、不同侧面、不同层面和不同方位看问题的能力。至于用"我们认为",则是直接显示了可贵的团队意识和合作精神。

第三,要善说、敢说"但是"。说"但是",既是退一步的智慧,也是进一步的勇敢,更是一种转身的华丽。它既是进行接话与补充的必要说辞,也是表达反对意见或不同观点的鲜明标志。善说、敢说"但是",常常还闪烁着批判性、创新性、辩证性思维的光彩。

第四,要掌握回答问题的一些具体模式与技巧。可以按照"我认为……,理由或依据是……"的基本格式;可以按照"我对某某同学的发言(或看法,或观点),……是赞同的,……是不赞同的,我认为应该……"的格式,也可以按照"请大家跟我一起看课文的某页某段某行……"的格式。

第五,要学会尊重,用心聆听。同学发言时,自己不能做旁观者,不能轻易地打断别人的说话,更不要轻易地全盘否定别人。最好是边听边想:他的回答准不准确、完不完整,我有没有可以补充的,我同不同意他的观点,我应该怎样去纠正等等。至于教师,则要在问题设计,在平等、民主、宽松课堂氛围的营造与维护上多下工夫。

至于在课堂上善于、敢于提出问题,则更是一种积极主动奉献知识和智慧的"高大上",是比善于回答问题更高端的学习实践活动。上述原则、方法和技巧也大体适用于课堂提出问题的环节。希望同学们从改变课堂回答问题时的窘态开始,切实为自己的终身发展奠定好基础!

六、为赋新愁喜,强学"流行语"

孟庆平

人民是历史的创造者,也是流行语的发明者。

百年未有之大变局,催生出百年未有之流行语!

一路走来,我真切地感受到,尽管不再年轻,但想要避开"流行语"这新事物,还真不那么容易。

于是,我想:"流行语"是不是可以纳入我们"人与物、人与人、人与己"的读写研究母题中呢?

为了不掉队、不落伍,为了与今日中国之少年交流时不短路、不塞车,我弯下腰,上网搜寻,主动学习流行语,替近年主要的流行语临时建了个集中营,以丰富一下自己,也娱乐一下朋友。

(一)流行语中的"新人种"

巨婴:可能又高又大又帅气,但总不见心智发育。他爸他妈是谁呢?

鸡娃:原本鸡是鸡,娃是娃,但天天为娃"打鸡血",就催生出了新品人"鸡娃"。

硬核妈妈:不止妈妈,什么人、什么物只要加上"硬核"就都厉害了。

小镇做题家:不止出身农村,不仅来自小城,都市中的帅哥、名校里的靓女,也常常这么自嘲。

佛系青年:其实,想做或真做一个平和、淡然的佛性青年,并不容易。佛系,佛兮!

社牛:不是牛,是"社交牛人"。社牛,不是人人都能做,也不是人人都喜欢,这是一种"特殊人才"。

显眼包:不是显眼的名牌包,是主动或被动做了显眼的人!

扣扣族:他们不为流行付费,却追求时尚生活,不是传统的吝啬鬼,也不是小气的葛朗台。眨眼间,这种将抠门进行到底的80后新人也不新了,也人到中年了。

乖乖男、乖乖女:他(她)们优点是爸妈不操心、老师很喜欢、上司也放心。问题是不知道这"乖"是真的还是装的,就像同样不知道那些痞痞、帅帅是真的还是假的一样。

甜野男孩:既有野性魅力又有甜美笑容的帅哥新品类!既甜又野、既古又今、既中又外的新人设,显然比乖乖男承载了更多的审美期待。

云养娃：是云养猫的升级！比起喂夜奶、哄睡觉、把屎尿等，在网上"养"（看）萌娃（图片或视频），确实轻松多了。可我认为，与其看别人网上晒娃，找一点干爹干妈的感觉，还不如自己去真实养娃，做一回亲爹当一回亲妈。

戏精：原本是指很会演戏的人，也许是老戏骨年轻时。但如今戏精队伍迅速扩大了——人们既为善于表演、活跃气氛的戏精点赞，也为擅长作秀、哗众取宠的戏精吐槽。

狼人：比"狠"字多一点，比"狠人"还厉害！

凡尔赛人（简称"凡人"）：可不是法国凡尔赛宫里的员工，多指不经意，或故意，或先抑后扬地炫耀自己的人。最有趣又不让人讨厌的可能要算撒贝宁的凡尔赛——考上了北京大学的他说："在拿到通知书之后我还很纠结，想去吧，那么远，远离家乡、亲人、小伙伴。但是不去呢，北大也还可以，那就去吧。"

工具人：工具本是人造人用，但工具与人却杂交出"工具人"，且不止因为"996"的催生。其实，孔子早就提醒过"君子不器"！

吃瓜群众：原指不关己事、不发表意见、仅仅围观、活跃在网络空间的广大群众，现在也指现实社会中的这类人，其规模正在不断扩大。其实，他们不止爱吃各种"瓜"，什么好东西都爱吃。但是，千万别忽视这种看似超然的"吃瓜群众"，也许只有深耕最广大的"吃瓜群众"才可能做成一些大事。

土豪：过去是打击的对象，分了他的田地！现在"进化"为财大气粗、没什么品位的有钱人或无脑消费的人。今天，面对"土豪"，如果你不是"土豪"，称他土豪，可能不止羡慕嫉妒恨，还暗含着讽刺或批评。

锦鲤：中国锦鲤，本是一种历史悠久的漂亮鱼，却在"锦鲤转运""锦鲤祈愿""锦鲤保佑"的祈福过程中被宠成了神。2018年9月24日，支付宝官方一条微博"祝你成为中国锦鲤"，一夜之间又把神变成了人——幸运的中奖人被美称为"中国锦鲤"！从此，就是人比鲤多了。

（二）流行语中的新现象

雪糕刺客、水果刺客……：本来是普通雪糕、寻常水果……不标价，卖高价，就像隐藏的刺客，在结账时以远超预期的价格突然猛"刺"你一剑，使你的钱包和心理都受到严重伤害。这玩意，仿佛是孙悟空从天外偷来的新物种。

这奇观,估计连伟大的马克思都没研究过!

社死:"社会性死亡"的简称,不一定是传统生物学意义上的真死,只是对当代一种特殊生命状态的描述——个人在社会中逐渐失去社交关系,与他人疏远或被孤立,最终导致情感上的孤独和社交上的隔离,这是"恨不得在地上找条缝钻进去"传统尴尬的升级版。"社死"的状态,五花八门;"社死"的原因,错综复杂;但背后的主要推手,主要还是赤裸裸的网暴。真有人"社死",很可能是冤死,却不知道找谁去平反昭雪。

社恐:"社交恐惧症"的简称,主要表现为因害怕别人对自己指指点点,而选择尽可能回避社交场合。"社恐"的病状、病因和疗法都比较复杂。此病也许古已有之,只是如今自称患此症的人越来越多了——在虚拟的网络世界生活得太久了,表达习惯了,回到线下真实的世界反而陌生了,于是一下子怂了。今天,似乎还没有特别擅长治疗此病的医院和专家。

躺赢:躺着就赢了,连站都不用站,不费吹灰之力就赢了!一种多么让人羡慕的赢啊。可是,这世上还没见谁这么赢过。当然,叫"梦里赢"是可以的。

躺平:自愿或被迫选择放弃,不再坚持,不再想赢,没有了动力。躺平,明显比躺赢更低一档,因为想赢的期待都放弃了。其实,真正的"躺平"只能出现在太平间。

摆烂:是"破罐破摔"的升级版,其形态因人而异,但本质都是任由事情坏下去,根本不想干了。危险的是,摆烂久了,人就成了烂货。

内卷:指同行间竞相付出更多努力以争夺有限资源,从而导致个体"收益努力比"下降的现象。如今,"内卷"似乎不是竞争的同义词。竞争,中性偏褒义;"内卷",明显贬义。还有人说,"内卷"是努力与拼搏的"通货膨胀",似乎看得很透。内卷啊,内卷!哪儿不卷?哪儿最卷?

(三)流行语中的新形态

卖萌:似乎是传统"娇嗔"的网络版、现代版。褒义时指故意显示自己的单纯可爱状,以打动别人,与青春、活力、美貌、感性相随。轻微贬义时,则指故意作秀或犯傻。当然,如今也说小猫小狗"卖萌",但说小猫小狗"娇嗔"的则少见。看来,时尚的"卖萌"与传统的"娇嗔"不完全是一回事。

打 call：不是打电话，英国人懂 call，但不一定懂今天中文中的"打 call"。"打 call"，本来源于日本演唱会中的应援文化：就是为应援某人某事而拼命发声——呼喊呀、喊叫呀、加油呀、打气呀。让人意外的是，"打 call"引入中文没几年，却野蛮生长——我们中国人已经习惯到处打 call。

特种兵旅游：就是利用尽可能少的时间和费用去尽可能多的景点，以疗养一下自己精神的内伤。这种新游法的效率和性价比看起来很高，但似乎只适合年轻人。其实，这种特种兵式的旅游，浮光掠影，走马观花，游者难以真正沉浸于天地大美：身飘绿水青山间，心还挂在都市的高楼大厦上，本质上还是一种浪费。还是慢慢走啊，慢慢看的好。

云办公：又叫"智慧办公"。广义上的云办公指将政企办公完全建立在云计算技术的基础上，从而实现降低办公成本、提高办公效率和低碳减排的目标。狭义上的云办公则指以"办公文档"为中心，为政企提供文档编辑、存储、协作、沟通、移动办公、工作流程等云端软件运营服务。当前，我国在线云办公用户规模已近 5 亿人，约占网民整体的 50%。让人担忧的是，云办公者长年累月全身都弯在电脑前，生命像一朵卷曲而沉重的云。

网红经济："网红"，即网络红人的简称。网红经济，即以红人的品位和眼光为主导，进行选款和视觉推广，在社交媒体上聚集人气，依托庞大的粉丝群体进行定向营销，从而将粉丝转化为购买力的过程。不知道"网红经济"算不算一种新的经济模式，总觉得有点买椟还珠的味道。

野性消费：指不受约束的、如狼似虎的消费行为，是理性消费的对立面。互联网电商时代，大量消费者某时某刻涌入某直播间抢货的"野性消费"行为，多为某种"爱"意的释放或爱心的回馈，也可能是因为某品牌的商品确实物美价廉赢得了广大消费者的放心消费。当然，持续的"野性消费"现象在人间少见，"野性"的争食抢食行为在动物世界里才常有。

（四）流行语中的新评价

教科书级别：一种非常高的定性评价，指在教科书中出现的、经过深思熟虑、经验积累和广泛认可的知识点或方法，或是具有广泛应用和实际意义，被认为是稳固的、坚实的思想理论体系。其实，达到这个高度的方法或理论并不多，但喜欢用这个新词语的人已经越来越多。所以，有时说"教科书级别"就不一定是评价，而是吹牛拍马、吹捧奉承了。

一种很新的音乐："一种很新的××"的定性评价模式，在网络中流行才两年左右，却已迅速传播到现实生活中，广泛用于调侃某些不可思议的事物、超出常规的行为。因为具体新在哪里一般不想说不愿说，也说不清道不明，所以还是不要随意评价这是"一种很新的××"；如果人家赞美你说这是"一种很新的××"，你也不能太当真。

情绪价值：这两年，用这个新词来评人品物论事的人越来越多，但"情绪价值"到底是一种怎样的价值，尚无明确的定义。指物指事时，大约指它带给消费者的情感体验，一种非物质性的附加价值。指人时，大概是说一个人影响他人情绪的能力。其实，说"情绪价值"高低，就传统的表达"我"喜欢或不喜欢，只是如今表达的角度由主体变成了客体。过去说我"我喜欢他（它）"，现在说他（它）"情绪价值"高，把"我"隐藏起来了。

8错8错：谐音"不错不错"，用来表达同意、赞赏等态度。这样的数字文字杂交，在网络交流中确实产生了特殊的评价效果，但在正式的书面表达中，暂时还只能算作错别字，错别字可要扣分的。

杀伤力不大，侮辱性极强：也有"伤害性不大，侮辱性极强"等改版。这个网络流行语已外溢到线下的现实生活中，是说某事虽然没有实质性危害，却令人很难堪。这种兼融一大一小，一强一弱的矛盾性评价，似乎很有创意。但是，如果这只是对敌的文攻，而不配以强大的武畏，脸皮厚的敌人一般是不怕这种杀伤力不大的"侮辱"的。

细思极恐：也说"细思恐极"，指仔细想想，觉得恐怖到了极点。如果事前能"细思"感到"极恐"，那是大智慧，肯定不容易上当；如果是事后才感到"细思极恐"，那多少带有一点侥幸，估计没有损失或损失不大。当然，无论是早感觉到极恐还是晚觉悟到极恐，都是新感觉、新评价。

年轻人不讲武德：这个网络流行语常用来形容年轻人很猛。语出自创"浑元形意太极拳"掌门人的马保国。他曾多次摆擂台、参加擂台赛，但总是不到 10 秒就被对手击倒。只见他在网络视频中艰难地从地上爬起来，弹冠振衣,严肃地批评对手:"年轻人不讲武德!"中华传统武术,差一点就终结在他的手上。好在如今风波已定,马老已静。但他毕竟为汉语奉献了这么一个用来评价年轻人的独特评语,且在使用过程中渐渐从贬义发展到褒义,所以还是要感谢这个阿Q式的马大师。

不愧是我:在网络上流行好几年了,多用于自夸自赞自评,与"我干的"有异曲同工之妙,言简意赅地表达了强烈的自我认同。其实,鼓励自卑者在取得某种成功时这么说,可能有明显的积极意义;但一个正常人,特别是一个比较强势的人如果老爱这么说,就可能是危险的自我膨胀。

加油,你差点就追上我了!:听说,这句话源自NBA传奇人物乔丹,虽然不含脏字,却能直击对手的内心。其实,这世上只有一个乔丹,能够这样评价他人和自己的,估计也没几个人。所以,千万别模仿!

那么普通却那么自信:看起来那么普通却又那么自信。这样自评,展示的是积极向上、乐观开朗。但如果这样评价他人,则是一种新颖的挖苦讽刺:本来自己很普通,却觉得自己十分强大,非常与众不同,并认为身边的人都想占自己的便宜!如果有人这样评价你,希望你能承受。如果你想这样评他人,希望你能慎重:万一对方脆弱呢?

我看不懂,但我大受震撼:看"不懂"却"震撼",这是一种怎样的感受和评价呢?其实,这只是侧重表达对某件事情的不解、震惊,不一定是真赞美,因为前半句"我看不懂",话中有话的。

(五)流行语中的新期待

双向奔赴:2023年11月,中美元首旧金山会晤期间,在美国友好团体联合欢迎宴会上,习近平主席在演讲中说:"正是善意友好的涓滴汇流,让宽广太平洋不再是天堑;正是人民的双向奔赴,让中美关系一次次从低谷重回正道。"真挚的话语,引起了现场听众的强烈共鸣。这理想非常丰满!于是"双向奔赴"迅速成为热词,变成人际交往的新要求、新向往:为了一件事情发展而一起努力,你朝着我来,我向着你去;并且,单位与员工、城市与城市、国家与国家之间都可以期待"双向奔赴"。"双向奔赴"的使用范围,正在不断延伸。

5G速度:不是只比4G多1G。4G改变生活,5G改变社会。5G的到来,将实现虚拟现实更逼真,视频通话无延迟,万物都互联。5G 的用户体验速率最高可比 4G 高 100 倍。如果赞你有"5G 速度",那是一种很高的评价;如果希望你有"5G 速度",那是一种极高的期待。5G 技术很神秘,"5G 速度"下的世界则可能不再有秘密。如果 10G 到来的时候,那么我们是不是可以移民火星了呢?

土味情话:指网络中流行的那些听起来很肉麻很腻人又有些乡土感的情话。这些情话虽然听上去很腻人,但却很撩人。比如"你要是当仙女当累了,就来做我的宝贝"。前些年,不同地域的写手在网络上创作了种种不同风格的"土味情话",如同川菜、湘菜、粤菜、鲁菜、杭邦菜、淮扬菜;现如今,AI 条件下的"土味情话"铺天盖地,不知你还爱不爱听。

断舍离:是在繁杂生活中萌生出的一种新追求——不买、不收不需要的东西;处理掉堆放在家里没用的东西;舍弃对物质的迷恋,让自己处于宽敞舒适、自由自在的空间,过上简单清爽的生活。这一概念源自日本山下英子的著作《断舍离》,并通过网络迅速传播。其实,这种思维方式、这种生活哲学早在苏格拉底的感叹中便有:"原来这个世界上有这么多我不需要的东西啊!"

挖呀挖呀挖:来源于 2023 年 4 月 24 日"毛葱小姐"(桃子老师)发布的视频《在小小的花园里面挖呀挖呀挖》。该视频不止展示了平凡幼儿老师的"外貌"之美,而且展示了其"心灵"之美,对教育事业热爱之美,对教育教学方式的创新之美。桃子老师发布的这首儿歌火起来后,很多博主跟风拍摄了许多类似的短视频作品,于是网络上涌现了各种版本的"挖呀挖呀挖",以展示不同岗位上普通平凡劳动者的工作状态和工作追求,输出了强大的正能量。每个人都在自己的岗位上努力"挖呀挖呀挖"吧!

(六)流行语中的新安慰与新自嘲

秋天的第一杯奶茶:先在线上后到线下,尽管流行几年了,含义仍然比较暧昧。或是卖着萌要红包,或是要红包去买奶茶,或是秀恩爱,或是秀感情。其实,喜欢你的人给你零钱买奶茶,奶茶很甜应该没有错,算一种新安慰、小幸福,但如果在朋友圈刷屏问人要奶茶钱,则是一种"美丽"的乞讨行为。其实,彼此都明白:讨茶或炫茶是假,索爱或炫爱才是真。你总想着"秋天的第一杯奶茶"吗？你喝到"秋天的第一杯奶茶"了吗？

你没事吧：出自一则魔性重复流广告："你没事吧，你没事吧，你没事吧……没事就吃溜溜梅！""你没事吧"在线上线下都迅速流行，并发生词义转移：既表达对匪夷所思、难以理解的事情发出某种感叹，也表达对处于困境中的朋友的及时安慰，尤其是当朋友被阴阳怪气的各种评价包围时。

我太难了：出自"快手"视频网站上的一个"土味视频"。该视频配了一曲忧伤的音乐，主播眉头紧锁，眼神空洞，一边说着"我太难了，老铁，最近压力很大"，一边欲哭无泪地用双手紧紧扶住额头。该视频发布后，"我太难了"立即引爆网络。为了更好玩更有趣，有人把话说成"我太南了"。"我太难/南了"的走红，既表达了当代人对生活困境所产生的焦虑和无力感，也像一个"解压阀"，为处于困境中的人们提供了情绪疏解的出口。可以偶尔说说"我太难了"，安慰一下自己，自嘲一下自己，但千万不要天天说变成口头禅。

咱也不知道，咱也不敢问：出自"抖音"中网友的评论。面对一些自己无法解释或者不便过问的事情时这样说。这个表现尴尬情状的句式很有趣，包含着幽默与诙谐，是一种程度适中的新自嘲或新调侃，因此迅速在网络上流行。当然，如果一个单位中、一个团队里，这样自嘲自侃的人比较多，那么问题就明显了。

小丑竟是我自己：网络中流行的自嘲语，线下人们也爱这样说了。意思是平时尽量把自己的苦涩藏起来，努力保持微笑，但最后发现自己只是很卑微的人。其实，这是一种难得的顿悟，从此转身，不再违心表演，不再自作多情，做自己就好。

第七章 思辨近年上海高考作文

一、上海高考作文回望与 2022 年题目预测

孟庆平

回望上海近年的高考作文,是了解上海高考作文特色的前提,也是预测 2022 年高考作文的基础。

(一)近年上海秋季高考作文回望

2011 年高考作文题:犹太王大卫在戒指上刻有一句铭文:一切都会过去。契诃夫小说中的一个人物在戒指上也有一句铭文:一切都不会过去。这两句寓有深意的铭文,引起了你怎样的思考?请自选角度,自拟题目,写一篇文章。

思辨:先要思辨材料中两个不同的"一切"指的是什么,两者是什么关系。"一切都会过去",这个"一切"指什么?可以是事物、生命、年华、感情、梦想、浮名、地位、权力、王朝、荣耀、灾难、不幸、困苦、挫折、疾病、成败……"一切都不会过去",这个"一切"又指什么?可以是思想、精神、文化、文明、传统等。此题的关键是谈论如何看待已经发生过的事情。"会过去"与"不会过去",是就影响而言的。应该重点思辨已经过去的事情对今天正面和负面的影响;应该进一步思考哪些事情可以过去,是暂时的;哪些事情不会过去,是永恒的。"有的会过去,有的不会过去"的思考,才是辩证的。

2012 年高考作文题:人们对自己心灵中闪过的微光,往往会将它舍弃,只

因为这是自己的东西。而从天才的作品中,人们却认出了曾被自己舍弃的微光。这现象引起了你怎样的思考?请自拟题目,写一篇文章。

思辨:这是一则带贬义的材料,其中包含着"不要这样"的意思,即人不要不珍惜自己"心灵的微光",反过来讲就是应该珍惜自己"心灵的微光"。"心灵的微光"是一个比喻,首先要界定它的内涵(思想、智慧、灵感等)。材料的第二句说,每个人都可以成为天才,只是没有像天才一样把自己的想法表达出来而已。此题的写作重点是议论为什么要珍惜自己"心灵的微光",如何珍惜自己"心灵的微光"。

2013年高考作文题:生活中,大家往往努力做自己认为重要的事情,但世界上似乎还有更重要的事。这种现象普遍存在,人们对此的思考也不尽相同。请选取一个角度,写一篇文章,谈谈你的思考。

思辨:写作前,先要思考:什么是"自己认为重要的事情",做"自己认为重要的事情"对不对?再要思考:什么是世界上"更重要的事"?这两者之间经常呈现什么关系?应该是什么关系?其实,这个题目要求我们思考的是自身发展与社会责任之间的关系问题,即"扫一屋"与"扫天下"的关系问题。"独善其身,更兼济天下""舍鱼而取熊掌"等,是比较好的立意。

2014年高考作文题:你可以选择穿越沙漠的道路和方式,所以你是自由的;你必须穿越这片沙漠,所以你又是不自由的。根据这则材料,自选角度,自拟题目,写一篇文章。

思辨:与2012年作文材料中"心灵的微光"一样,这则材料中的关键词"沙漠"也是一个比喻。这"沙漠",可以理解为人生、社会的困境。材料中更重要的关键词是"自由"。这个题目要求我们思考的是受限制和主观能动性之间的关系。可以有多种理解:每个人都可以在社会规范的大前提下,充分发挥自己的个性、独特性、思想性、能动性,但人不能挑战社会普遍认同的基本价值和准则。要思考自由与约束的辩证关系:水装在杯子里,杯子对水就是约束,杯子(约束)打烂了,水也就没有了;"海阔凭鱼跃,天高任鸟飞",但事实上鱼和鸟的自由都是有底线,是有约束的。

2015年高考作文题:人的心中总有一些坚硬的东西,也有一些柔软的东西,如何对待它们,将关系到能否造就和谐的自我。根据这则材料,自选角度,自拟题目,写一篇文章。

思辨：写作前,先要界定：什么是人的心中"坚硬的东西"和"柔软的东西"？"硬",可以理解为性格坚强、坚持原则、科学理智……"软",可以理解为性格柔韧、处事变通、艺术与情感……当然,每个人的界定可以不一样,但辩证的思考才最佳：正确对待自己心中的"坚硬"与"柔软",才能造就和谐的自我；刚柔并济,才是人生的大智慧,才是和谐的人生。

2016年高考作文题：随着现代社会的发展,人们的生活更容易进入大众视野,评价他人生活变得越来越常见,这些评价对个人和社会的影响越来越大。人们对"评价他人的生活"这种现象的看法不尽相同。请写一篇文章,谈谈你对这种现象的思考。

思辨：首先要读懂材料中的"这种现象"指什么。"这种现象"就是指"评价他人生活"的社会现象。从逻辑上看,"评价"的范围很大,"评价他人生活"包含在"评价"中。所以,本题不是让我们谈"评价",不是让我们去评价他人。联系现实看,在今天的信息社会中,人人都是信息的制造者和发布者,"评价他人生活"正变得越来越频繁和容易：我评价别人的生活,别人也评价我的生活。评价他人的生活具有主观性。写作中还应该就如何评价他人的生活提出自己的原则：有标准,据事实,讲真实,求全面,有边界。

2017年高考作文题：预测,是指预先推测。生活充满变数,有的人乐于接受对生活的预测,有的人则不以为然。请写一篇文章,谈谈你的思考。

思辨：大数据时代,"预测"成了人类生活中的一种常态。"有的人乐于接受对生活的预测","有的人则不以为然"。作文者应该比材料中的这两种人更理性：预测正确与否,是相对的；不加思考,一味乐于接受预测,或一味排斥预测,都可能欠妥。作文的任务是议论如何看待预测与如何对待预测。当然,也可以标新立异,歌颂那些不接受预测,不以预测为然的勇士,歌颂他们决意反抗命运的大无畏精神。

2018年高考作文题：生活中,人们不仅关注自身的需要,也时常渴望被他人需要,以体现自己的价值。这种"被需要"的心态普遍存在。对此你有怎样的认识？请写一篇文章，谈谈你的思考。

思辨：马斯洛说人生的需求分五个层次：生理需求、安全需求、社交需求、尊重需求、自我实现需求。写作前应该思考："自身的需要"指什么？"被需要"——"被他人需要"又是指什么？两者是什么关系？两者经常呈现什么关系？"被需要"，其实是指他人盼望、需要得到帮助指导、关心关怀、关爱慰藉等等；当"被需要"被纳入"自身的需要"之中，人就会变得有用、充实、丰富、崇高、有意义，这也是自我实现需求。此题的议论重点涉及如何处理好自己与他人的关系，深层次也可论及如何处理好自己与自我的关系。有文学创作能力的考生，如果写记叙文，也可能写出精彩的文章。

2019年高考作文题：听了不同国家的音乐，接触了不同风格的异域音调，我由此对音乐的"中国味"有了更深刻的感受，从而更有意识地去寻找"中国味"。这段话可以启发人们如何去认识事物。请写一篇文章，谈谈你对上述材料的思考和感悟。

思辨：这则材料是褒义的："我由此对音乐的'中国味'有了更深刻的感受"，是因为"倾听了不同国家的音乐，接触了不同风格的异域音调"，并且"更有意识地去寻找'中国味'"，这样的行为是正确的。材料中的关键词是"中国味"。"中国味"即中国味道、中国特色、中国风格，是在"倾听""接触"了"非中国味"的过程中感受到的、寻找到的。这则材料只是一个引子，不能孤立地或仅仅专业地谈论音乐中的"中国味"，而是要谈文化中的"中国味"，这就涉及四个自信中的文化自信问题。另外，"中国味"不是孤立的，与"非中国味"是紧密联系的。"自觉方能自信"，"海纳百川，不失自我"等，是比较深刻的立意。

2020年高考作文题：世上许多重要的转折是在意想不到时发生的，这是否意味着人对事物进程无能为力？请写一篇文章，谈谈你对这个问题的认识和思考。

思辨：这则材料中的关键词是"重要转折"（事物进程）。"重要转折"可从个体、群体和人类等角度看。写作任务是议论人在重要转折过程中该怎么办，该发挥怎样的作用。重点涉及主观能动性在重要转折中的发挥问题。如果这样立意，就非常出色：对于能够改变的事情，要顺势而为，积极解决；对于很难改变的事情也要积极应对,不能消极处理。

2021年高考作文题:有人说,经过时间的沉淀,事物的价值才能被认识;也有人认为不尽如此。你怎么看？请写一篇文章,谈谈你的思考。

思辨:从逻辑上看,材料中的"不尽如此",说明"有人"与"也有人"所说(所认为)的内容,是"包含关系",不是"矛盾关系"或"反对关系"。"也有人"其实是认同"有人"的看法的,只是觉得"有人"的看法不全面,把复杂的事情看简单了。也就是说,后者另有看法:有时不需要经过时间的沉淀,也要能迅速认识事物的价值。写作前如果看破了这一层逻辑关系,作为第三方的说理人,就绝对不会跑题偏题了。"洗尽黄沙始见金","长双善断的慧眼"等,是比较深刻的立意。

(二) 2022年上海高考作文预测

上海高考作文具有三个比较鲜明且稳定的特色。相信2022年的上海高考作文,仍然会延续如下三方面的特色:

1. 范围与内容

附　简版上海高考作文题回望

2021年:关于时间沉淀与事物价值的认识;

2020年:关于人与"事物进程中重要转折"的关系;

2019年:关于音乐的中国味(文化的中国味);

2018年:关于"被需要"的心态;

2017年:关于是否"接受对生活的预测";

2016年:关于"评价他人生活";

2015年:关于"内心的柔软坚硬与和谐自我";

2014年:关于"穿越沙漠的自由与不自由";

2013年:关于"生活中的重要与更重要的事";

2012年:关于"人心灵的微光";

2011年:关于"一切会过去与不会过去"。

上海高考作文从2011年的关于"一切会过去与不会过去"的话题,到2021年的关于"时间沉淀与事物价值认识"的话题,范围与内容几乎都聚焦在人与物（包括技术）、人与人、人与己（自我）三个母题上，其核心就是对人与物、人与人、人与己（自我）三种基本关系的思考。完全可以预测的是，2022年上海高考作文的范围与内容，依然离不开这几个母题，依然离不开对人与物、人与人、人与己（自我）这三种基本关系的思考。

2. 从封闭到开放

从回望中可见，从封闭与开放，或者说从写作的自由与不自由角度看上海高考作文题，可以分为两类：一类题目是材料中暗含着观点，属于"请你理解和证明我的观点"类；一类题目是材料中不包含观点，属于"请你针对我提供的论题（问题）谈谈你的看法"类。第一类的要求就是希望考生把命题者的观点再演绎一次，再证明一遍，开放性是不够的，也不利于考查学生的创新能力。2011年、2013年、2014年的上海高考作文题，基本属于这一类。在第二类中，命题者只提供一个论题，命题者没有观点，在抓住关键词（核心概念）的前提下，考生可以相对自由地发表自己独特的观点，开放性较好，有利于考察学生的创新能力。上海高考作文题在11年中有8个年头的题目属于这一类。上海是一个开放包容的城市，高考作文命题也一直在开放进步之中。2022年上海的高考作文题，最有可能的还是第二类，因为第二类更有利于选拔人才。

3. 思辨色彩与时代性

从回望中可见，每一年上海高考作文题中的关键词（核心概念）之间都存在着逻辑关系，主要是全同、包含、交叉、矛盾、反对等五种关系。要求审清核心概念之间的逻辑关系，这是在选拔性的高考中命题者为考生所设的坎。辨不明关键词（核心概念）之间的关系，写作就容易偏题。设这样的坎是必要的，今年的高考作文也不例外。

从回望中可见，过往11年，范围与内容涉及人与物、人与人、人与己（自我）这三种基本关系的上海高考作文题，始终在引导考生进行思辨。辩证思考能力是抽象程度最高的哲学智慧。唯物辩证法中的联系与发展、整体与局部、共性与个性、对立与统一、量变与质变、肯定与否定、原因与结果、必然与偶然、现象与本质、可能与现实、内容与形式等思想观点或规律法则，非常适合在说理中运用。

注重逻辑和辩证思考,提倡理性思辨,2022年的上海高考作文仍将延续这一优良传统。

另外,近如2017年与大数据相关的"预测",2018年与"大我"相关的"被需要",2019年与大世界相关的"中国味",2020年与大事件相关的"重要转折",2021年与功利主义等相关的"事物价值认识"等,都与时代有着比较密切的关系,都具有当下性。

二、2022年上海高考作文题点评

孟庆平

6月7日中午,上海市教育考试院第一时间公布了2022年上海高考作文题目:

小时候人们喜欢发问,长大后往往看重结论。对此,有人感到担忧,有人觉得正常,你有怎样的思考？请写一篇文章,谈谈你的认识。要求:(1)自拟题目;(2)不少于800字。

题目一经公布,公媒私媒,名师大咖,竞相评说,各抒高见,热闹非凡。

我则在一周前大胆地作了一番"上海高考作文回望与2022年题目预测"。

其实,我只是怀着老马的善心,把自己走过的路况告诉后来的骏马们,好让其更好地奔腾。化用鲁迅的话就是,世上本没有路,走的次数多了,也就找到了路。高三语文教学的路,我确实走熟了。在20余年间我任教了高三语文12届,也是本届高三的语文老师,确实是一匹老马了。

看过我预测的友人说,既然你在开考72小时前好心作了预测,那么考试结束后你应该在第一时间对今年的高考作文题作一个评说。我说,等7月9日下午外语听说测试结束后,我再审视我的预测吧。因为"风乍起",会"吹皱一池春水"。考前我就跟学生们说过,在考试这几天,最好关闭手机,不看QQ和微信,不要关注任何人对今年高考题目的评价,不要对自己考得怎样的情况发问,不要对自己考试发挥情况的好坏下结论。

现在是高考结束后的第一天,我也来说一说我眼中的2022年上海高考作文题,算是对自己此前预测的回应。

(一)对三种基本关系的思考

从"小时候人们喜欢发问"到"长大后往往看重结论",这是一种怎样的人生状态?人生应该是一种怎样的状态?

为什么小时候人们喜欢发问?为什么长大后人们往往看重结论?

为什么有人对此感到担忧?为什么有人对此觉得正常?

是什么原因导致了人从喜欢发问转变为看重结论?

这一转变有何利弊?我们应该怎么做?

今年上海的这道高考作文题,以拉家常的方式引导考生关注自我成长,深入反思自我,理性观察现实社会,深刻思考人生的价值和意义,写作的范围与内容,依然聚焦在我所预测的对人与物、人与人、人与己(自我)这三种基本关系的思考。

(二)持续的开放性

我说"上海是一个开放包容的城市,高考作文命题也一直在开放进步之中",但我不赞同"海派高考作文题目"之类的说法。在中华文化框架中,在国家统一的语文课程标准指导下,开放包容的上海使用全国统一的语文教材,被赋予了高考单独命题的权利,命出这样带有地域特色的高考作文题目,是正常的,也是应该的。

今年上海的这道高考作文题,仍然属于我所预测的"请你针对我提供的论题(问题)谈谈你的看法"的开放题类型。命题者只提供了一个论题,没有观点。在抓住关键词"喜欢发问"和"看重结论",并关注两个状语"小时候"和"长大后"的前提下,考生可以相对自由地发表自己的见解。此题的开放性非常好,厚道公正,兼顾到了不同个性、不同层次的学生,也有利于考查学生的创新能力。

(三)鲜明的思辨色彩与时代性

1. 逻辑关系

其实,这道作文题中的关键词"喜欢发问"和"看重结论"之间,暗含着我所预测的逻辑关系：交叉或反对关系(不是矛盾关系)。"喜欢发问"，可以视为褒义的人生状态，用黄荣华老师的话说，就是"一生都处在发问状态的人，就一定能成就更富有创造性的人生"。"看重结论"，可以视为一个中性的判断，有褒有贬，有是有非，有正有负，有得有失。"看重结论"没错，但只"看重结论"就不对了。不少人长大后生命就发展到"往往看重结论"的尴尬状态，当然其中也还有既"看重结论"又保持着"发问"精神的人。正如屈原既对自己坎坷人生作了结论——写下《离骚》，但同时仍然发问不断，发了一百多个问，创作了不朽的《天问》。

如果有考生把"喜欢发问"和"看重结论"看成是矛盾关系，写作就偏题了。现在考试已经结束，我没有顾虑了，就实事求是地评说了。不少人说今年上海的高考作文题目很容易，我并不苟同。今年的这道作文题，具有恰当的难度与区分度，命题者为考生预留了充分的发挥空间。

2. 哲学思考

我所预测的唯物辩证法中的联系与发展、对立与统一、量变与质变、原因与结果、现象与本质等哲学观点和规律，就非常适合用在这道作文题的写作中。其实，从"小时候人们喜欢发问"到"长大后往往看重结论"，是一个曲折的过程，是一种由量变到质变的转变，有着许多值得探究的主客观原因。

所以，注重逻辑思辨，引导辩证思考，期待理性生辉，今年的上海高考作文题，继续弘扬了这一优良传统。

3. 时代性

我预测时说过"如果不是问题，不存在问题，或不再是问题，就没有必要在作文中议论了"。因此，这道题同样与时代有着比较密切的关系，具有当下性，但基本不具有鲜明的政治性。"小时候人们喜欢发问，长大后往往看重结论。对此，有人感到担忧，有人觉得正常"。平心而论，人喜欢发问的天性越来越被磨灭，功利性地看重结论的现象比较普遍，这难道不是当下社会中的一个问题吗？"文章合为时而著"，让高考作文题具有鲜明的时代色彩，而与敏感的政治话题保持合适的距离，这是我始终认可的正道。

三、2024年上海高考作文预测与叮嘱

孟庆平

预测每年的高考作文题是件难事，其实也件易事。如果把命题者看成孙悟空，就是件难事；如果借哲学家的智慧来看高考作文，就是件易事。

别看如今报考大学哲学系是冷门，但人世间看宇宙、社会、人生最通透的，我觉得还是高屋建瓴的哲学家。其中，可敬可爱的大哲学家梁漱溟就曾十分冷静地说过：人这一辈子必须处理好人与物、人与人、人与己三种关系，而且顺序错不得。

梁先生看得真透彻啊！人生最难处理的、不得不处理的，不就是这三种关系吗？把这三种关系想清了、处理好了，人的理性精神和思辨能力不就提升了吗？看数十年来高考作文所要求思考和表达的范围与内容，不都包含在"人与物、人与人、人与己"这三个母题中吗？

哲学是人学，语文是人学，高考作文自然也是人学。人学的核心确实就是思考"人与物、人与人、人与己"这三个基本问题。我觉得不必去猜高考作文具体的题目包括今年的题目，被猜中的可能性也不大，因为命题的专家几乎都是孙悟空，孙悟空善于"七十二变"。但如果借梁先生的慧眼看，我们就会发现：这"七十二变"，变来变去，孙悟空还是孙悟空——你看，万变不离其宗，这么多年来，高考作文要求考生思考和表达的问题，其实只有一个，就是思考人的问题，都包含在"人与物、人与人、人与己"这三个母题中。这么一看破，我们就成了"如来佛"：孙悟空轮翻筋斗，呼风唤雨，上天入地，可最终还是落在了如来佛祖的五指间！

今天，我们先回看一下10年来上海秋季高考作文题目吧。

2014高考作文题目：你可以选择穿越沙漠的道路和方式，所以你是自由的；你必须穿越这片沙漠，所以你又是不自由的。根据这则材料，自选角度，自拟题目，写一篇文章。

（涉及"人与人、人与己"关系的思考）

2015 高考作文题目：人的心中总有一些坚硬的东西，也有一些柔软的东西，如何对待它们，将关系到能否造就和谐的自我。根据这则材料，自选角度，自拟题目，写一篇文章。

（涉及"人与人、人与己"关系的思考）

2016 高考作文题目：随着现代社会的发展，人们的生活更容易进入大众视野，评价他人生活变得越来越常见，这些评价对个人和社会的影响越来越大。人们对"评价他人的生活"这种现象的看法不尽相同。请自拟题目，写一篇文章，谈谈你对这种现象的思考。

（涉及"人与人、人与己"关系的思考）

2017 高考作文题目：预测，是指预先推测。生活充满变数，有的人乐于接受对生活的预测，有的人则不以为然。请自拟题目，写一篇文章，谈谈你的思考。

（涉及"人与人、人与己"关系的思考）

2018 高考作文题目：生活中，人们不仅关注自身的需要，也时常渴望被他人需要，以体现自己的价值。这种"被需要"的心态普遍存在。对此你有怎样的认识？请自拟题目，写一篇文章，谈谈你的思考。

（涉及"人与物、人与人、人与己"关系的思考）

2019 高考作文题目：听了不同国家的音乐，接触了不同风格的异域音调，我由此对音乐的"中国味"有了更深刻的感受，从而更有意识地去寻找"中国味"。这段话可以启发人们如何去认识事物。请自拟题目，写一篇文章，谈谈你对上述材料的思考和感悟。

（涉及"人与物、人与人、人与己"关系的思考）

2020 高考作文题目：世上许多重要的转折是在意想不到时发生的，这是否意味着人对事物进程无能为力？请自拟题目，写一篇文章，谈谈你对这个问题的认识和思考。

（涉及"人与人、人与己"关系的思考）

2021 高考作文题目：有人说，经过时间的沉淀，事物的价值才能被认识；也有人认为不尽如此。你怎么看？请自拟题目，写一篇文章，谈谈你的思考。

（涉及"人与物、人与人、人与己"关系的思考）

2022高考作文题目： 小时候人们喜欢发问，长大后往往看重结论。对此，有人感到担忧，有人觉得正常，你有怎样的思考？请自拟题目，写一篇文章，谈谈你的认识。

（涉及"人与物、人与人、人与己"关系的思考）

2023高考作文题目： 一个人乐意去探索陌生世界，仅仅是因为好奇心吗？请自拟题目，写一篇文章，谈谈你对这个问题的认识和思考。

（涉及"人与物、人与人、人与己"关系的思考）

回头看是为了向前看。如此回望一番，我们就会像梁漱溟先生一样看得清方向：上海高考作文从2014年关于"穿越沙漠的自由与不自由"的话题，到2023年关于"好奇心与探索世界"的话题，范围与内容始终聚焦在"人与物、人与人、人与己"这三个母题上。所以，别说用"如来佛祖"的慧眼看，今天，就是凡人的我们也可以预测：2024年上海高考作文的范围与内容，肯定还是离不开"人与物、人与人、人与己"这三个母题，离不开对这三种基本关系的思考。"会当凌绝顶"，就会"一览众山小"。这么一预判，到时我们就不会再仰视今年的高考作文题，而是像梁先生一样能俯视即将见面的高考作文题的。这样一想，考前的我们，还有什么可担心、可害怕的呢？

当然，在操作层面，我倒是要叮嘱考生们几句：

第一，懂理才能讲理。孔子登东山而小鲁，登泰山而小天下。希望在"人与物、人与人、人与己"三大母题的思考上，考前能站上一定的高度。

关于"人与物"。要懂得君子不器、小人成"器"的根本差异，明白在繁杂中追求简单的朴素道理。人要努力学会排除种种干扰，尽力克服种种困难，坚持抵抗"物化""异化"；人的生存和发展确实需要许多东西，但也要看到，这个世界上好多东西我并不需要！因为鸟儿的翅膀如果系上了黄金，就永远不能再在蓝天翱翔了。要相信：所有的实物虚物，哪怕最先进的人工智能，也不过是外物；人主物仆的关系，永远不该也不会被颠倒。

关于"人与人"。世上没有真正的孤岛，尽管水面相隔，地下也是相连的，人也不是一座孤岛。从哲学上讲，这人世间的每一个人其实都与"我"相关！

要相信善良是一个人行走于世最好的名片;要坚持"己欲立而立人,己欲达而达人","己所不欲,勿施于人"的基本原则;要明白,我们看似是在帮别人的忙,其实最后都是在帮自己。

关于"人与己"。生命是一个奇迹,人来到这世上,原本是万千偶然中的一种幸运。世上没有相同的两个人,正如世上没有两片相同的树叶。这是每一个人都应该悦纳自己和尊重自己的理由,也是悦纳他人和尊重他人的前提。要懂得,每个人的人生都是一个微雕的过程,而刻刀就握在自己手中。要明白,一个人的幸福和成功,其实就是把自己的灵魂安放在恰当的位置上。要豁达,一个人自己要喜欢自己,但也要允许别人不喜欢自己。要努力把自己找回来,把自己还给自己,也把别人还给别人。要尽力先处理好自己与自己的关系,进而理智地去处理好自己与他人的关系。

第二,考试时要做到"四要"。要审准所给作文材料的情感属性(或褒或贬或中性,中性材料最普遍也最好);要抓准材料中的关键词;要灵活运用材料中的关键词,最好用包含关键词的动宾短语或祈使句去拟出集中表达自己观点的作文标题;还要习惯性地在行文过程中高频率地使用关键词去扣题、切题和点题。

第三,表达时要确保说理过程的清晰完整。要先说清"是什么":首先要界定或阐释核心概念(关键词)的含义;核心概念(关键词)之间的逻辑关系要辨明,对核心概念进行辩证思考的哲学智慧不可缺;文章的观点要亮明。然后要重点说透"为什么"。最后说明白"怎么办"(给建议、对策或措施)。

第四,在重点论说"为什么"的环节中,要设计两个层次。先论述问题的重要性,再论述问题的必要性。特别不要忘了论述问题的必要性。必要性即时代性、当下性。其实,每道高考作文题所涉及的都是现实中存在着的人生问题、社会问题。必须明白一个基本逻辑:如果不是问题,不存在问题,或不再是问题,就没有必要让我们来议论了。

余不一一。祝同学们旗开得胜,好梦成真!

四、我看2024年上海及全国高考作文题

孟庆平

6月7日中午，我就在媒体上看到了2024年上海高考作文题及全国其他五道作文题。现在空下来，也趁热说一说。

4天前，我写了《2024年上海高考作文预测与叮嘱》一文发在我们工作室的公众号上。4天来，受到6 400余名读者关注，近1 000名读者转发。这样，尽管来不及"趁热"，也得说一说才是。

当时我开篇就说："如果把命题者看成孙悟空，就是件难事；如果借哲学家的智慧来看高考作文，就是件易事。"有趣味的是，今年的这些高考作文题大多蕴含哲学意味，用哲学家的智慧来看正好。

当时我借大哲学家梁漱溟先生的话说："这么多年来，高考作文要求考生思考和表达的问题，其实只有一个，就是思考人的问题，都包含在'人与物、人与人、人与己'这三个母题中。"并且这样预测："2024年上海高考作文的范围与内容，肯定还是离不开'人与物、人与人、人与己'这三个母题，离不开对这三种基本关系的思考。"我鼓励广大考生轻松地去当"如来佛"，让命题者去做"孙悟空"。

（一）先说说今年的上海作文题

生活中，人们常用认可度判别事物，区分高下。请写一篇文章，谈谈你对"认可度"的认识和思考。要求：(1) 自拟题目；(2) 不少于800字。

先说命题表达。所给的作文材料只有18个字："生活中，人们常用认可度判别事物，区分高下。"这比2023年"一个人乐意去探索陌生世界，仅仅是因为好奇心吗？"的材料还少了3个字。其实，字少并不一定义寡，字多也不意味着意丰。今年的命题延续了上海高考作文命题一向言简意丰的好传统。相比一些动辄百余字甚至几百字，既浪费学生阅读时间，又干扰学生思维视线的作文命题表达，上海这种言简意丰的命题表达确实要高明许多，真值得学习借鉴。并且，这短短18字材料所呈现的情感属性，还是不褒不贬的中性。我一直认

为这种中性的材料最好：只给个话题，给种现象，给个舞台，给次机会，也设限制，但不给观点。考生能够在这种宽而不松的"舞台"上相对自由地、有个性地甚至是有创意地起舞。我认为作为承担为国选拔人才使命的高考作文命题，就应该这样。我一直不欣赏带纯粹情感褒贬属性的作文材料，因为面对带纯粹情感褒贬属性的作文材料，考生除了走"老师你说的观点不错，我来为你证明一下"这条路，并无其他通道可走。我觉得还是像上海这样的高考作文命题形式好：把考生引上相对宽阔的舞台即可，把考生置于四处可行的十字路口即可。

再说审题立意。材料中的核心概念（关键词）是"认可度"，要求考生思考的问题是：用"认可度"去"判别事物，区分高下"对不对、好不好，全不全？如何才能辩证理性地"判别事物，区分高下"？首先，核心概念（关键词）"认可度"的含义要界定或阐释：它是一个综合性的评价标准，且是双向的标准，涉及对物（物的范围很广，也包括技术、理论、文化、制度、道路等虚物）、对事、对人、对己的认可，是衡量事物形象、品质、价值被接纳程度的重要指标。这个话题的核心问题，仍是要求思考为人处世的问题，全面涉及"人与物、人与人、人与己"这三个母题，当然也只涉及这三个母题。这样想清了，就像"如来佛"用佛手接住了"孙悟空"。

从哲学的认识论上看，"认可度"是相对的"真理"，不是绝对的"真理"，且是动态发展的，因为认识的主体有局限，认识的客体也非常复杂且处在变化中。从时空两个维度看，有从低"认可度"到高"认可度"的发展，如火车被认可、被接受的过程，如进化论、相对论、马克思主义等被认可、被接受的过程，梵高、卡夫卡、毕加索式的现代艺术形式被认可的过程也是如此。也有从高"认可度"到低"认可度"的逆变，如地方天圆说、地心说、日心说、神造论、亚里士多德的自由落体论等。另外，"认可度"之前常常是"关注度"，其后可能是"接受度""支持度"。再者，既然"认可度"是有局限、双向的，是动态变化的，那么，还可以进一步推论出人不能因"认可度"一时的高低而非理性地喜悲、爱恨，判断是非、定否，应倡导尊严、宽容、豁达、谦逊、理智等原则，该提倡"一个人自己要喜欢自己，但也要允许别人不喜欢自己"，"把自己还给自己，也把别人还给别人","先处理好自己与自己的关系,进而理智地去处理好自己与他人的关系"。

6月4日,我还在预测与叮嘱时说:"每道高考作文题所涉及的都是现实中存在着的人生问题、社会问题。必须明白一个基本逻辑:如果不是问题,不存在问题,或不再是问题,就没有必要让我们来议论了。"今天,"认可度"与"判别事物,区分高下"的问题是不是人生问题、社会问题呢?这当然还是存在着的问题,问题可能还比较严重。在互联网时代,人们很容易获得数据化的所谓"认可度",其实有时严重干扰了人对物、对人、对己的认知和评价。怎么办?是有必要提出理性的建议、对策或措施的。因此,这个题目还是具有鲜明的时代性、当下性的。

应该为上海今年高考作文的命题者点赞!

当然,今年的这道作文题,与2021年上海高考的作文题逻辑上存在一定的交叉。2021年的上海高考作文题这样说:"有人说,经过时间的沉淀,事物的价值才能被认识;也有人认为不尽如此。你怎么看?"两者是不是交叉了?

这值得我们特别是命题者反思。

(二)也说今年其他五道作文题

(1)新课标Ⅰ卷作文题:随着互联网的普及、人工智能的应用,越来越多的问题能很快得到答案。那么,我们的问题是否会越来越少?以上材料引发了你怎样的联想和思考?

我在预测中说:懂理才能讲理。关于"人与物",要懂得君子不器、小人成"器"的根本差异……所有的实物虚物,哪怕最先进的人工智能,也不过是外物;人主物仆的关系,永远不该也不会被颠倒。

这道题目,几乎与我的预测"撞衫"了。

(2)新课标Ⅱ卷:本试卷现代文阅读Ⅰ提到,长久以来,人们只能看到月球固定朝向地球的一面,"嫦娥四号"探月任务揭开了月背的神秘面纱;随着"天问一号"飞离地球,航天人的目光又投向遥远的深空……正如人类的太空之旅,我们每个人也都在不断抵达未知之境。这引发了你怎样的联想与思考?

这道题涉及的主要是"人与物"的关系思考。审题并不难:作为主体,人的认识有局限;而认识的客体非常复杂;人对物的认识是动态发展、不断推进的。所以,观点可以是"人应该行走在不断抵达未知之境的荆棘路上"等。

(3) 全国甲卷:每个人都要学习与他人相处。有时,我们为避免冲突而不愿表达自己的想法。其实,坦诚交流才有可能迎来真正的相遇。这引发了你怎样的联想和思考?

这道题,主要涉及的是"人与人、人与己"的关系思考。

我在预测中说:懂理才能讲理。关于"人与人",世上没有真正的孤岛,尽管水面相隔,地下也是相连的,人也不是一座孤岛。从哲学上讲,这人世间的每一个人其实都与"我"相关!要相信善良是一个人行走于世最好的名片;要坚持"己欲立而立人,己欲达而达人","己所不欲,勿施于人"的基本原则;要明白,我们看似是在帮别人的忙,其实最后都是在帮自己的忙。……一个人自己要喜欢自己,但也要允许别人不喜欢自己……把自己还给自己,也把别人还给别人……先处理好自己与自己的关系,进而理智地去处理好自己与他人的关系。

这道题目,是不是也与我的预测"撞衫"了?

(4) 北京卷:微写作,三个题目中任选一个;大写作,两个题目中选一个。

北京卷的作文命题表达字数近500字,不只是我,估计很多人不喜欢这么多字数的表达。大写作第一题是先给材料,然后要求以"历久弥新"为题目写一篇议论文,涉及的是"人与物"关系的思考,要求谈的是时间与事物价值判断的话题。2021年上海高考作文题这样说:"有人说,经过时间的沉淀,事物的价值才能被认识;也有人认为不尽如此。你怎么看?"这是不是"撞衫"了?

这值得北京的命题者反思。

北京卷大写作的第二题也是先给材料,然后要求以"打开"为题目,写一篇记叙文。这道题同时涉及"人与物、人与人、人与己"这三个母题,相对开放,估计考生相对喜欢。

(5) 天津卷:在缤纷的世界中,无论是个人、群体还是国家,都会面对别人对我们的定义。我们要认真对待"被定义",明辨是非,去芜存真,为自己的提升助力;也要勇于通过"自定义"来塑造自我,彰显风华,用自己的方式前进。以上材料能引发你怎样的联想与思考?

要求考生自选角度，自拟标题，不限文体（诗歌除外），写篇不少于800字的作文。很明显，材料中的关键词（核心概念）是中性的"被定义"，要求思考的是"人与人、人与己"的关系问题，与上海的作文题一样充满思辨色彩。也是只给个话题，给种现象，给个舞台，给次机会，也设限制，但不给观点。相信天津考生也能在一种宽而不松的"舞台"上相对自由地、有个性地，甚至是有创意地起舞。当然，在言简意丰的命题表达上，天津与上海的差异还是很明显。

还是要为天津今年高考作文的命题者点赞！

第八章 我手写我心

一、文学之星——方馨悦

一路走来,方馨悦同学的优秀并非偶然。

高一时,方馨悦同学在期末语文考试中所写的随笔《走过,才明白》,就初步展示了她对"新""旧"变化的感受和思辨。当时《新读写》杂志向我约稿,我随即把这篇随笔推荐发表在其"新随笔"栏目中。

高二时,她参加"第十二届鲁迅青少年文学奖"作文比赛。在全市现场作文决赛中,她创作出情感真挚、大气磅礴、思辨色彩渐浓的散文《中国的声音》,荣获上海市高中组特等奖,成为上海地区四名特等奖获奖者中的一名(其中高中两名,高中获得特等奖的两名选手分属我校上音实验附中和七宝中学)。媒体因此多次采访她这名"星"生。

当时,我就曾特别叮嘱过她和另外几名获奖的同学:一要自信。因为大奖给了我们自信的理由。二要处理好阅读与作文的关系。因为我一眼就发现,在这篇特等奖作文中,不少思想深刻、充满思辨色彩的话语,如"一个民族有一群仰望星空的人们,他们才有希望","如果你曾歌颂黎明,那么也请拥抱黑夜"等,就出自我们平时的语文课堂,就来自她课内课外比较广博的阅读。三要谦虚。自信必要,但在取得一点成绩之后而保持谦虚则更必须。因为一个人偶尔把偶然当必然,情有可原;但如果总把偶然当必然,则必生悲剧。

高三时,她再次获得参加"第十三届鲁迅青少年文学奖"作文比赛资格。

在全市现场作文决赛中,评委会从十多万名初赛选手中选出1 500多名优秀作者参加现场决赛。她又一次显示出强劲的实力,成为上海地区(中小学)15名一等奖获奖者中的一名,并出席了盛大的颁奖典礼,实属不易。

她,为我的语文教育生涯增添了光彩,也为其他同学树立了榜样。

下面是她的几篇作品。

走过,才明白

金秋十月,我又一次走进了那条小巷……

梧桐叶已铺了满地,桂花香四处飘荡,风吹过,树上的残叶沙沙作响。脚踩上这一片金黄的地毯,思绪不由随风飘向了远方。自打我搬了家以来,我已是好久没踏入这条小巷了。

走过这条街,前面就是我曾经读过的小学。马路对面的杂货铺仍是开着,等待着放学后孩子们的蜂拥而至。恍然,仿佛又见儿时与伙伴们簇拥着来买些零食,或是些稀奇古怪的小玩意儿……我脸上不知不觉漾起化不开的笑,沉浸在曾经走过的美好之中。

再往前,是我曾经最好的朋友的家。从儿时玩伴,到多年同窗,她与我一起成长。而此时,站在她的小区门口,却见不到她那张阳光般的笑脸,"人面不知何处去,桃花依旧笑春风"。是啊,自我搬家以后,我再没见过她。

脚踩片片落叶,沙沙作响,一整条巷仅剩我的脚步声,风声,沙沙声。四处飘溢的桂花香愈发浓重了,风吹去却化解不开。这里的秋,现在竟是来得那么清,那么静。

走过,再走过,这条我曾经闭着眼睛也能走的小巷,如今却也显得陌生了。曾经每日"打卡"的早餐铺没了踪影,与同伴玩耍过的空地上砌起了高墙,连那间小超市都做了房地产中介公司……我一路走过,这一幕幕如同走马灯一般从我身边经过。

我停在了曾经的家门口,隔壁是一个馄饨铺。老板娘见了我,忙招手唤我进去。我如逢故友,心中缓和了不少。走进这家熟悉的小店,只有零星几个客人,却有熟悉的气息。从儿时至今,这馄饨的价格仍然亲民。老板娘干练地扎起头发,挽起袖子走进后厨。不一会儿,香气就从后厨随着雾气氤氲出来了。片刻,一碗小馄饨就端上了桌,青白的葱,白色的皮儿极薄,隐隐透出淡淡的肉色在碗中翻飞着。咬上一口,熟悉的味道在唇齿间蔓延,肉香、葱香,复合成了我儿时的味道。

"哈,好久没有见到你了,一下子长这么高了!小时候,我还抱过你哩!"老板娘从后厨走出,抓起案板上的一块抹布擦了擦手,在我的旁边坐了下来。"还记得你搬家的那天吗?你闹得可真凶哇!"我笑了笑,回想那天,我因不愿意离开这个我生活了十几年的地方,而在大门口大吵大闹。后来,是老板娘在我手心里塞了把糖。她安慰我,离开这里,走过这一段人生,会有更精彩的未来在等待着我。

桂花香气,沁人心脾,风吹梧桐,奏出美妙的乐声。告别老板娘,我又离开了这条小巷。

岁月如梭,世事变迁。走过这条小巷,我也因此告别了昨天。

这条小巷走过,我才明白了许多道理。

(《新读写》杂志特邀佳作)

中国的声音

你可曾听过,中国的声音?

磅礴,华美,温情,壮阔。

是鼓瑟吹笙的婉转,是古诗词曲的情怀,是"百万雄师过大江"的豪迈,是面对不公,揭竿而起的振臂高呼!

便是如此,自古以来,"中国"这一声部融入世界的乐章。一个个音符在旋律间穿插跳动,描绘出中国的样貌。

世界,需要中国的发声。

是孔子的声音,道出了中国的智慧,汇集了百家精华,说出了为人处世、治国平天下的重要方法。是他的"温故而知新"教会了人们学习,他的"七十而从心所欲",点出了人生的真谛。直到现在,还有多少人在汲取他的智慧。世界仍在倾听他发出的,属于中国的声音。

是鲁迅先生的声音,撕开了表象,让中国的问题、腐朽暴露在光天化日之下。他无惧于社会的不公,不忍于人群的麻木。他站了出来,击碎了群众营造的"美好"世界,令如同行尸走肉的人们清醒起来。他笔下的文字化作一把鼓槌,一次一次,敲击起波澜壮阔,月下水面虚假的倒影被击碎,却显露真正清白的月。是他,黑夜里唯一的光。战鼓响起,世界响彻中国的声音!

现今,中国的声音却越来越少了。

科技日益发展得飞快,甚至到了我们都有些跟不上的地步。人们每天都紧攥着手中的手机,网络世界光怪陆离,带来了更多精彩和便利,也带来了更多的麻木和依赖。中国渐渐变得安静了,人人都聚精会神,一言不发地盯着掌间的方寸之地,插上耳机,耳中充斥着网络的声音,听嘈杂却潮流的音乐,听杂乱且空洞的消息。此刻,世界都安静了,人们都像是被关在了网络中,不再去倾听、去关心是否有人发出了——中国的声音。

那些本应为中国呐喊的年轻人呢?

他们在网络中自我麻痹,沉溺于其中所获得的,直白却单一的快乐。他们会为了自己的偶像高声叫喊,会为了游戏中的时间魂牵梦绕,会为了内心的阴晴情绪在网络上戴上面具,发出不堪入耳的声音。中国的青年,乃至青少年,走向阴暗滋生的角落,在嘈杂的声音中——娱乐至死。

中国真的没有人发声了吗?

不,不是的。

那些灾难面前冲锋陷阵的战士,那些在网络上不畏惧"键盘侠",发出真诚呼声的人们,那些每日维持城市运转,坚守岗位的人们……

在藏独分子面前踏入冰冷池水,高举国旗,高唱国歌的他;在新闻网络上用键盘敲出一个个字符,击中社会要害的他;在围观看客面前,为崩溃裸奔女子披上衣服的他……

一个民族有一群仰望星空的人们,他们才有希望。

中国的声音从未间歇,中国的声音仍是那么坚定,那么绵长。

当今社会,人们的压力越来越大,社会飞速运转,他们发出声音的机会更多了。因此,那些声音时常扭曲,包含着怨念,或是完全盲目,沉醉于网络中加了滤镜的世界。

但是,如果你曾歌颂黎明,那么也请拥抱黑夜。

若是这夜太黑,路太陡,请用声音,为这混沌点上一盏灯。

这万家灯火,星星点点,合成了一个黎明。远处,血红的日即将喷薄而出,为大地镀上金身,是中国的颜色。

你听,是中国的声音。

中国的光明,终将照亮世界。

(本文为方馨悦在"第十二届鲁迅青少年文学奖"上海地区现场作文决赛中创作,获上海市高中组特等奖)

在"第十二届鲁迅青少年文学奖"颁奖会上的发言

我是来自高二(1)班的方馨悦,我很荣幸获得了"第十二届鲁迅青少年文学奖"的上海市特等奖。站在这里,我感到十分自豪,也感慨万千。

我获得这一奖项,除了自己的爱好和努力,也离不开老师们的悉心教导与同学们的支持。在此,我想和大家分享一下我的写作心得。

首先,要注重阅读。不光要拓宽阅读,更要加深阅读。现如今,网络世界光怪陆离,人们获得信息的方式、来源、途径都有了更多的选择。那么,作出正确的选择就显得尤为重要。沉迷于网络小说的情节或许会给我们带来一时的快感,但对于语感的形成,知识的拓展,文化的积淀,收效甚微。同样,那些带有广告性质的快餐式文章和新闻,就好比奇闻野史,带有误导性。在这一次的获奖作文中,我在肯定中国传统文化博大精深的同时,也表露了对当下社会现状的批判:批判了网络世界的喧嚣,批判了迷失在手机屏幕前的青年,甚至是青少年过于娱乐化的生活。都说长江后浪推前浪,但在采访中,我曾这样告诉记者:"后浪"有时也缺乏独立发出"中国声音"的勇气和智慧。

其次,文章的谋篇布局也十分重要。我这次的现场作文正是一篇精心构思的文章。在别人已经落笔时,我还在仔细斟酌,反复推敲,最后才一气呵成完成了这篇文章。我说这些并不是为了提倡长时间的构想,在我个人看来:下笔之前有形,下笔时才会有神。

再者，我认为一篇好的作文，一篇好的作品，不能被八股的条条框框所限制。作文，本质就是一种个人思想情感的表达，是一次直面自己的机会。牵牛花不是为了爬竹竿而生长，它存在的最终意义是为了开出美丽的花朵。我这次的获奖作文，就是一篇与我平时在学校考试时写得很不一样的文章，写得比较大胆自由，真实地表达出了自己对社会的观察和思考。获奖是对我的肯定，让我明白文章这样写也是可以被欣赏的。在采访中，我也说道："希望语文教育可以多鼓励我们的作文自由表达想法和思考，而不要流于表面的条条框框。"

最后我想说，语文是一个长期积累和努力的过程。"骐骥一跃，不能十步；驽马十驾，功在不舍。"以上就是我在获得特等奖之后，对语文学习、对写作问题的初步思考。今后我也将继续努力，不辜负大家的期望。但愿我的分享对同学们能有所帮助。

喜新不厌旧

"新竹高于旧竹枝，全凭老干为扶持。"

数字化信息浪潮汹涌，新生事物层出不穷。在这个思想、文化、技术、知识不断"刷新"的时代，人们也争先恐后地追随着新潮流，认为"新总比旧好"，却常忽略了旧事物也有独特的优势与魅力。

不可否认，知识的更新拓展了我们看世界的视野；科技的更新让我们在原有世界的基础上活出新的高度，拥有更便捷、更幸福的生活；思想的更新让我们有机会切换角度，从全新维度观察世界，重新认识世界，也让世界重新认识我们……如此看来，世界无法停止更新，思想和技术都不能停滞不前，否则必然铸成严重后果。

然而，也不乏有人为了做时代"弄潮儿"，却迷失在了"逐浪"的过程中。他们只为"求新"而"求新"，认为"新总比旧好"，丢弃了个人思考的权力。显然，这不可取。

退一步说，真的"新的总比旧的好"吗？

如果说"新"代表了修缮和创新，"旧"在某种程度上则是积累和沉淀的代名词,并不是真"旧"。在生活中,许多旧的器物和技术都是经长时间熟悉和练习之后所掌握的,相比新的会更得心应手,甚至成为个人习惯。同样,新的思想和知识也需要经过一段时间的吸纳和理解,承受其对原有三观的冲击,才能在一次次实践中融入自己的思想,为我所用。这正是为什么儒家、道家等思想放在如今依然适用,而人们两千多年以来一直在吸取其智慧的原因。由此可见,并不是越新就越好,越追随新事物就越明智,每个时期都有不同的特色和优势,每个时代都有独特的"高光"。许多"旧",日久弥新!

在这个祛魅的时代,人们似乎总热衷于所谓的创新或推翻,以表现出自己所谓的理性和明智。而一味否认"旧",一味否认过去的毛病如何才能根除?我认为,只有真正了解了新旧事物的本质,才会令整个人的思想清明起来。

留辫子,裹小脚,连诛九族,君主专制……这些才是旧事物、真弊端。而它们被抛弃、被推翻的原因正是因为无数百姓受尽其荼毒,深遭其迫害。

修缮,需要真正体会过其苦痛的人。去除"新"与"旧"的弊端,弘扬"新"与"旧"的善端,就会在合理的改善中完成真的创新。

以旧视新,以新鉴旧,两两相照,就会令新事物、新生活更完善,更美好。

老师点评

方馨悦同学写的是上海市普陀区高三年级的二模作文题。原题是这样的:

在飞速发展的社会里,新生事物层出不穷,新知识、新科技、新生活、新思想……人们倾向于认为"新总是比旧好"。对这一观点你怎么看?请写一篇文章,谈谈你的认识和思考。

写作前,我曾作了如下指导:

"新总是比旧好"吗?阅读要思辨,表达更要思辨。所给的这则材料中的关键词是什么?关键词是"新"与"旧"。我们的写作任务是什么?就是要求反驳不少人所持的观点"新总是比旧好",然后就"新"与"旧"的问题进行思辨,表明自己的观点和态度,最后针对现实提出自己解决问题的原则和策略。

首先,应该进行逻辑思辨。逻辑思辨是起点。"新"与"旧",是反对关系,不是矛盾关系。不"新"不一定是"旧",不"旧"不一定是"新"。其次,更要进行尽可能深刻周密的哲学思辨。"新""旧"相对。"新"有真"新"假"新",好"新"坏"新";"旧",有真"旧"假"旧",好"旧"坏"旧"……"新"可以变"旧","旧"也曾经是"新"。《论语》《孟子》《老子》《庄子》,曾经是"新",今天所谓的"新知识""新科技""新生活""新思想"……也会成"旧"。总之,物也罢事也罢,知识也罢能力也罢,科技也罢人文也罢,生活也罢现象也罢,思想也罢理论也罢,甚至是所谓时尚的"新人类"也罢,都处在新旧变化发展的过程中。再次,要有哲学意义上"新""旧"观。新事物是指符合客观规律,有着强大生命力和远大前途的事物;旧事物则是指违背事物发展规律,正在日趋灭亡的事物。发展就是新事物的不断产生和旧事物的不断灭亡,或者新事物战胜旧事物的过程。"新""旧"的交替发展,是一种特殊的运动,当然运动不一定都是发展;发展的实质是新事物战胜旧事物。最后,"新""旧"变化,遵循着对立统一、否定之否定等规律。任何事物的发展变化都是新事物对旧事物的否定,是事物内部的肯定和否定两方面矛盾斗争的结果,是事物自我发展的过程,但是否定并不是全盘抛弃,而是"扬弃",是克服和保留的统一。新事物否定旧事物,然后被更新的事物否定,新旧事物都在"螺旋式"向前发展。

方馨悦同学非常聪慧,具备良好的逻辑思辨和哲学思辨能力。她巧改成语"喜新厌旧"为标题"喜新不厌旧",下笔即展示了出色的逻辑思辨与哲学思辨能力,在行文过程中紧紧联系飞速发展的社会,紧紧联系新事物层出不穷的现实,时时处处进行思辨,并把这种思辨进行到底。所以,尽管这道关于"新""旧"问题讨论的作文题目不算新,她却写出这篇充满新意的文章。(孟庆平)

二、优秀作文赏析

含着泪光,也带着微笑

孟慧玲

落日的余晖,微光点点,散落在回家的青石苔小路上。

落寞的身影踢着石子,哒哒作响。

距离中考不到一个月的时间,我微垂的眼眸看不到半点希望的火光。

红晕包裹晚霞,云朵披上丝绸,我无心观赏,却无意瞥见路边建筑堆中长着一抹稚嫩的绿:它身处夹缝,却费尽力气,用它娇小的身躯,展现生命的活力。也许这就是郑燮眼中的竹石吧,即使千磨万击,仍旧坚韧生长。

凝视这抹稚嫩的绿,我的眼中出现了光,那是希望的火种。

从那之后,落阳余晖照耀的不再是落寞的我。凌晨透过丝绸窗帘,悄悄爬上课桌,映照课本的换成了朝阳。那黑暗中的曙光是我的梦想,你可曾听过四点钟清脆的鸟啼?那美丽的声音穿过黎明的破晓,带来了新一天的希望。一支又一支的空管墨水笔被珍藏在柜子里,每一支都见证了我的努力。笔尖划过白色的纸张,是红与黑、蓝与白交织的色彩。

在这条路上,我累过,哭过,崩溃过,努力过,也想过放弃。弱小的我在这条艰难的道路上,风雨无阻地前行,时而摔倒又迅速爬起,满身伤痕却继续前行。但每每想起那抹绿,我就会变得朝气蓬勃。

中考那天,我再次从那抹绿边走过。迎接我的,是透过云雾的微光。考试过程中,我排除杂念,从容发挥。从考场出来后,我仿佛如梦初醒,又似凤凰重生,感觉空气也清香了许多。爸爸在考场外等我。我仍旧坐上他的电动车,抱着陪伴了我四年的手提书包,向初中母校告别,向老师们告别,向同学们告别。微风扬起我的发丝,四年来,我从没有这样灿烂地笑过。

金秋九月,我迈入心仪的高中校园,我又见到了初升的太阳和雨过天晴的彩虹。

在新的校园门口,我邂逅了新的老师和新的同学。在我的眼里,这阳光照耀下的新校园，一切充满了生机和希望。

但每每走过那青苔小路，我就会想起曾经瞥见的那一抹嫩绿，想起那段过往的生活。走过这条路，经历那段生活，我明白了努力的必要，明白了无论何时都要怀有希望。

我相信，对千磨万击仍旧坚韧生长的生命而言，生活既无风雨也无晴。这是我们这一代人的生活，这是我们这一代人新长征的开端。

今天，站在高中的门口，回首过往走过的路，我看见无数个弱小的自己跌倒了又爬起来，正走上一条崭新的道路。

我，含着泪光，也带着微笑。

老师点评

孟慧玲同学曾在第21届叶圣陶杯全国中学生创新作文大赛现场作文总决赛中获荣全国二等奖，是一个很有写作潜力的学生。她的这篇随笔是对自己生活状态的形象描述，也是对自己生命状态的深刻表达。一个"累过，哭过，崩溃过，努力过，也想过放弃"的落寞女生，受石苔小路边建筑堆中长着的一抹嫩绿的启迪，积极调整生活和学习状态，奋力拼搏，终于以"含着泪光，也带着微笑"的生命状态迈入了心仪的高中。随笔构思巧，情感真，且有比较深刻的哲思：无论何时都要怀有希望；对坚韧生长的生命而言，生活既无风雨也无晴。不错！（孟庆平）

莫愁前路

许欣悦

"千里之行，始于足下"，"开始"是成功破局的关键。

"千里之堤，溃于蚁穴"，"开始"又是失败与悲剧的开端。

可见，结果的好歹，关键不仅在于开始。"开始"是结果的前提，但非成败的必然。只有理性看待开始，坦然面对结果，莫愁前路，才是人生正道！

并非所有的事都要开始。恶事、坏事,要避免开始。这是防微杜渐、防患于未然的明智之举。违背客观规律的恶事、错事一定要扼杀于摇篮之中,切勿让"未经思考的开始"成为罪恶的根源。善事、好事,要勇于开始,这是"合抱之木,生于毫末"的智慧之举。有关理想信念的善事、好事一定要尽早开始,因为"九层之台,起于累土",好的开始是成功结果的一半。

争取好的开始,为好的结果打下坚实基础。积土成山,积水成渊,所有伟大事业都基于平凡渺小的开始。达·芬奇争取好的"开始",日复一日地练习绘画基础,为后来创作出许多不朽的名画打下了坚实基础;契诃夫争取好的"开始",全面观察社会,深刻体验生活,为后来创作出许多伟大的名作打下了坚实基础。世上许多的"达·芬奇""契诃夫"总是重视良好的开始,努力把良好的"开始"引向成功的结果。这种良好开始的核心是重视量的积累,充分调动主观能动性,以积极心态面对人生中的种种挑战。

可好的"开始"未必全然导致好的"结果"。方仲永开始出众,可结果却是泯然于众人。秦国一统天下,以强盛开始,可结果却是骤然灭亡。今日一些所谓的明星,以爆红开始,可不久却是流星的结果……因此,好的开始与好的结果之间并没有画等号。

那么,坏的开始就注定了坏的结果吗?也不是这样。柳宗元、白居易、刘禹锡、欧阳修、苏轼……他们在官场上都有过被贬等种种倒霉的"开始",但他们能在这种"开始"中沉淀,其结果是局面扭转,佳作不断涌现。完全丧失听力的江梦南,她学习生活的"开始"并不顺利,但她心中有嘹亮的号角,能从无声中突围,结果考上清华的博士,成为"2021感动中国年度人物"!

因此,智者不惑,仁者不忧,勇者不惧,坏的开始并不可怕,只要智慧、豁达、勇敢地正视坏的开始,就有可能在努力的奋斗与拼搏中扭转乾坤,迎来意想不到的好结果。

如何对待"开始"和"结果",是一道人生的难题。今天的我们应该具有比前人更多的智慧、豁达和勇敢。今天的世界,有更多的浮云遮望眼,我们更需要头脑冷静,明辨是非,避免人生以错事开始。而在"开始"与"结果"的曲折过程中,我们要始终掌控好过程,相信积水成渊,相信积土成山。至于结果,好歹都要坦然面对。

总之,只要我们抱最大的希望,作最坏的打算,不怨天,不尤人,就一定能直面人生"开始"与"结果"中的种种偶然,在偶然中掌控必然。

莫愁前路,前路莫愁!

老师点评

许欣悦同学所写的是上海中学高三年级的模考作文题。原题是这样的:

现实生活中,有人会为了避免不好的结果而避免了开始,对此你有怎样的思考?请自拟题目,写一篇不少于800字的议论文,谈谈你的认识。

写作前,我曾作了如下指导:

上海中学的这道二模作文题命得真好!

这则材料的性质是中性的,不褒不贬。如果把"为了避免不好的结果而避免了开始"仅仅看成是褒义的,写作就很难出彩。上海中学作为上海最强的高中之一,为培养学生的思辨能力在这道作文题中设置了好高的一道坎!

材料中的关键词是"结果"与"开始"。首先应该进行逻辑与哲学思辨:人生或事件的"开始"和"结果"具有什么特点或属性?"为了避免不好的结果而避免了开始"这一行为,是正确还是错误?是好还是坏?"正""误"在哪里?"好""坏"在哪里?到底该怎样正确对待"开始"和"结果"?这样就"开始"和"结果"这两个核心概念进行思辨之后,才能辩证周密地表达自己的思考,表明自己的观点和态度,提出自己解决问题的原则和策略。

可以这样思考:恶事、坏事,要避免开始,这是防微杜渐,因为千里之堤,溃于蚁穴。善事、好事,要尽早开始,因为千里之行,始于足下,好的开始是成功结果的一半。可以进一步思考"开始"和"结果":好的开始,可有好坏两种结果,好的开始与结果之间没有等号;坏的开始,也可能有坏好两种结果,坏的开始与结果之间也没有等号。既然这样,那么结果的好歹,主要不在于开始的好歹,关键在于主观能动性的发挥,在于人对开始、过程、结果的掌控情况。下面的立意应该是命题人在立意上的期待:

(1) 努力争取好的开始、好的起点,掌控它指向好的结果,别行百里者半九十,别虎头蛇尾,别让好事变成坏事。

(2) 勇于面对坏的开始、糟的起点,转化它也可使它变成好的结果,不怨天尤人,直面人生的种种偶然,努力把坏事变成好事。

(3) 更超然的态度是,既要高度重视开始,又要泰然对待开始,它既重要又不重要;既要高度重视结果,又要泰然对待结果,它既重要又不重要。因为"开始"和"结果"是运动、发展、变化的!世上没有绝对好歹的"开始",也没有绝对好歹的"结果"!

(4) 开始与结果之间的过程,是曲线不是直线。不论现实生活多复杂,不论世界风云多变幻,不论人生过程多曲折,不论"开始"和"结果"的好歹,都要坦然面对,都要在理性和智慧的掌控下。

在写作这道作文题目时,有的同学思维单一,思考不周,不假思索地把"为了避免不好的结果而避免了开始"的行为看成是褒义的。这样当然就没能写出有理性、有新意的文章了。也有的同学犯了偷换概念(关键词)的错误,把"开始"等同于"尝试"。可一旦把"开始"等同于"尝试",立意就歪了,题就偏了!"尝试"的含义是什么?是"试行""试验""试探"。而"开始"的含义是什么?是"从头起""从某一点起""开始的阶段"。这些同学写偏了题,就是因为没有弄清"开始"与"尝试"两者之间的逻辑关系,忽略了"尝试"包含在"开始"之中。还有的同学犯了漏掉关键词(概念)的错误。本题的关键词有"结果"和"开始"两个,不只是一个关键词"开始"或"结果"。写作中除了出现上述三个问题,还存在另一个遗憾:有的同学对"结果"和"开始"缺少哲学思辨,不能熟练地运用普遍联系、对立统一、量变质变、原因结果、偶然必然等哲学规律或思想去说理。

而许欣悦同学的这篇文章《莫愁前路》则是非常成功的,没有犯上述几种错误。无论我们从哪个角度去借鉴,想必都会有所启发。(孟庆平)

再无枇杷味

俞喆涵

小区院子里的枇杷树,每到四五月份的时候,碧绿的树上就挂满了枇杷。它们犹如一盏盏金灿灿的小灯笼,夹杂在绿叶中。微风拂过,个个都在风中起舞,真像是金来压枝,灿若群里。

一天清晨,同往常一样早起上学,路过院子里那棵枇杷树的时候,我震惊了。我发现竟然有一只小鸟被一根红绳子倒挂在枇杷树枝上!这鸟娇小的身躯在空中疯狂挣扎,试图逃脱。可无奈绳子系得太紧,它只能无能为力地嘶声叫着,不停地扑扇着翅膀。路过的人也只看了一眼便匆匆离开了。我心中虽然有怜悯之情,但因上学要迟到了,只好扭过头离开。

放学回家的时候,我特地再去了那棵枇杷树下,只见两三个阿婆对着那鸟指指指点点地说着什么。我因好奇,于是凑上去听。

"据说这鸟偷吃枇杷,被人看见了,为了不让它偷吃,就设法捕了它,把它倒挂在树枝上示众,让其他的鸟不敢再来。"

我不禁一愣。这树上的枇杷本来是小区里大家分着吃的,怎么会有人以吃枇杷为由伤害小鸟呢?再看旁边的另一棵小枇杷树,是一对老夫妻种的,每当雨天快要到来时,他们就会把成熟的枇杷摘下,分装入袋,分给左邻右舍,还会特地留一些在树上等着鸟儿来觅食。这是多么鲜明的对比啊!从上学到放学,八九个小时过去了,鸟儿已经不太灵活,翅膀却依旧扇动,但明显没有了力气,它挣扎着想用嘴啄断脚上的绳子,却一次也没够着。看着这情景,我心里发酸,心中再无枇杷的甜味。

那天晚上我躺在床上,听着雨点有力打击着窗户的声音和闪电无情的咆哞声,怎么也无法入睡。我满脑子都是那只可怜的鸟,想起它以前欢快歌唱的模样,想起它以前张开双翅在半空中盘旋的模样,想起它以前歪头整理羽毛的模样。

第二天清晨,我又在上学的路上经过那棵枇杷树。看着清洁工用扫把清理那些被风雨打落在地的枇杷,那数量十只鸟也吃不完呢!我抬头看向那只挂着的小鸟,已经不动了。它在红绳子的悬挂下,随着风在空中僵硬地旋转。它的翅膀还微张着,我仿佛可以想象它死前最后挣扎的模样。

雨后清芬的空气中,夹杂着一股腐烂的味道。那是地上烂枇杷的味道,还是被雨水浸败的小鸟的味道呢?

走过枇杷树,再无枇杷味。

> **老师点评**
>
> 　　本文以"再无枇杷味"为题,既新颖又有悬念。被题目强烈吸引着读完全文之后,终于明白了作者描述的是怎样的一个生活的瞬间:为了不让小鸟偷吃枇杷,有人设法捕了它,把它倒挂在树枝上示众,让其他的鸟不敢再来。捕者的残忍、小鸟的死触动了作者悲悯的情怀,导致作者即使走过枇杷树,再也感觉不到枇杷的甜味。耐人寻味!(孟庆平)

参考文献

1. 任富强.理性精神,公民基础写作的基石[J].语文建设,2007(5).
2. 余映潮.理性精神,"主问题"的教学魅力[J].语文教学通讯,2011(5).
3. 张丽佩.高中语文阅读主问题教学探究[J].新课程,2019(11).
4. 蒋念祖.高中议论文写作与思维训练[M].成都:四川教育出版社,1990.
5. 杜威.我们怎样思维·经验与教育[M].姜文闵,译.北京:人民教育出版社,2012.
6. 余党绪.公民表达与写作教学[M].上海:上海文化出版社,2012.
7. 曾宪一.语文学堂[M].上海:上海科学技术文献出版社,2014.
8. 李建生.说理如何更有效:理性思维与议论文写作研究[M].上海:上海科学技术文献出版社,2017.
9. 普通高中语文课程标准(2017年版、2020年修订)[M].北京:人民教育出版社,2017.
10. 郑桂华.写作教学研究[M].南宁:广西教育出版社,2018.
11. 王宁,巢宗祺.普通高中语文课程标准解读(2017年版、2020年修订)[M].北京:高等教育出版社,2020.

2022年3月8日,工作室成员相聚上音实验附中

2023年3月23日,研修团队在上海市洵阳中学留影

2023年4月27日,研修团队在上海市长征中学与该校语文组联合教研

2023年6月8日,工作室在上音实验附中与普陀区教研室联合教研

2023年10月19日,研修团队在上海市长征中学与该校语文组联合教研

2023年12月7日,工作室在上音实验附中与普陀区教研室联合教研

2024年3月28日,研修团队在上海市曹杨中学与该校语文组联合教研

2024年4月25日,研修团队在上海市长征中学与普陀区教研室联合教研

2023 年 5 月 25 日,研修团队在上海金瑞学校与程红兵校长合影

2023 年 8 月 23 日,研修团队在云南省巧家县文化馆礼堂合影

2023年9月28日,研修团队在上海市徐汇中学校园留影

2024年7月31日,研修团队教师代表在论坛留影(拍摄地:西南大学附中)